Informations légales

© 2022

Auteur et éditeur : M.Eng. Johannes Wild

A94689H39927F

E-mail : 3dtech@gmx.de

Les mentions légales complètes du livre se trouvent dans les dernières pages !

Cette œuvre est protégée par le droit d'auteur

Table des matières

Préface

Merci d'avoir choisi ce livre !

Vous êtes intéressé par la conception d'objets tridimensionnels à l'aide du logiciel de CAO gratuit "FreeCAD" ?

Alors vous êtes au bon endroit ! Je suis ingénieur et je souhaite vous apprendre à concevoir des objets en 3D de manière simple et facile à comprendre. Pour ce faire, nous utiliserons dans ce cours le logiciel de CAO semi-professionnel "FreeCAD", que vous pouvez télécharger GRATUITEMENT ! Dans ce cours, vous apprendrez tout ce que vous devez savoir pour créer des pièces tridimensionnelles, les assembler virtuellement et en déduire des dessins techniques.

Voici le lien pour télécharger le logiciel :

https://www.freecadweb.org

Nous allons voir en détail dans un instant comment se déroule le processus d'installation.

Ce cours complet et détaillé s'adresse spécialement aux débutants et vous montre comment utiliser le logiciel et réussir vos conceptions CAO en partant de zéro. Vous n'avez besoin d'aucune connaissance préalable pour le lire, car tout vous est expliqué pas à pas et en détail. En plus des nombreuses explications théoriques sur l'utilisation du logiciel, vous apprendrez dans ce cours à l'aide de superbes projets de construction !

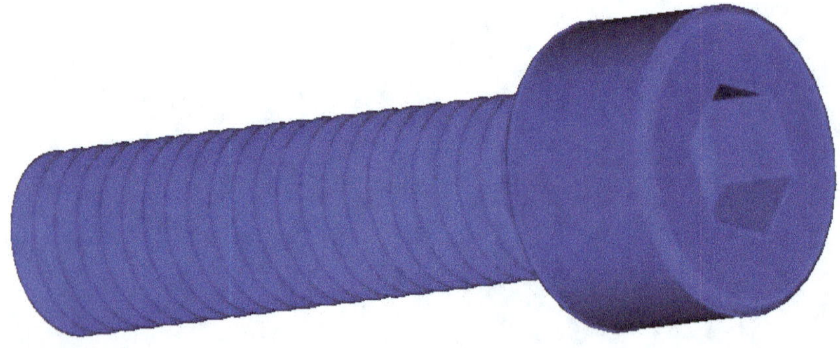

Dans ce cours, vous apprendrez donc tout ce que vous devez savoir en tant que débutant sur "FreeCAD" ! Commencez dès aujourd'hui avec ce livre dans le monde fascinant de la conception CAO avec "FreeCAD" ! C'est parti !

1 Introduction à la CAO et "FreeCAD"

1.1 Qu'est-ce que la CAO et qu'est-ce que "FreeCAD" ?

Bonjour et bienvenue au cours "FreeCAD" pour les débutants !

Merci d'avoir choisi ce cours !

Qu'est-ce que la CAO ?

Comme vous le savez peut-être déjà, l'abréviation "CAO" signifie "Conception assistée par ordinateur" (en anglais : "CAD" = "Computer Aided Design"). Les logiciels de CAO sont utilisés pour créer ou modifier des objets en trois dimensions. En commençant par de simples pièces individuelles, puis des pièces complexes et enfin des assemblages complets qui peuvent être assemblés virtuellement. Dans ce cours, spécialement conçu pour les débutants, vous apprendrez comment l'environnement d'un programme de CAO est structuré et comment utiliser au mieux les différentes fonctionnalités pour créer des objets en trois dimensions. Vous pourrez reconstruire chaque projet de conception étape par étape et un par un, ce qui vous permettra de vous initier facilement à la conception et de vous familiariser avec les nombreuses fonctions d'un programme de CAO à chaque projet.

En résumé, ce cours vous permettra d'apprendre en détail ce qui suit :

- Utiliser rapidement et en toute sécurité l'environnement du programme "FreeCAD",
- Maîtriser toutes les fonctions importantes en toute sécurité,
- Comprendre les bases de la conception CAO et les différentes méthodes de travail,
- La création d'esquisses 2D et d'objets 3D,
- de créer des pièces détachées et des assemblages,
- assembler virtuellement des pièces individuelles dans des assemblages,
- créer des dessins techniques dans "FreeCAD".

Il est préférable de rester dans l'ordre du cours, car les leçons se suivent. Si, dans les différents chapitres, vous ne comprenez pas tout de suite des fonctions ou des commandes, ou s'il vous manque l'explication d'une fonction, ne vous en éloignez pas. Le cours est conçu de manière à ce que toutes les fonctions importantes et de base soient suffisamment expliquées.

Qu'est-ce que "FreeCAD" ?

"FreeCAD" est un logiciel de CAO 3D open source, spécialement conçu pour l'ingénierie mécanique et la conception de produits, mais qui peut également être utilisé dans le domaine de l'architecture ou d'autres domaines techniques. Ce programme offre une interface utilisateur claire et simple et est également disponible **gratuitement** ! La structure des fonctions de conception est très similaire à celle des programmes de CAO professionnels et très coûteux que les ingénieurs et les techniciens utilisent dans leur travail quotidien. Les licences de programmes de CAO professionnels comme "SolidWorks", "Catia", "SolidEdge" ou "AutoCAD" et "Inventor" coûtent de un à plusieurs milliers d'euros et ne sont donc généralement intéressantes que pour les utilisateurs professionnels et les indépendants.

"FreeCAD" a été conçu pour la conception d'objets réels en utilisant la modélisation paramétrique 3D. La modélisation paramétrique consiste à construire des objets à l'aide de paramètres. Cela signifie que pour construire un corps rectangulaire en 3D, vous avez besoin de trois paramètres (longueur, largeur et hauteur) et que vous construisez le corps à l'aide de ces trois dimensions. Les logiciels de CAO professionnels mentionnés précédemment (par exemple, "SolidWorks" ou "Autodesk Inventor") utilisent également ce type de modélisation.

L'avantage est que les différents paramètres peuvent être modifiés à tout moment, ce qui permet de procéder facilement à des ajustements ou à des modifications de la géométrie du corps, même après l'achèvement de l'objet 3D.

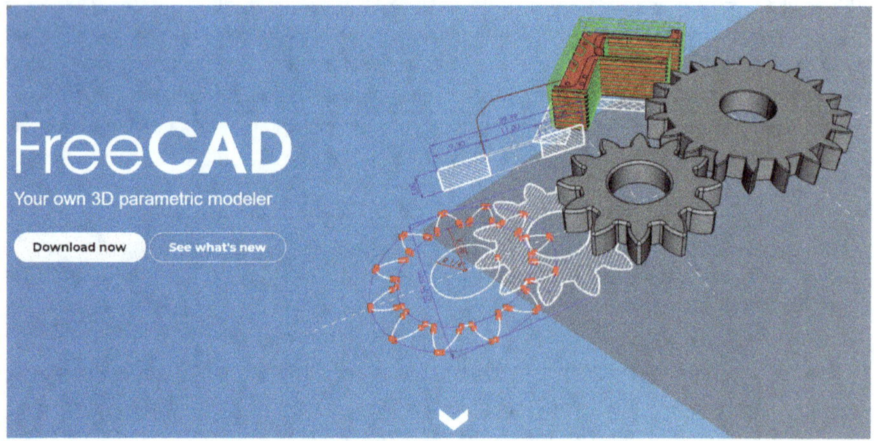

Tous les programmes de CAO courants fonctionnent d'une manière très identique, que nous allons examiner brièvement ci-dessous.

1.2 Notions de base sur la conception CAO

Dans la conception CAO, on distingue un domaine bidimensionnel et un domaine tridimensionnel. Dans le domaine bidimensionnel, vous créez des esquisses 2D que vous pouvez ensuite transformer en objets 3D à l'aide de commandes.

Pour créer un modèle 3D, il faut donc d'abord réaliser une esquisse 2D de l'objet souhaité. Cela se fait avec des éléments géométriques simples, tels que : Ligne, cercle, rectangle et polygone. La réalisation d'une esquisse 2D peut être comparée au dessin dans le programme "Microsoft Paint". Cette esquisse 2D est réalisée sur un plan de l'espace tridimensionnel et est ensuite transformée en un objet tridimensionnel à l'aide d'une commande (par ex. commande d'extrusion).

Imaginez par exemple que vous jetiez un coup d'œil sur la face supérieure d'un objet tridimensionnel simple. Dans le cas d'un cylindre, par exemple, que voyez-vous si vous regardez le cylindre depuis le haut, à un angle parfaitement droit par rapport à la surface supérieure du corps ? C'est exact, un cercle bidimensionnel, rien d'autre. Et c'est précisément à partir de cette forme 2D que le cylindre 3D est créé dans le programme de CAO. C'est précisément cette géométrie circulaire que nous devons dessiner dans un premier temps. La forme tridimensionnelle est ensuite obtenue par d'autres étapes de commande.

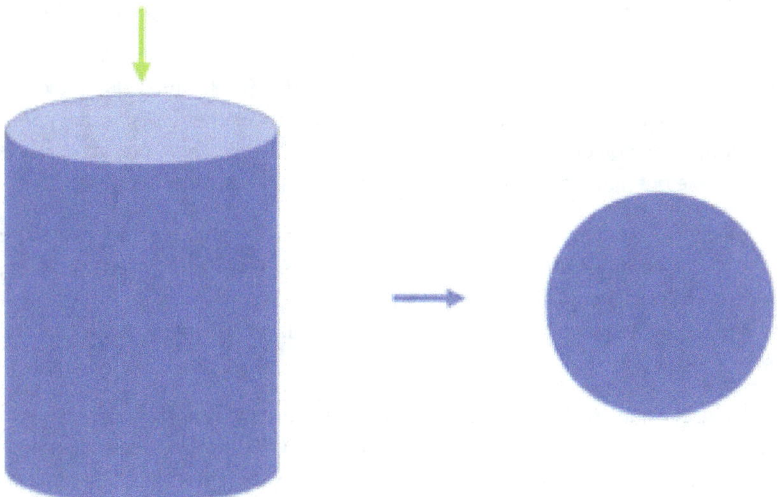

Et cette approche ne s'applique pas seulement à un cylindre, mais aussi à de nombreux autres objets 3D. Par exemple, vous pouvez créer un parallélépipède en dessinant un rectangle dans une esquisse sur un plan 2D de la pièce. Les dimensions permettent de définir la forme de l'objet. Pour le rectangle bidimensionnel, il faut une longueur "a" et une largeur "b" et pour l'objet 3D final, il faut également une hauteur "h". Pour le cylindre, en revanche, il faudrait définir un diamètre ou un rayon pour la surface circulaire, ainsi qu'une hauteur pour le cylindre. Pour ce corps, deux dimensions suffisent.

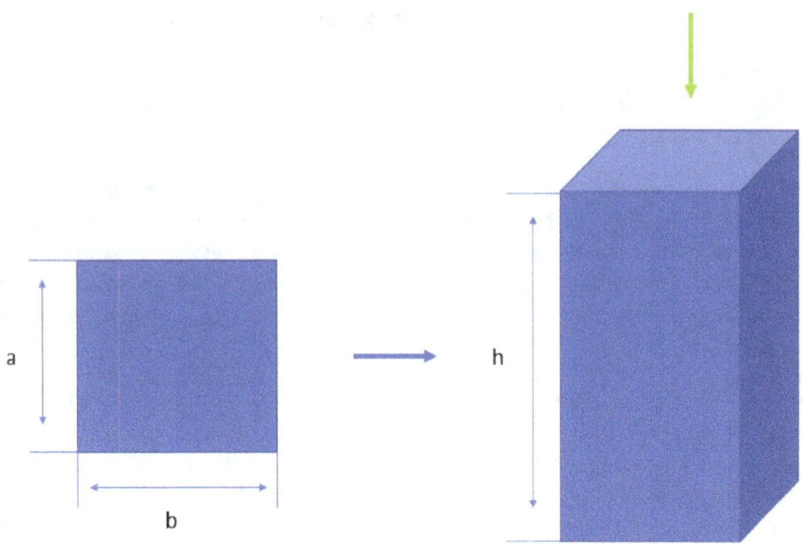

Vous apprendrez à concevoir des objets 3D simples, puis plus complexes, avec "FreeCAD", en détail et étape par étape.

Il existe plusieurs méthodes pour aborder les différentes constructions, qui varient considérablement en fonction du concepteur et de l'objet 3D, mais qui peuvent toutes mener au but. Il n'y a donc pas qu'une seule façon de procéder et n'hésitez pas à réfléchir à d'autres moyens de construire les différents objets. Parfois, une autre approche permet d'atteindre le but plus facilement ou plus rapidement, parfois c'est le contraire.

Un autre conseil sur l'utilisation du cours : La meilleure façon d'apprendre à utiliser le logiciel de CAO est de regarder attentivement les différentes étapes de la conception, de laisser le livre de côté après 3 ou 4 étapes et d'essayer ensuite de reproduire les étapes présentées sans aide supplémentaire. Nous vous conseillons d'utiliser cette méthode tout au long de ce livre.

Dans les prochaines sections, vous en apprendrez plus sur l'installation et l'interface du logiciel "FreeCAD". Après avoir effectué quelques réglages généraux, nous nous pencherons ensuite en détail sur la création d'une esquisse 2D, puis sur la transformation de l'esquisse en un objet 3D.

Commençons par installer le programme !

1.3 Procédure de téléchargement

"FreeCAD" peut être téléchargé gratuitement. La procédure est très simple et est décrite étape par étape ci-dessous :

Étape 1: Ouvrez votre navigateur Internet et allez sur le site officiel https://www.freecadweb.org ou faites une recherche dans le moteur de recherche de votre choix en tapant "FreeCAD".

Étape 2 : Cliquez sur l'option "Download now".

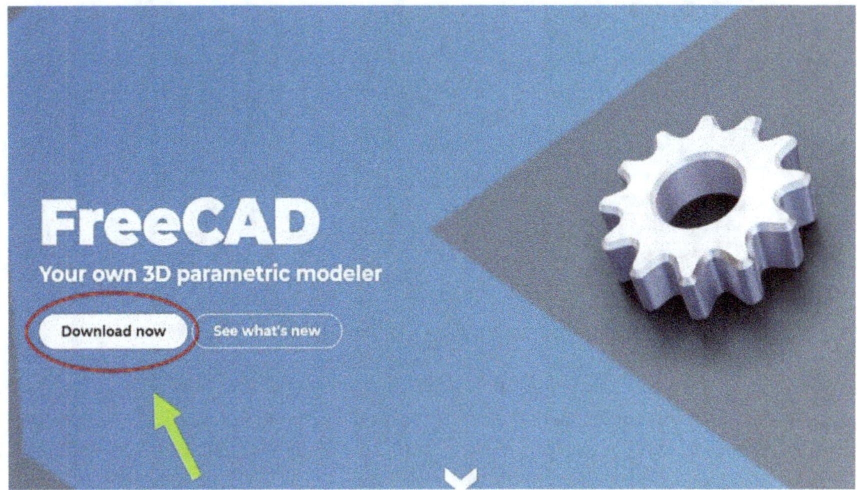

Étape 3 : Sur la page suivante, vous devez sélectionner la plate-forme souhaitée, par exemple Windows 64 bits. Après avoir cliqué sur le bouton correspondant, le téléchargement démarre automatiquement.

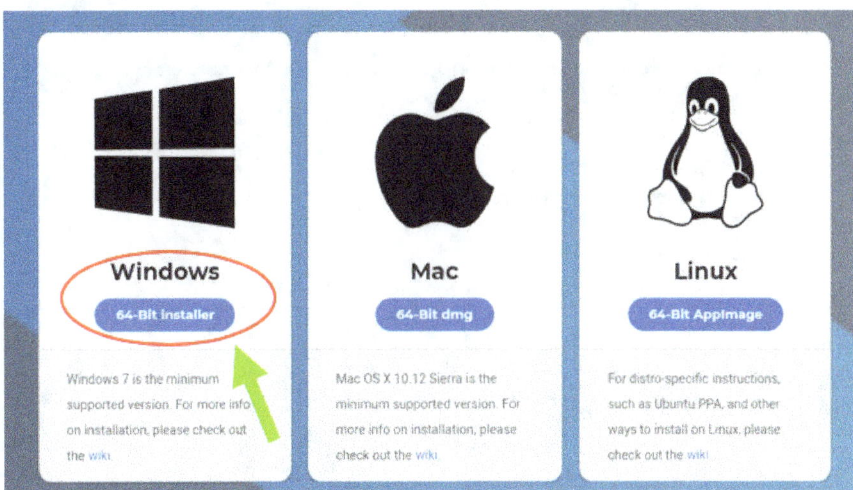

1.4 Procédure d'installation

La procédure d'installation pour un PC Windows est décrite ci-dessous.

Étape 1 : Cliquez avec le bouton droit de la souris sur le fichier d'installation téléchargé et exécutez-le en tant qu'administrateur "Run as administrator".

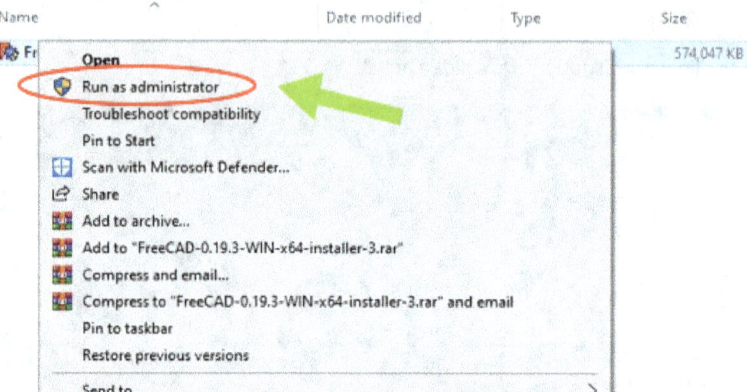

Étape 2 : Suivez les instructions du logiciel pour l'installation.

Étape 3 : Lorsque vous choisissez les utilisateurs, réfléchissez si vous êtes le seul à utiliser le programme ou si vous voulez que d'autres comptes d'utilisateurs de votre PC y aient accès. Si vous n'êtes pas sûr de ce que cela signifie, vous pouvez simplement sélectionner l'option "Install for anyone using this computer".

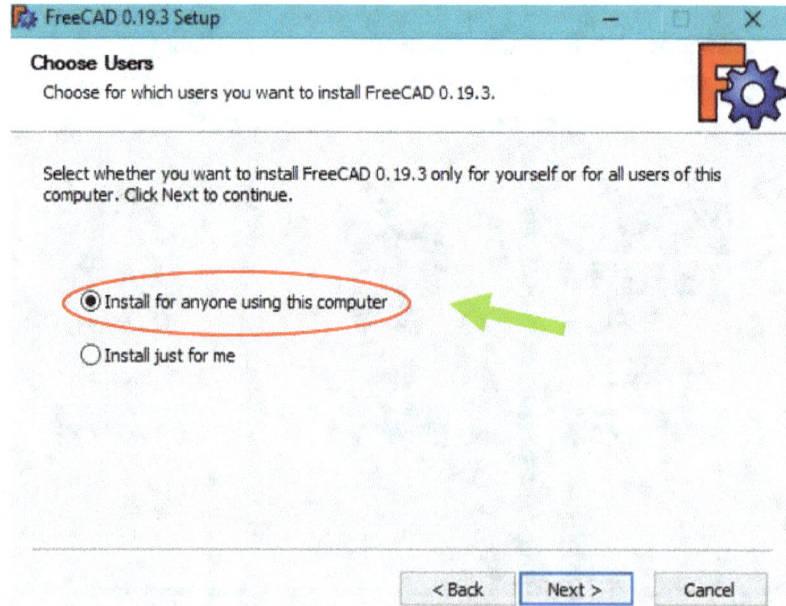

Étape 4 : Suivez ensuite les autres étapes du processus d'installation et cochez toutes les cases lorsque vous sélectionnez les composants à installer.

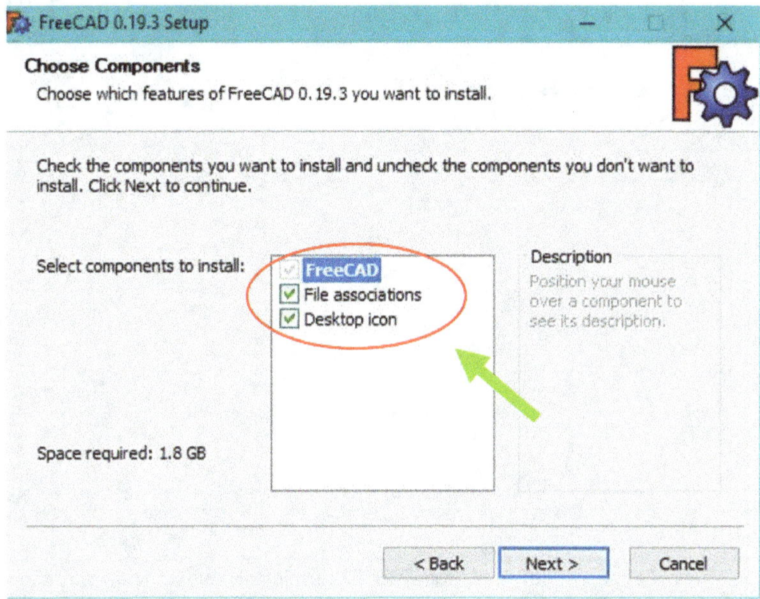

Étape 5 : Lors de la sélection du dossier du menu Démarrer, vous pouvez simplement laisser les paramètres par défaut et cliquer sur le bouton "Install" pour installer le programme.

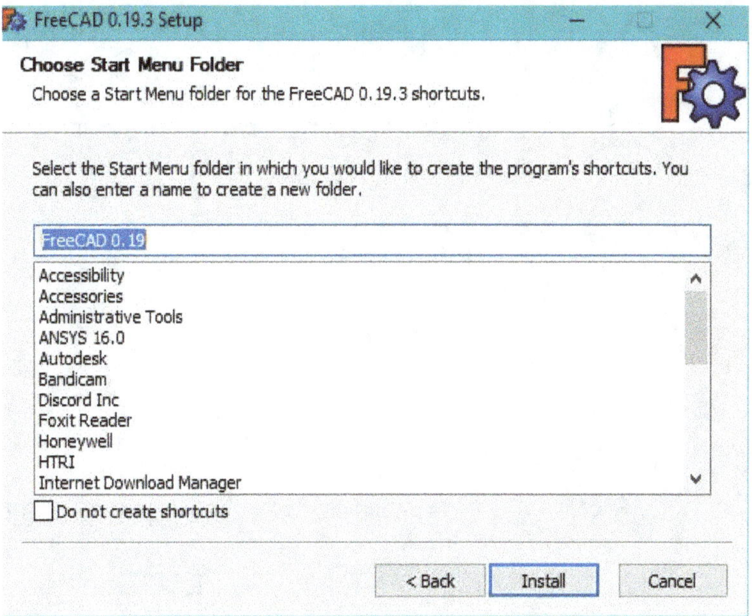

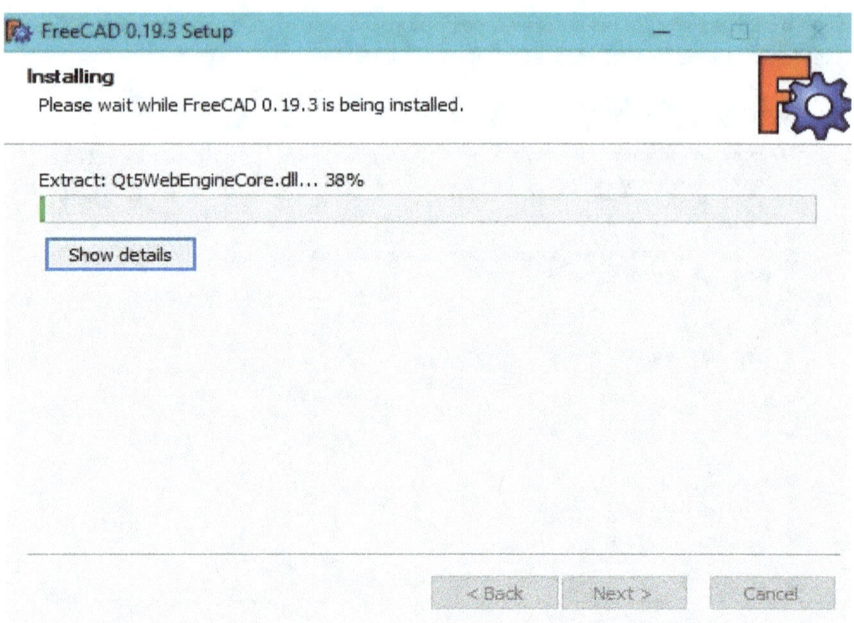

Étape 6 : Après quelques minutes, le processus est terminé. Il vous suffit alors de cliquer sur le bouton "Finish".

2 Premiers pas avec "FreeCad"

Après avoir installé le programme, nous pouvons le lancer pour la première fois. La page d'accueil devrait alors ressembler à ceci :

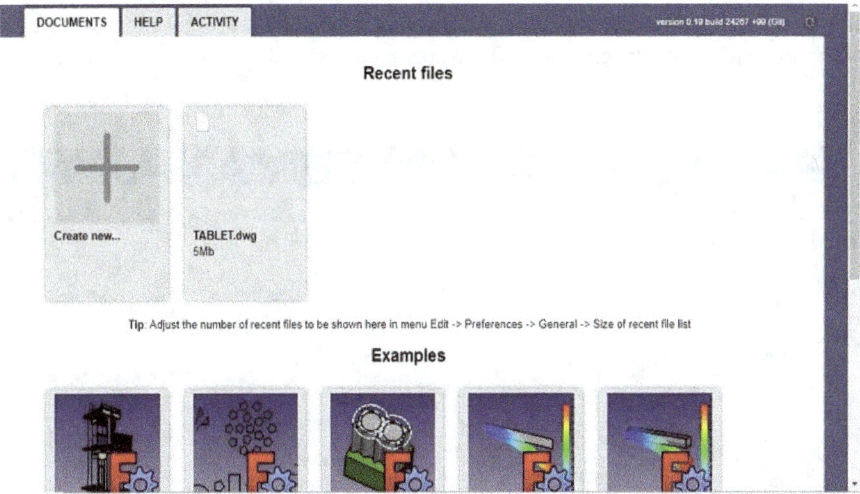

2.1 Paramètres de base de "FreeCad"

Avant de pouvoir commencer la conception CAO, nous allons d'abord nous occuper brièvement des paramètres du programme. Pour cela, cliquez sur le bouton "Edit" et sélectionnez l'option "Preferences ...".

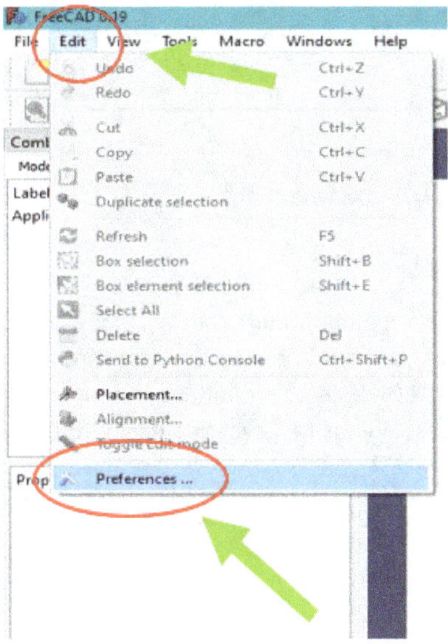

Le programme "FreeCAD" sélectionne automatiquement la langue de votre système d'exploitation lors de son premier lancement. Vous pouvez cependant modifier ce paramètre dans la section "General". Pour des raisons d'organisation, nous avons choisi l'anglais comme langue du programme pour ce cours. Cela vous sera utile pour vous familiariser avec les forums Internet ou la communauté, qui sont pour la plupart anglophones. Mais ne vous inquiétez pas, vous vous débrouillerez suffisamment bien dans n'importe quelle autre langue grâce aux images et aux explications supplémentaires.

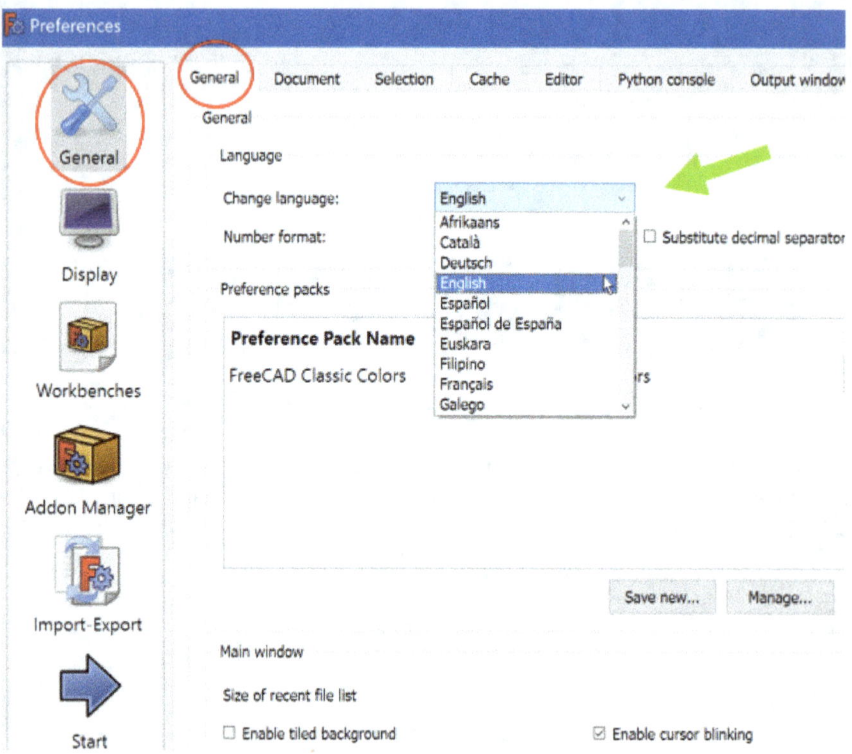

Un peu plus bas, dans la section "Main window", vous pouvez changer la couleur de l'affichage. Si cela n'est pas important pour vous, vous pouvez simplement laisser le réglage par défaut "No style sheet". Dans cette section, nous pouvons également modifier la taille des icônes des commandes. Si vous ne l'avez pas déjà fait, utilisez le paramètre "Medium (24px)".

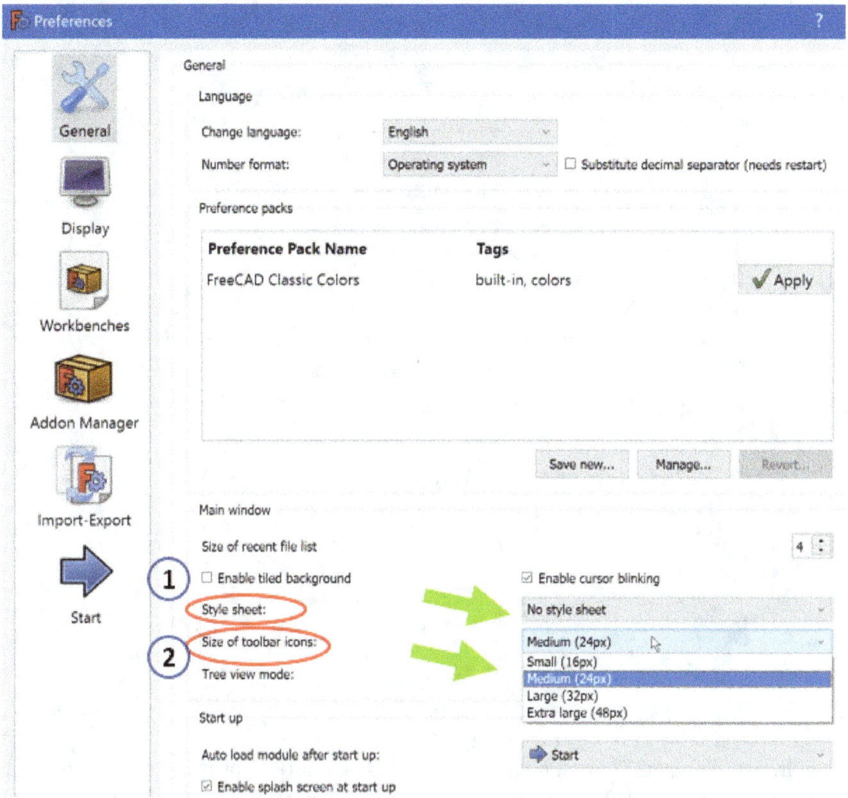

Un autre paramètre important de la section "General" se trouve dans l'onglet "Units". Ici, nous pouvons définir notre système d'unités préféré. Nous utiliserons les unités par défaut "Standard (mm/kg/s/degree)".

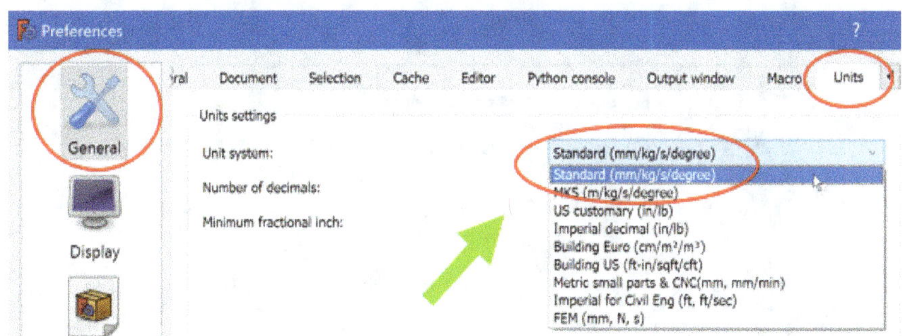

Enfin, nous devons vérifier dans la section "Display" si le système de coordonnées est affiché. Pour cela, l'option "Show coordinate system in the corner" doit être cochée.

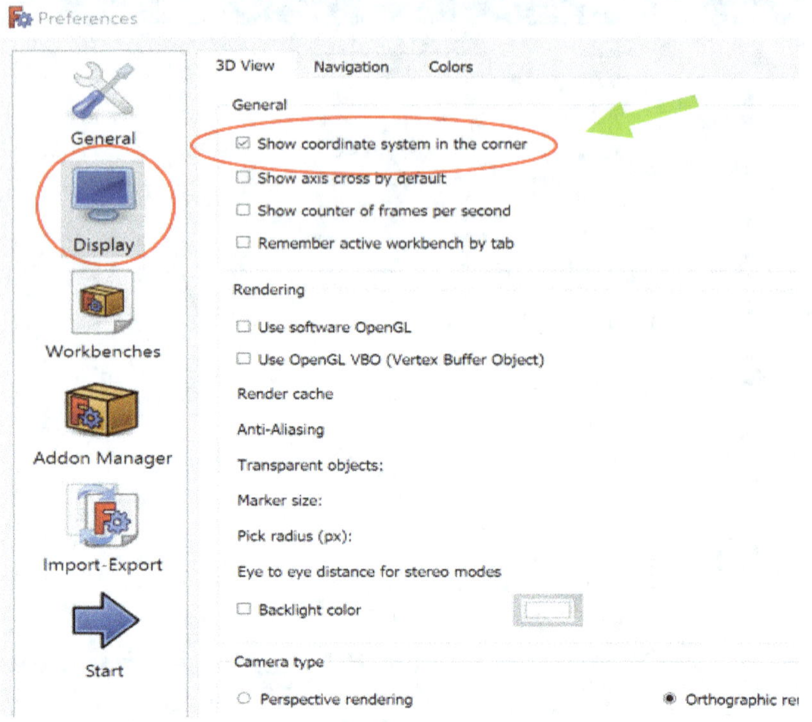

De plus, dans l'onglet "Colors", nous pouvons modifier l'arrière-plan de l'espace de travail. Il n'est pas nécessaire de le faire, c'est une question de goût. Par exemple, nous changeons l'arrière-plan en blanc.

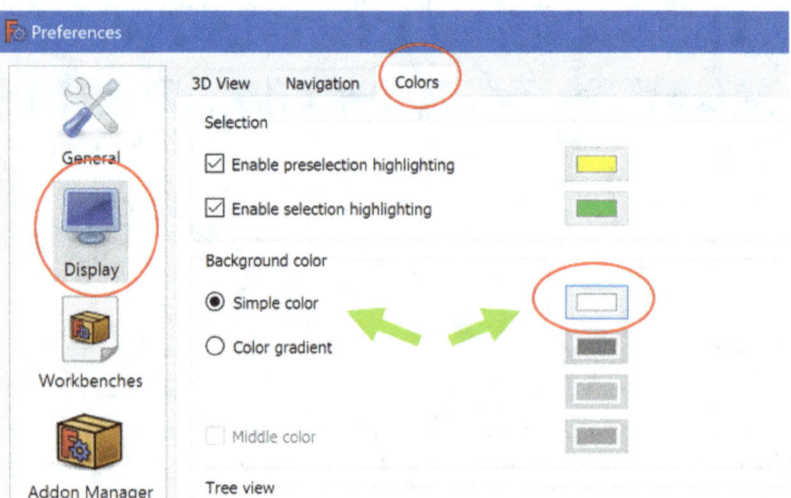

Si vous avez modifié des paramètres, cliquez sur "Apply" en bas de la fenêtre, puis sur le bouton "OK" pour appliquer les paramètres que vous avez définis et fermer la fenêtre.

2.2 "FreeCAD" Environnement du programme

Dans cette section, nous allons voir l'environnement du programme "FreeCAD".

2.2.1 Page d'accueil

Lorsque nous lançons "FreeCAD", la page d'accueil est affichée et contient trois onglets différents ("Documents", "Help", "Activity").

"Documents" : cet onglet contient les derniers fichiers utilisés. Il contient également l'option "Create new ..." pour créer un nouveau document. En outre, nous trouvons quelques fichiers d'exemple dans la partie inférieure.

"Help" : cet onglet contient des instructions sur le programme et la résolution des problèmes. Nous pouvons par exemple y rechercher une commande que nous souhaitons utiliser dans "FreeCAD" et obtenir de l'aide.

"Activity" : cet onglet affiche les dernières activités utilisées dans "FreeCAD". Il indique la modification ou l'ajout de code source "FreeCAD" et n'est pas pertinent pour les débutants dans un premier temps.

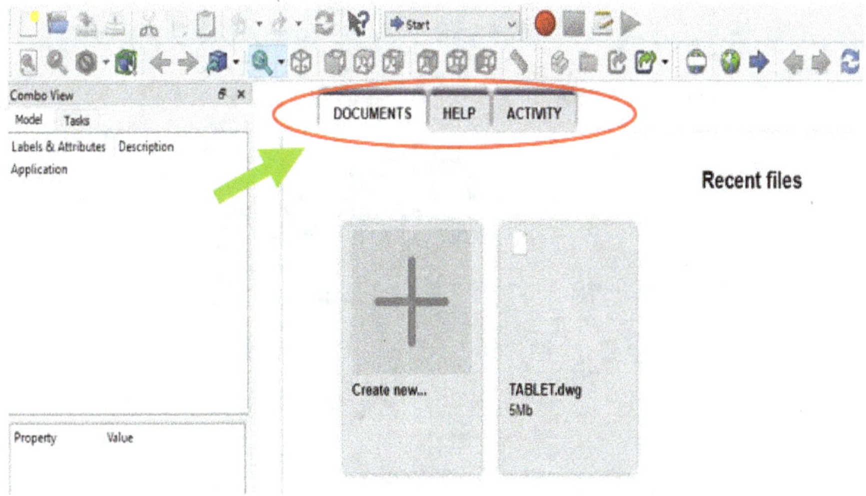

2.2.2 Espace de travail

Nous allons maintenant voir l'espace de travail du logiciel. C'est dans cet espace que nous allons tout de suite commencer nos premiers exercices de dessin. Au préalable, nous allons ouvrir un fichier d'exemple depuis la partie inférieure de l'onglet "Documents" dans la section "Examples".

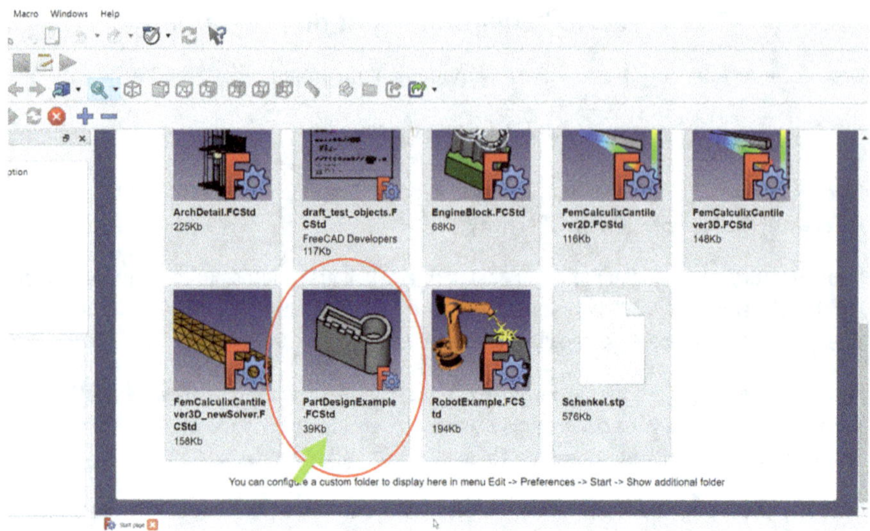

L'espace de travail ou la zone de dessin est utilisé pour créer un nouvel objet ou un dessin. L'interface de base comprend des barres d'outils, différentes commandes et des fenêtres.

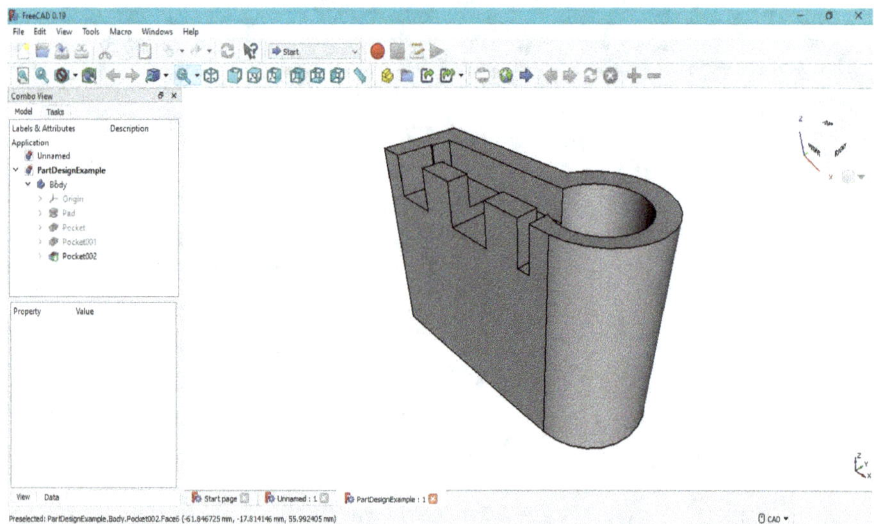

Sur le côté gauche de l'espace de travail se trouve la vue combinée ("Combo View"), qui est divisée en deux onglets.

L'onglet "Model" affiche dans la partie supérieure le contenu et la structure de votre objet et dans la partie inférieure les propriétés (paramètres) de chaque élément sélectionné. Dans cette arborescence, vous trouverez les commandes qui ont été utilisées pour créer l'objet

3D. Dans ce cas, par exemple, différentes esquisses et commandes telles que "Pad" et "Pocket". Mais nous y reviendrons plus tard. L'origine et les calques du fichier sont également affichés. Pour l'afficher, vous devez cliquer sur l'icône en forme de flèche correspondant à l'extension.

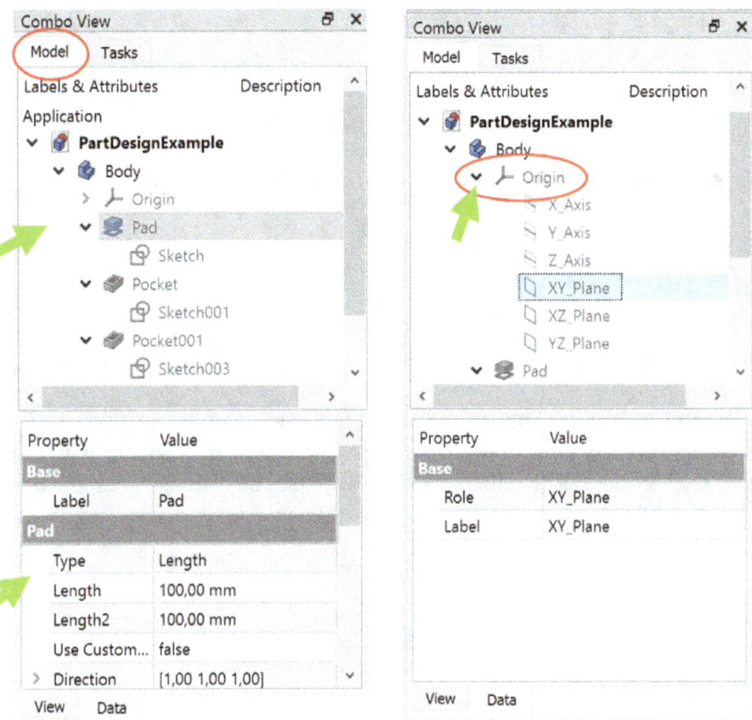

L'onglet "Tasks" vous informe sur les tâches que vous devez effectuer pour la construction ou sur les paramètres spécifiques de l'outil que vous utilisez actuellement.

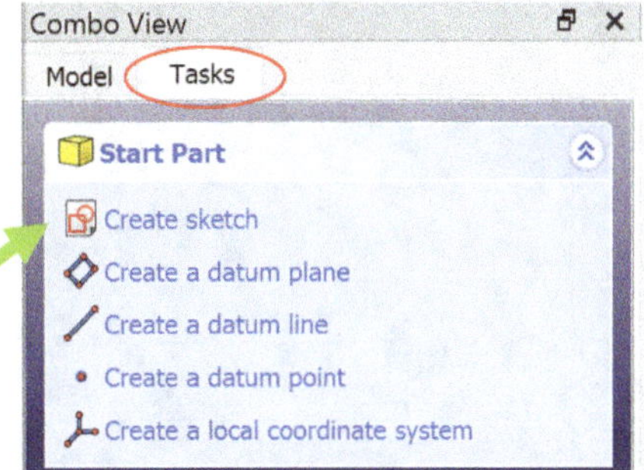

Il existe également une vue de rapport ("Report view") et une console Python dans "FreeCAD", qui sont masquées par défaut. La vue Rapports affiche des informations, des avertissements ou des erreurs, ce qui peut faciliter le dépannage. La console Python vous permet de voir en temps réel comment les commandes et les fonctions que vous sélectionnez sont exécutées par le code du programme.

Les étapes suivantes permettent d'activer l'affichage des rapports ("Report view") et la console Python.

Étape 1 : Accédez au menu "View".

Étape 2 : Cliquez sur "Panels".

Étape 3 : Cliquez sur "Report view" et "Python console".

Une fenêtre s'ouvre alors dans la partie inférieure de l'espace de travail.

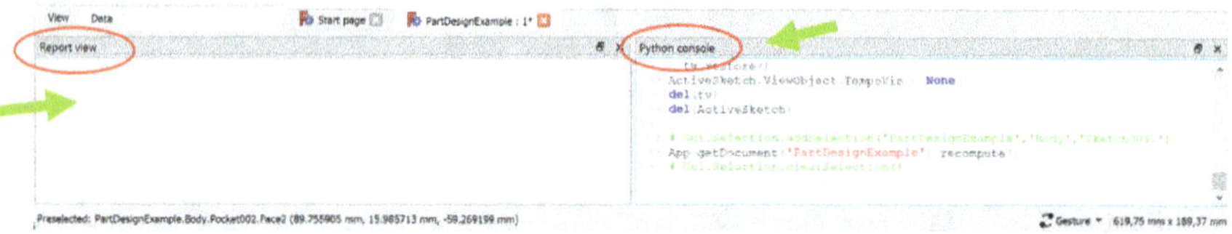

Cependant, en tant que débutant, vous n'avez presque jamais besoin de ces deux fenêtres ou, comme nous l'avons mentionné précédemment, uniquement pour le dépannage. Nous pouvons donc fermer ces deux fenêtres afin d'avoir plus de place dans l'espace de travail.

3 Les espaces de travail de base dans "FreeCAD"

3.1 Informations générales

Dans "FreeCAD", il existe différents espaces de travail, chacun dédié à une tâche spécifique. Vous les trouverez dans le menu déroulant à gauche du cercle rouge. Le logiciel "FreeCAD" propose un grand nombre d'espaces de travail. Cela peut facilement dérouter un débutant. Si vous souhaitez utiliser "FreeCAD" pour créer des conceptions 2D et 3D, ainsi que des dessins techniques, les espaces de travail "Part Design", "Sketcher" et "TechDraw" sont suffisants. Nous allons voir en détail comment utiliser ces trois espaces de travail dans ce cours pour débutants. Nous allons également nous intéresser à l'assemblage de pièces en un seul bloc. Pour cela, nous devons importer l'espace de travail "Assembly (A2plus)". Nous y reviendrons plus tard.

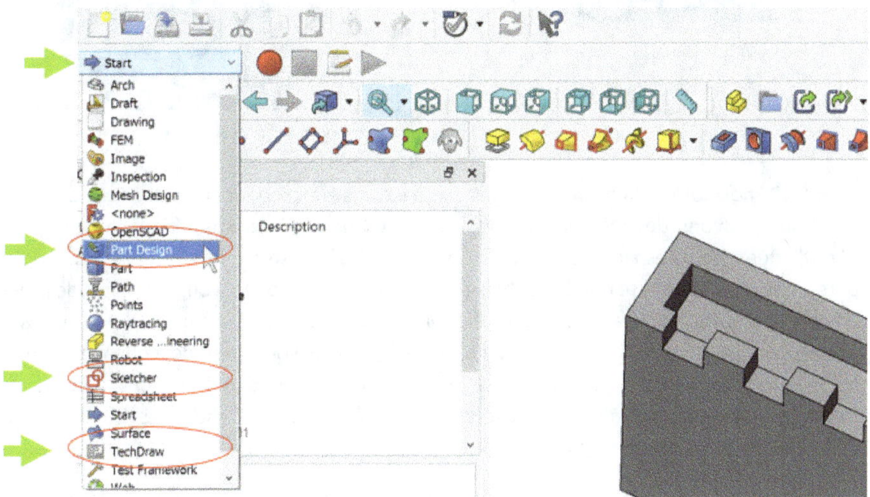

L'espace de travail "Draft" - que nous ne détaillerons pas ici - serait utilisé si vous souhaitez créer des objets purement bidimensionnels. L'espace "Sketcher" permet également de créer des esquisses en deux dimensions. Comme il est possible de les transformer ultérieurement en modèles 3D, nous allons examiner l'espace "Sketcher", plus adapté, plutôt que l'espace "Draft". L'espace de travail "Part Design" est nécessaire pour la création d'objets tridimensionnels. Cela serait également possible avec l'espace de travail "Part", mais "Part Design" est généralement plus approprié. Enfin, l'espace "TechDraw" est nécessaire pour créer des dessins techniques, c'est-à-dire des documents permettant de fabriquer la pièce conçue.

Comme vous l'avez appris dans l'un des premiers chapitres, si nous voulons créer un objet tridimensionnel, nous devons d'abord créer une esquisse 2D. Nous transformons ensuite cette esquisse 2D en un objet 3D à l'aide de différentes commandes.

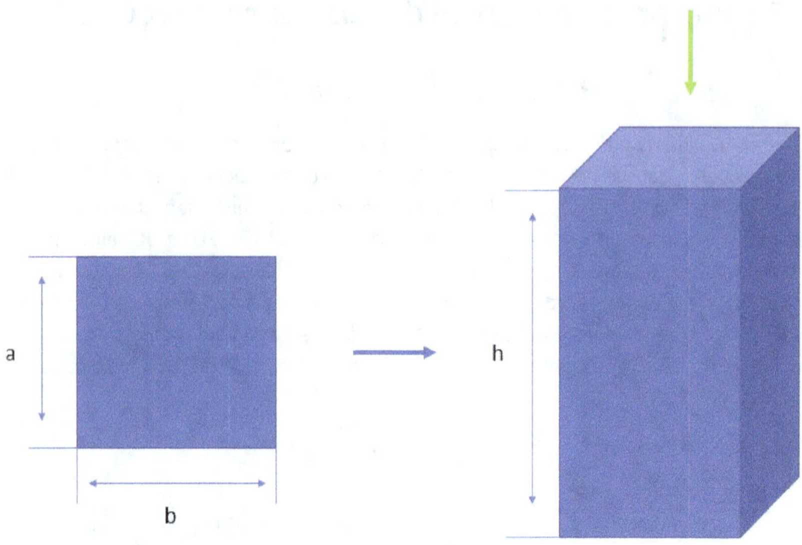

"FreeCAD" nous offre maintenant plusieurs espaces de travail pour créer une telle esquisse 2D. Nous pouvons dessiner une esquisse en deux dimensions aussi bien dans l'espace "Draft" que dans l'espace "Sketcher". L'espace "Draft" est en fait réservé aux objets purement 2D, c'est-à-dire que vous choisirez cet espace de travail si vous souhaitez dessiner un objet purement bidimensionnel. Vous pourriez créer un objet 3D à partir d'une esquisse de l'espace "Draft", mais cette approche n'est pas idéale. Si vous savez déjà que vous voulez créer un objet 3D à partir d'une esquisse 2D, il est préférable d'utiliser l'espace de travail "Sketcher". Cet espace de travail est idéal pour dessiner des esquisses 2D que vous transformerez ensuite en objet 3D.

Nous pourrions donc faire une esquisse de notre premier objet 3D dans l'espace "Sketcher". Mais pour apprendre à concevoir avec "FreeCAD" le plus facilement possible, nous allons commencer tout de suite dans l'espace de travail parent "Part Design". Dans cet espace de travail, vous pouvez créer des objets 3D. Dans cet espace de travail, il existe également une fonction appelée "Create Sketch", qui est un lien vers l'espace de travail "Sketcher" et qui nous permet de dessiner notre esquisse 2D pour notre objet 3D.

Le programme "FreeCAD" peut malheureusement être un peu déroutant ici, car il y a tant d'espaces de travail différents. Mais en fait, tout ce que vous devez retenir, c'est qu'en tant que débutant, pour une conception 3D, nous pouvons toujours commencer par la section "Part Design". Je vais vous guider pas à pas dans la création d'un modèle 3D en suivant une procédure structurée. Pour ce faire, nous commençons dans l'espace de travail "Part Design", nous passons ensuite à l'espace "Sketcher" pour l'esquisse 2D et revenons ensuite à l'espace "Part Design" pour le modèle 3D. Les sections sont reliées entre elles, ce qui facilite les choses. Nous y reviendrons dans un instant !

3.2 L'espace de travail "Part Design" - Partie 1 : Généralités

Avant de créer notre premier objet 3D, nous allons avoir un bref aperçu des fonctions de base de l'espace de travail "Part Design".

Remarque : si toutes les barres d'outils ne sont pas affichées comme indiqué ici, vous devez activer les barres d'outils manquantes dans la barre de menu sous l'onglet "View" dans le sous-groupe "Toolbars". Vous pouvez également désactiver les barres d'outils ici si nécessaire.

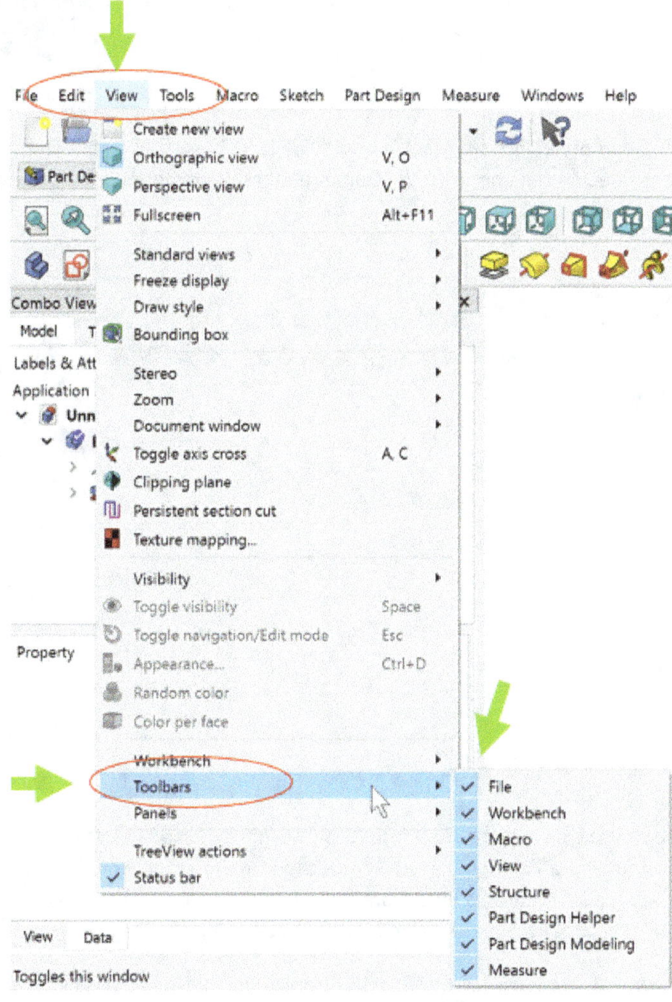

Dans la zone en haut à gauche, nous trouvons deux fonctions importantes. D'une part, la fonction "Fit all" nous permet d'ajuster dans la vue tous les objets qui se trouvent dans notre espace 3D. Cette fonction est utile, par exemple, lorsqu'un ou plusieurs objets sont très éloignés. Ils sont alors zoomés à une taille qui est avantageuse pour la vue.

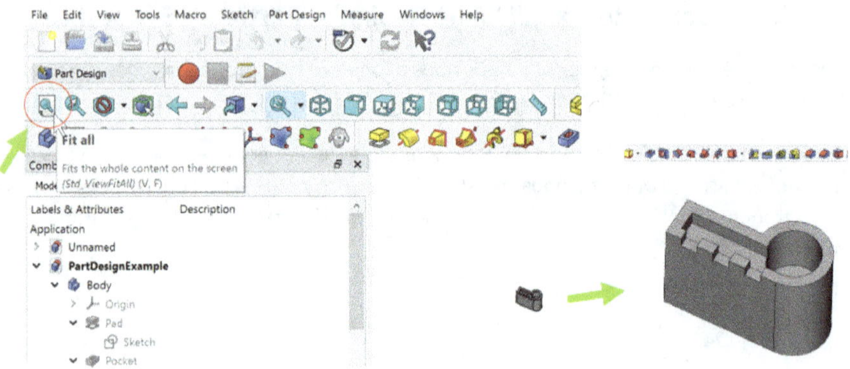

La fonction "Draw Style" nous permet de modifier l'affichage de l'objet 3D. Par exemple, nous pouvons sélectionner l'option "Wireframe" et obtenir un modèle filaire de notre objet. N'hésitez pas à essayer les autres options d'affichage.

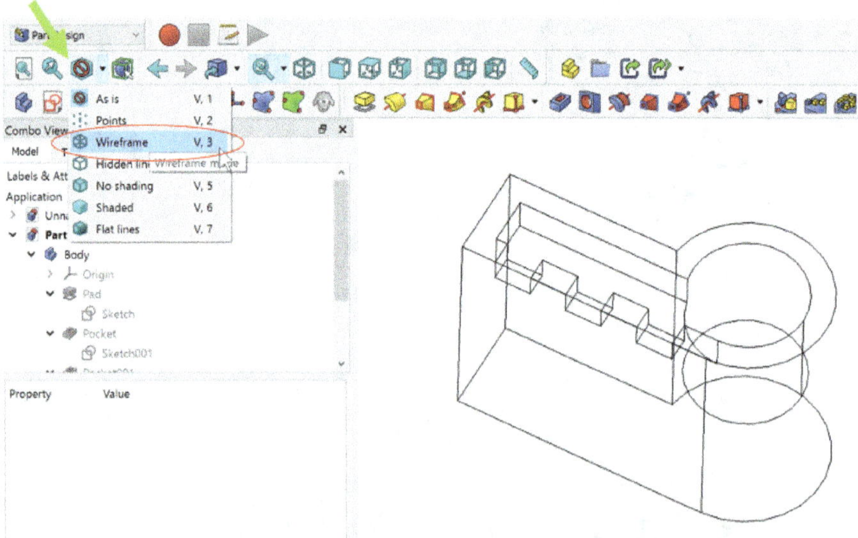

Dans la zone centrale de la barre d'outils précédente, nous pouvons choisir entre différentes vues. Nous pouvons afficher ici la vue isométrique et jeter un coup d'œil sur la face supérieure, la face inférieure, la face avant, la face arrière ou les faces latérales. Ces choix sont utiles si nous voulons voir 100 % de la surface de l'objet à la verticale.

Si nous ne pouvons pas être aussi précis, nous pouvons bien sûr faire pivoter et déplacer notre objet avec la souris de l'ordinateur. Nous allons voir comment cela fonctionne dans un instant.

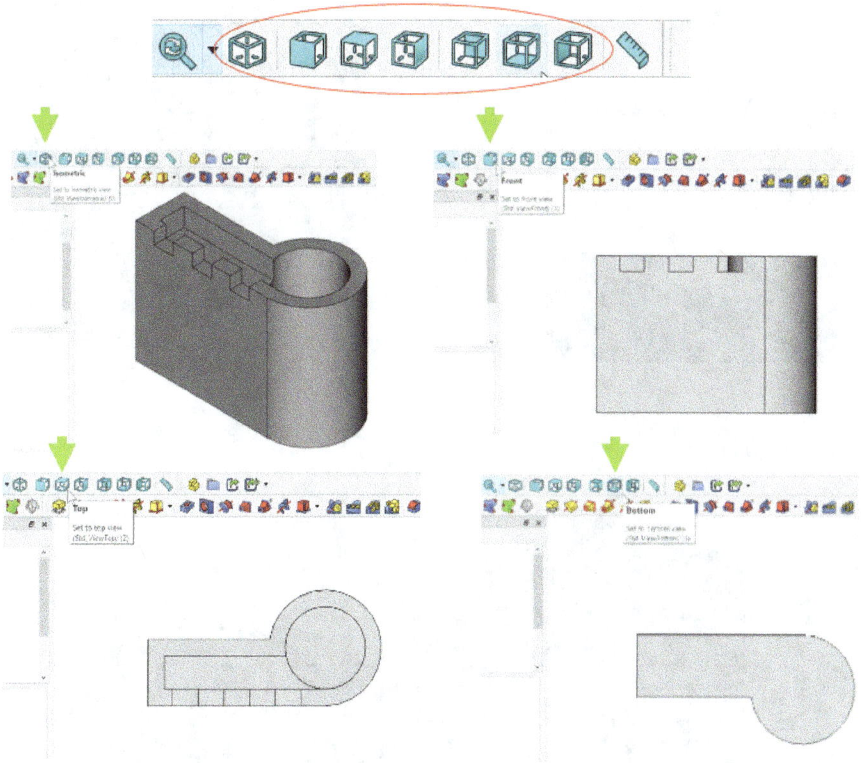

Presque toutes les fonctions de la barre d'outils qui se trouve en dessous seront discutées en détail lors de la conception 3D, c'est pourquoi nous les laissons de côté ici. Seules les fonctions de mesure sont présentées ici.

La fonction "Measure Linear" nous permet d'afficher la distance entre deux surfaces ou même entre deux arêtes. Il suffit de sélectionner la commande et de cliquer sur la première géométrie (par exemple, le bord arrière gauche de l'objet), puis directement sur la seconde géométrie (par exemple, le bord avant de l'objet). La mesure nous est alors indiquée par une flèche.

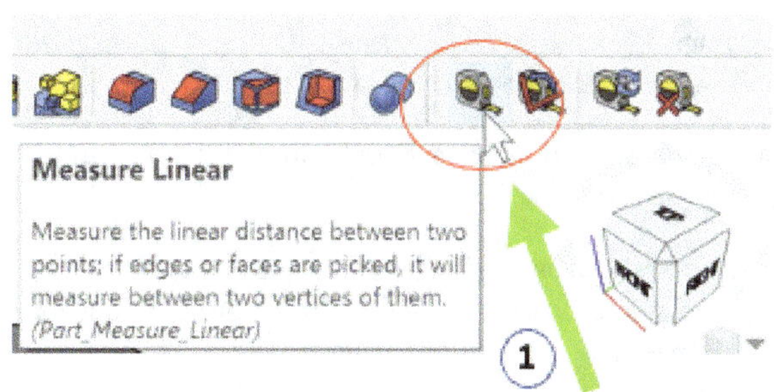

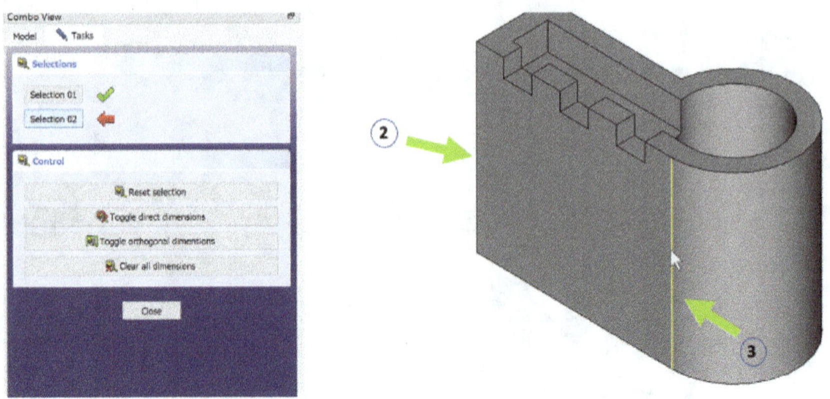

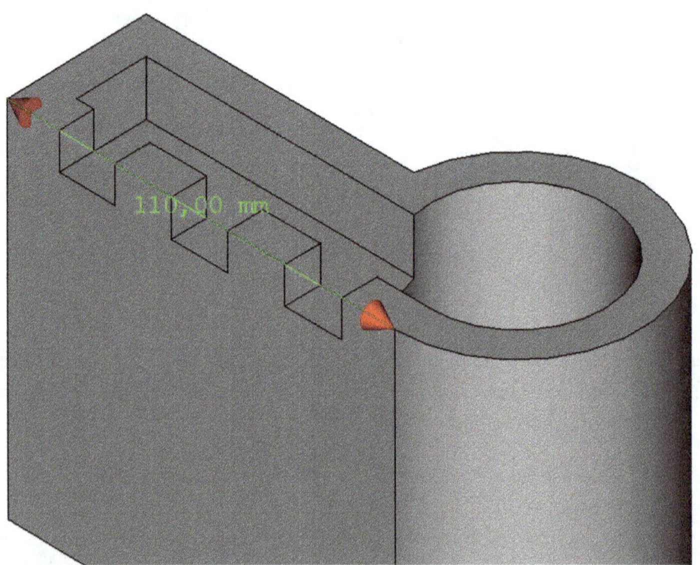

Avec "Measure Angular", nous pouvons également afficher les angles entre deux éléments. Cela fonctionne de manière identique à "Measure Linear".

Avec "Refresh", nous pouvons mettre à jour toutes les cotes après avoir effectué une modification de la géométrie.

Et avec "Clear all", nous pouvons supprimer toutes les cotes affichées. Nous ne pouvons pas modifier les valeurs des cotes ici, nous verrons comment cela fonctionne dans un instant. Nous allons maintenant voir en détail comment créer un objet 3D.

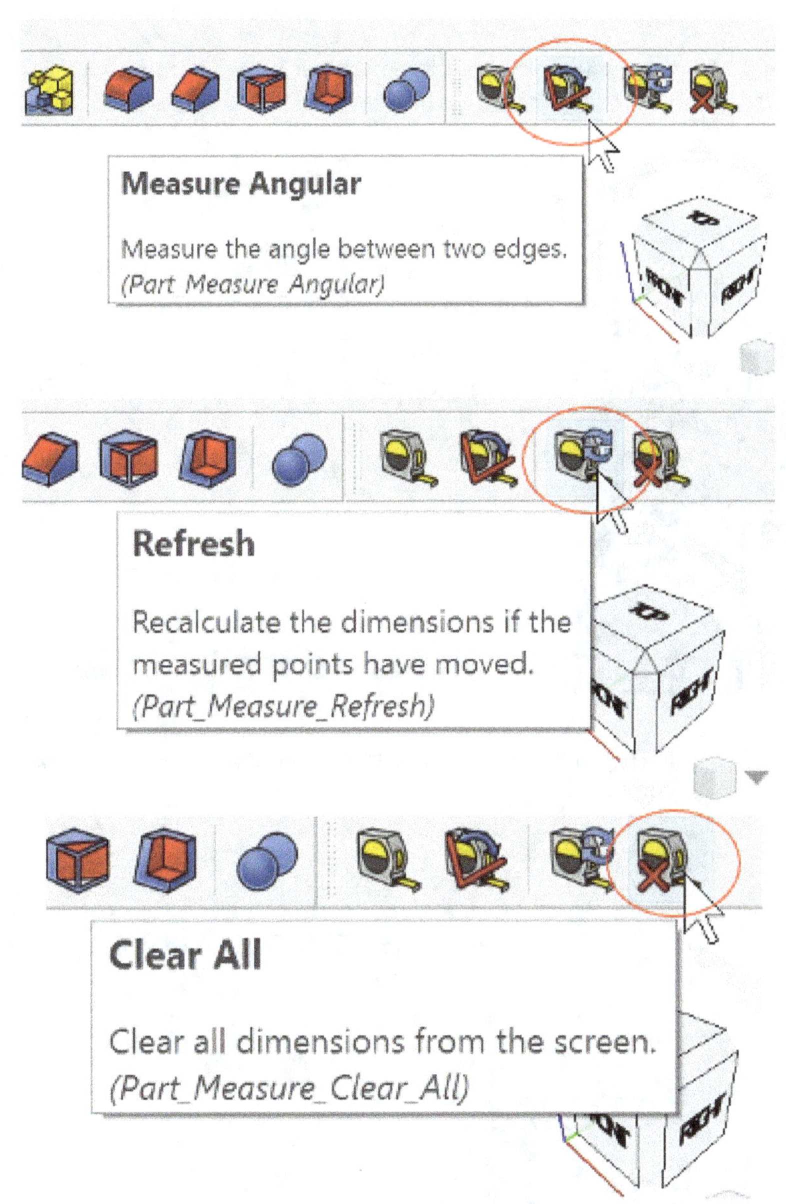

Nous connaissons maintenant les fonctions les plus importantes et les plus basiques de l'espace de travail "Part Design" et nous pouvons passer à l'étape suivante et voir en détail comment créer une esquisse 2D et comment transformer ensuite cette esquisse 2D en un objet 3D.

La procédure pour la création de notre premier objet 3D est maintenant la suivante. Tout d'abord, nous fermons le projet exemple. Ensuite, sur la page d'accueil, nous choisissons "Create new ..." pour créer un nouveau document.

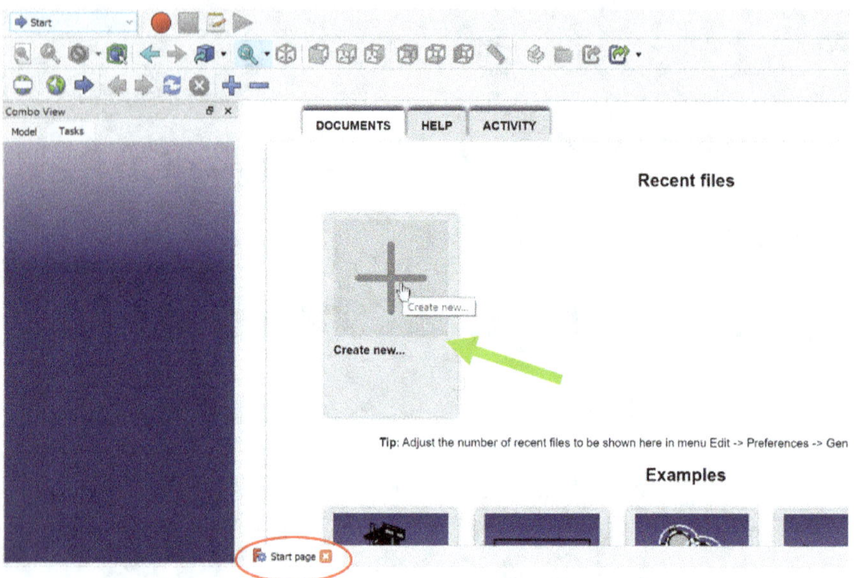

Ensuite, nous sélectionnons l'espace de travail "Part Design" dans le menu déroulant.

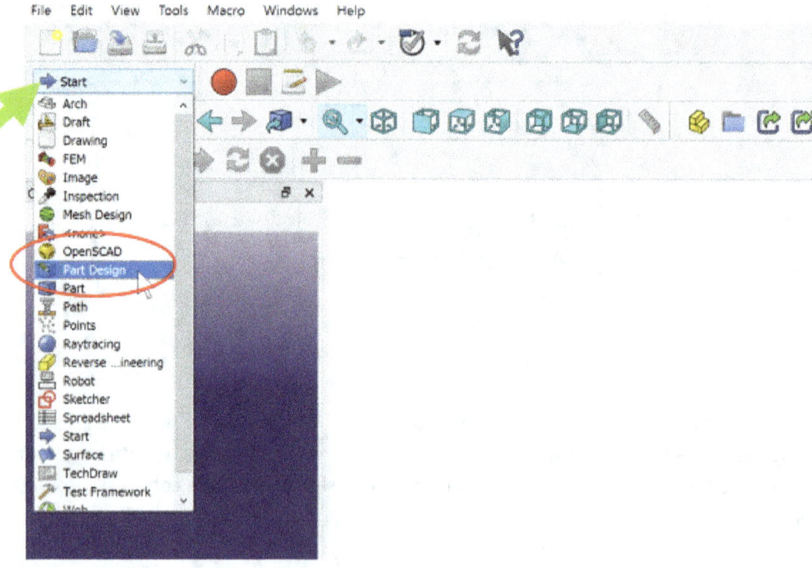

Pour commencer à travailler avec notre objet 3D, dans la vue combinée "Combo View", dans la zone "Tasks", cliquez sur la commande "Create Body".

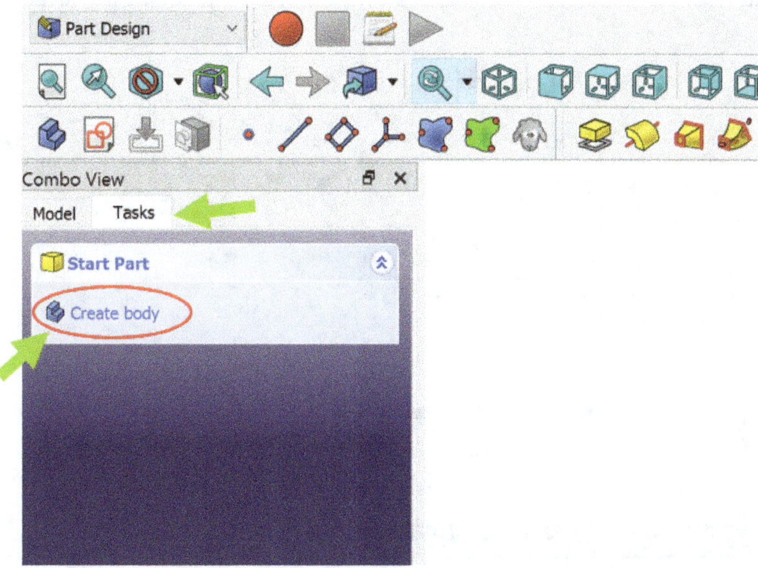

Ensuite, l'espace "Tasks" nous propose de réaliser une esquisse. Comme vous pouvez le constater, la section "Tasks" peut donc nous servir - surtout au début - de recette de cuisine pour notre construction.

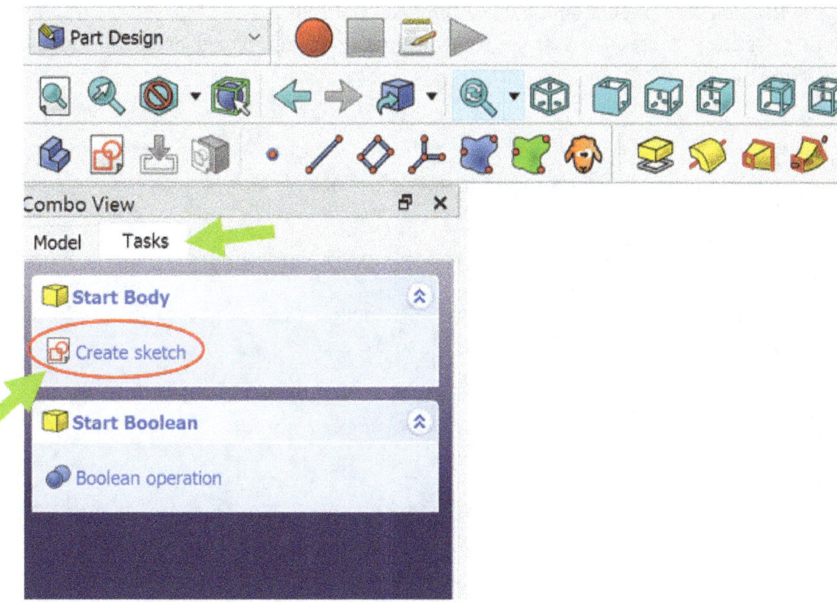

Nous pourrions également créer le corps et l'esquisse 2D à l'aide des icônes de la barre de commande. Par exemple, nous aurions pu sélectionner les commandes "Create Sketch" et "Create Body" dans l'onglet "Sketch" et "Part Design" de la barre de menus tout en haut.

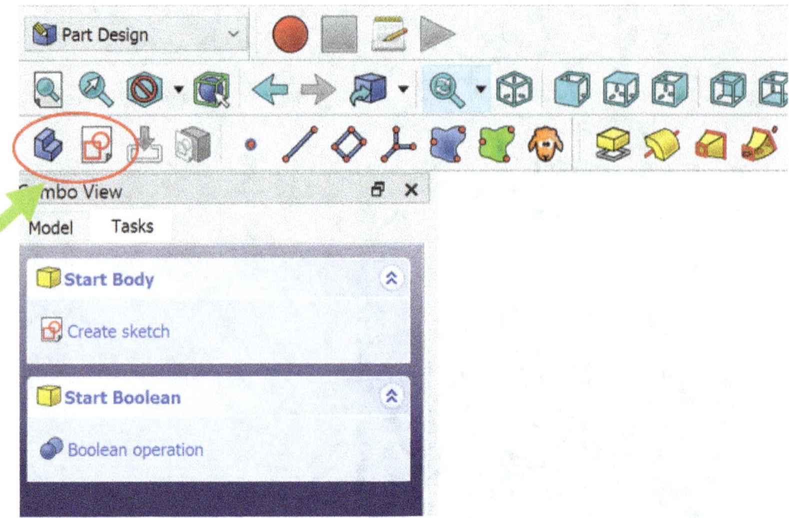

Après avoir sélectionné la commande "Create Sketch", les trois plans du système de coordonnées nous sont présentés pour que nous puissions les sélectionner. Nous souhaitons créer une esquisse dans un espace à deux dimensions comme base de notre objet 3D, nous devons donc indiquer au programme sur quel plan à deux dimensions l'esquisse doit être créée. Comme un système de coordonnées de l'espace 3D a trois axes x, y et z, les trois plans x-y, x-z et y-z sont disponibles en combinant deux directions d'axe chacun.

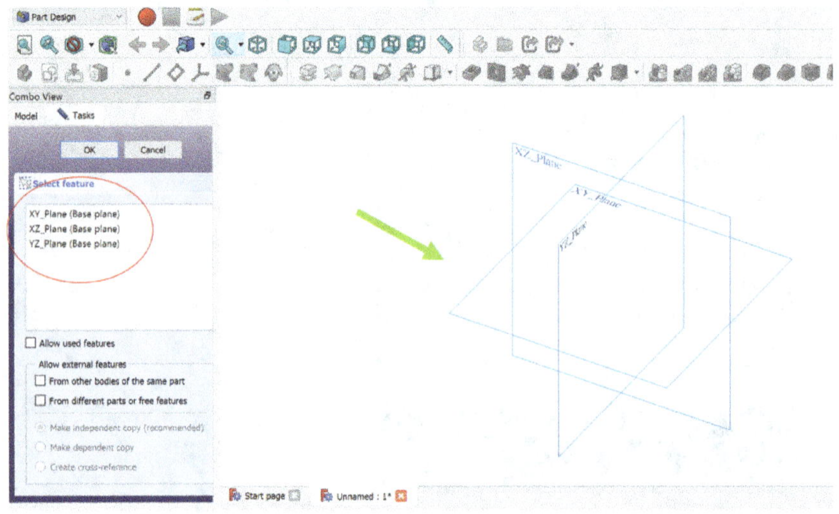

Le plan que nous sélectionnons ici n'a pour l'instant d'influence que sur l'orientation ultérieure de l'objet. Par exemple, nous sélectionnons simplement le plan x-y et confirmons avec "OK".

Cela nous permet d'accéder au plan et, en même temps, le programme nous amène automatiquement dans l'espace de travail "Sketcher", qui est destiné à l'esquisse 2D. Comme nous l'avons expliqué au début, l'esquisse 2D d'un objet 3D est principalement réalisée dans cet espace de travail. Comme vous pouvez le constater, le programme nous conduit automatiquement dans cet espace de travail et nous en fait sortir par la suite. Cela signifie que l'espace "Sketcher" est lié à l'espace "Part Design".

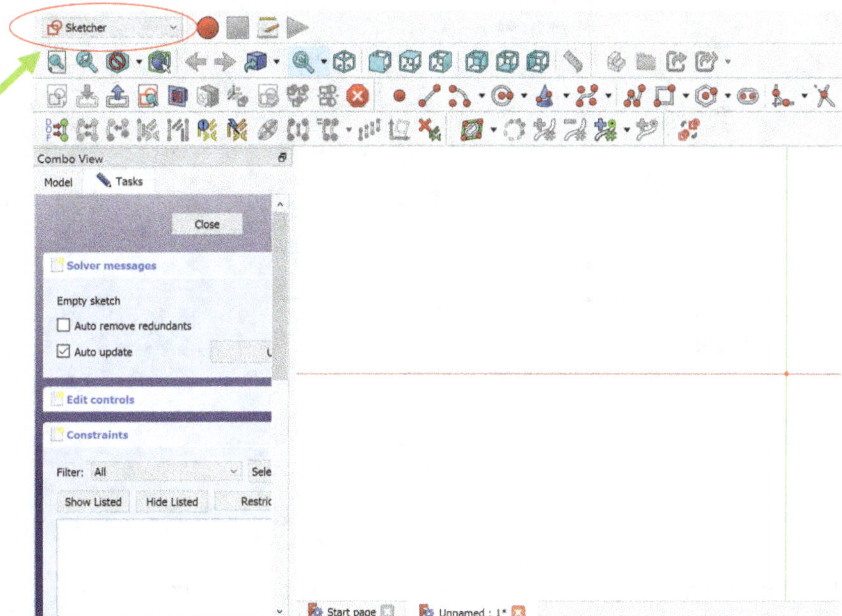

Nous nous trouvons donc maintenant dans l'espace de travail "Sketcher". C'est ici que nous allons créer notre esquisse 2D. Dans la section suivante, nous allons découvrir cet espace de travail, ses commandes et ses fonctions à travers des exercices d'esquisse. Nous reviendrons ensuite à l'espace de travail "Part Design" pour apprendre à créer un objet 3D à partir de l'esquisse 2D.

3.3 L'espace de travail "Sketcher" : créer une esquisse 2D

3.3.1 Généralités et paramètres importants

Dans l'espace de travail "Sketcher", nous créons notre esquisse 2D. C'est un peu comme si vous dessiniez quelques lignes, rectangles et cercles dans le programme bien connu "Paint". Il y a cependant quelques différences.

Avant de commencer, nous allons faire quelques réglages dans les options concernant l'affichage. Nous le faisons comme d'habitude dans la barre de menu "Edit" et la sélection de "Preferences". Nous allons maintenant naviguer dans les options jusqu'à la zone "Sketcher".

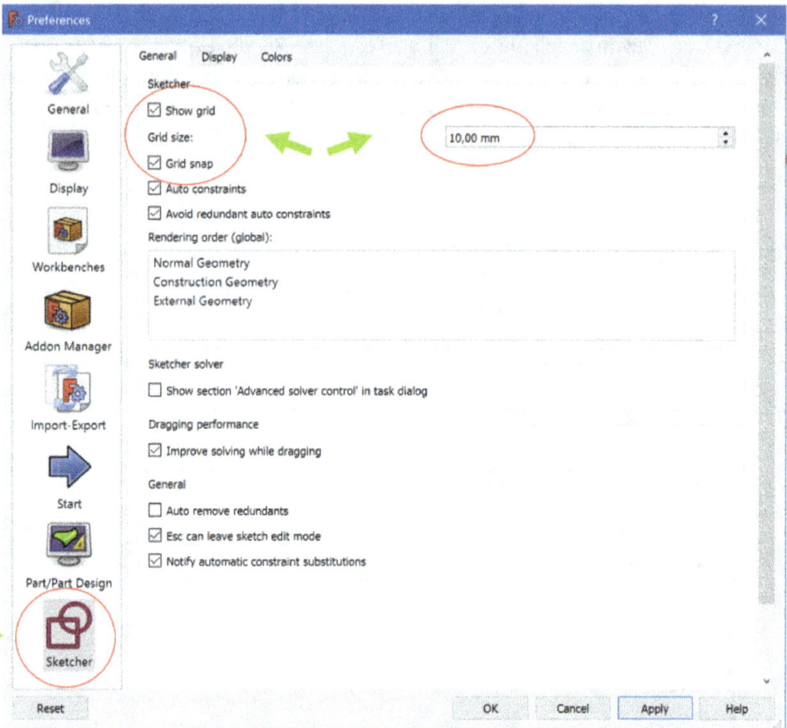

Ici, nous activons - si nous le souhaitons - la grille de caractères en cochant l'option "Show grid". Nous pouvons également activer l'option "Grid snap" pour faciliter la sélection des coins de la grille par le curseur. La taille de la grille peut également être réglée ici. Ces réglages ne sont cependant pas obligatoires, mais seulement une aide optionnelle pour le dessin.

En revanche, il est important que dans l'onglet "Colors", nous définissions les champs entourés en rouge sur la couleur noire ou une couleur sombre similaire si nous avons choisi un fond blanc ou clair. Dans le cas contraire, nous ne pourrions pas voir les éléments géométriques par la suite.

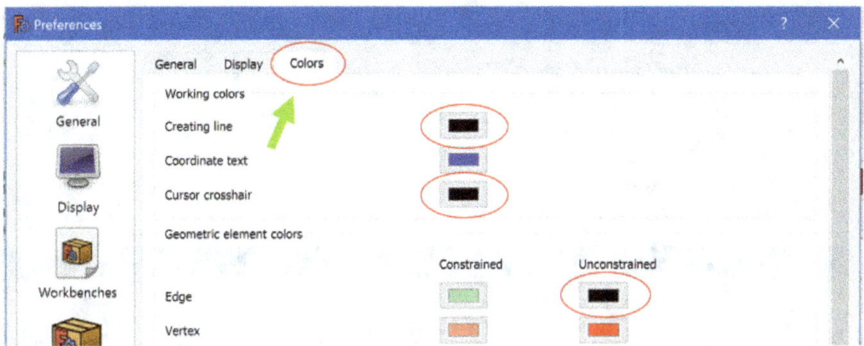

Ensuite, nous jetons un coup d'œil au plan de dessin. Dans la partie supérieure droite, nous voyons le cube orbital ("navigation cube") qui nous indique dans quelle vue de l'espace 3D nous nous trouvons actuellement. Actuellement, il est positionné sur "Top", ce qui signifie que nous voyons le plan du haut vers le bas. Nous pouvons également utiliser ce cube pour faire pivoter la vue.

Dans la zone en bas à droite se trouve un petit système de coordonnées qui nous indique l'orientation à l'aide des axes. Nous nous trouvons sur le plan x-y, c'est pourquoi l'axe y est représenté verticalement et l'axe x horizontalement. Ces axes sont également représentés dans la même couleur (vert et rouge) sur le plan de dessin sous la forme d'une ligne verticale et d'une ligne horizontale.

Si vous trouvez que ces deux éléments sont trop petits, vous pouvez également les redimensionner dans les paramètres. Pour cela, vous devez vous rendre dans la section "Display". Pour effectuer les réglages, allez ensuite d'abord dans l'onglet "3D View", puis dans l'onglet "Navigation".

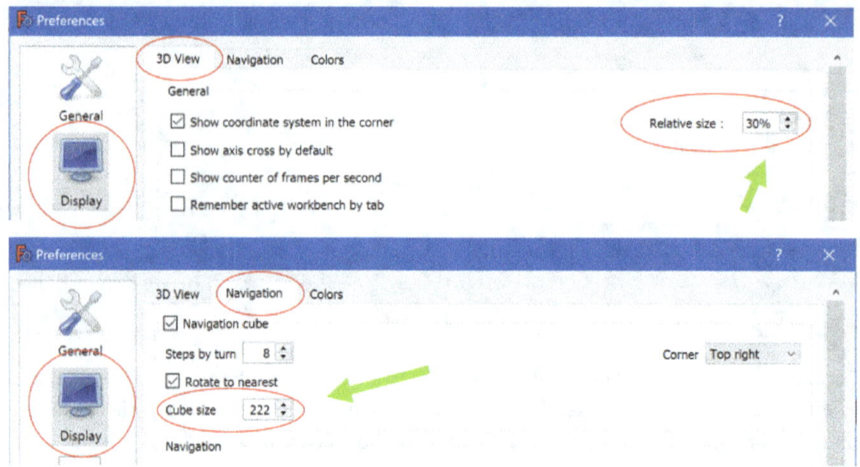

Vous pouvez déplacer la zone de dessin et, plus tard, l'objet 3D, en fonction du mode présélectionné. Vous pouvez le sélectionner en bas à droite. Il est préférable de sélectionner le mode "CAD". La navigation s'effectue alors comme indiqué. "Pan" signifie déplacer. Les modes "Rotate", "Zoom" et "Select" devraient être clairs.

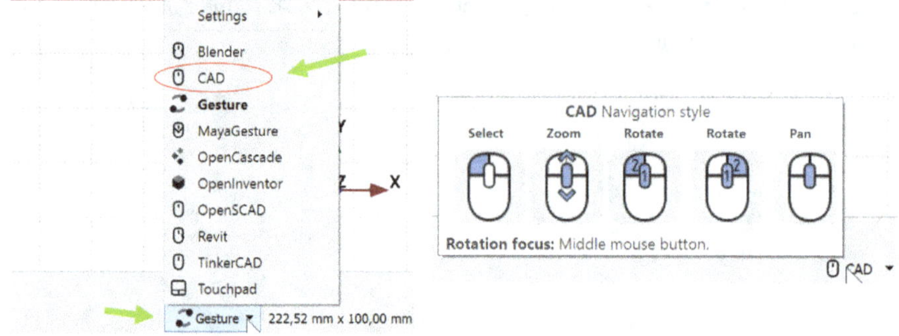

3.3.2 Éléments géométriques pour la création d'une esquisse 2D

Nous pouvons ensuite nous intéresser aux géométries disponibles que nous pouvons utiliser pour dessiner la surface de base de notre futur objet. Celles-ci se trouvent dans la barre d'outils de "FreeCAD", dans la zone centrale. Il y a ici un grand nombre d'éléments de dessin de base, comme des points, des lignes, des cercles, des rectangles, des polygones, etc. Vous pouvez choisir parmi plusieurs types d'éléments.

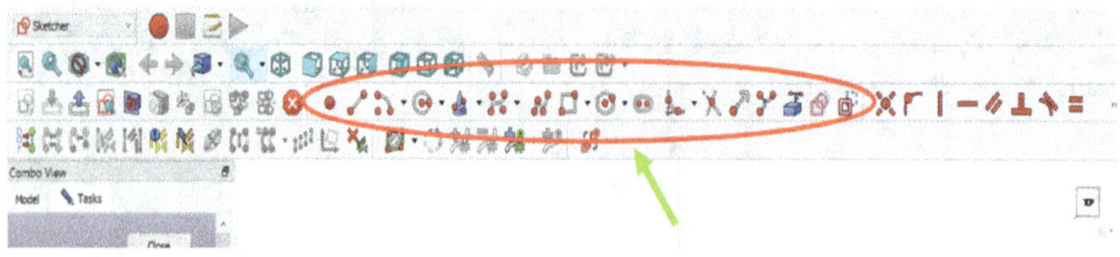

L'esquisse 2D doit correspondre, par exemple, à la section transversale de l'objet 3D souhaité ou, dans le cas d'un objet simple, à la surface supérieure de l'objet, c'est-à-dire, dans le cas d'un cylindre, à un cercle.

En sélectionnant la commande "Create Line", vous pouvez par exemple former une géométrie à partir d'éléments linéaires. Essayons de le faire. Il suffit de cliquer sur n'importe quel point, par exemple le centre du système de coordonnées, et de commencer à dessiner en cliquant et en faisant glisser votre souris. Un autre clic, par exemple sur un point de la grille du plan de dessin, vous permet de définir la fin de la ligne.

Si vous déplacez le curseur de manière à ce que la ligne devienne horizontale ou verticale, un petit symbole rouge s'affiche à chaque fois. Ce symbole est une contrainte ("constraint") qui aide à définir complètement une esquisse. Dans ce cas, il indique par exemple que la ligne sera créée sous contrainte horizontale ou verticale. De plus, dans ce cas, le symbole d'un quart de cercle avec un point dessus est également affiché. Il s'agit également d'une contrainte qui détermine le point final de la ligne sur l'axe des coordonnées. Nous allons maintenant aborder les contraintes en détail.

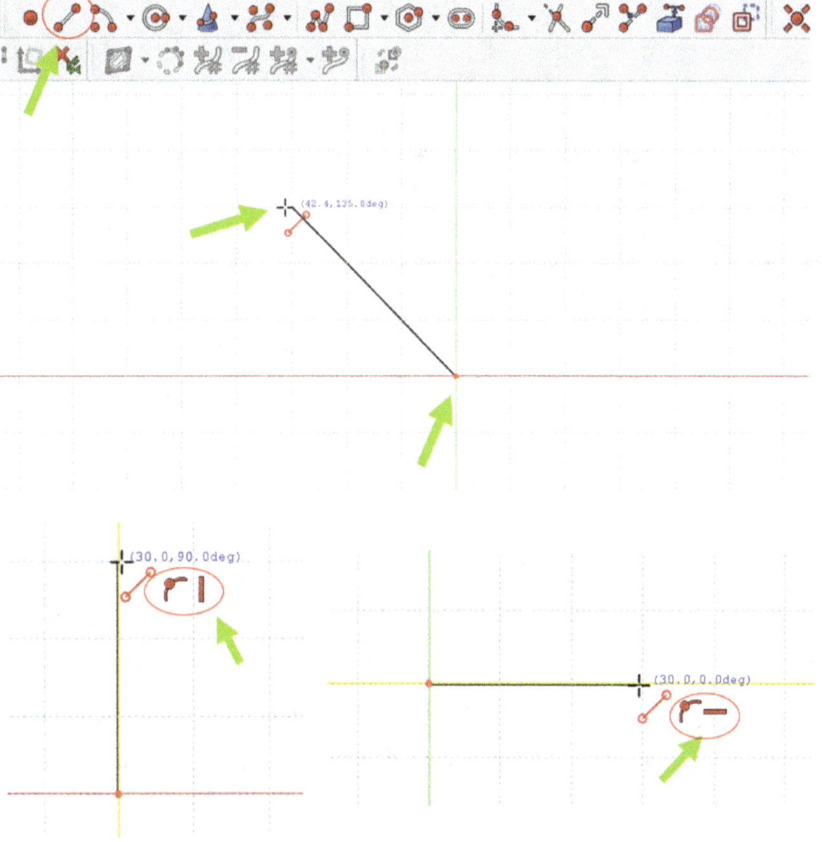

35

Au lieu d'une ligne, vous pouvez également créer un cercle, un arc, un rectangle, un polygone ou un trou oblong, et bien plus encore. Essayons cela un par un.

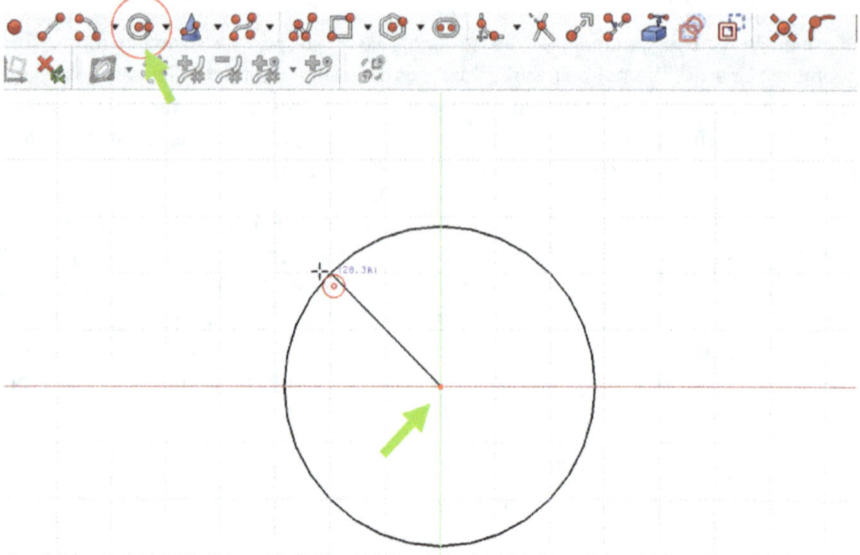

Pour l'arc, nous sélectionnons d'abord le centre, puis le point de départ de l'arc et enfin le point d'arrivée de l'arc.

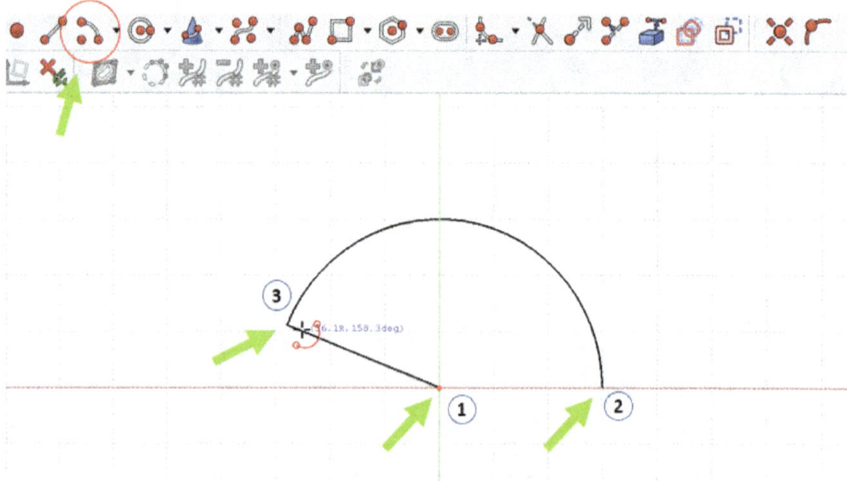

Pour le rectangle, vous pouvez choisir entre un rectangle normal, un rectangle centré ou un rectangle arrondi. Essayez les trois possibilités et vous verrez rapidement les différences.

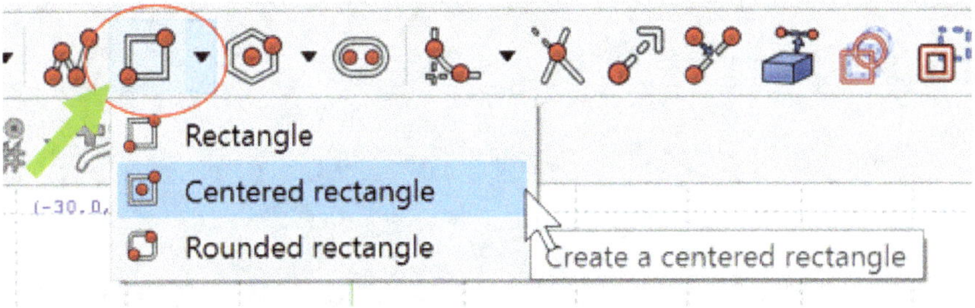

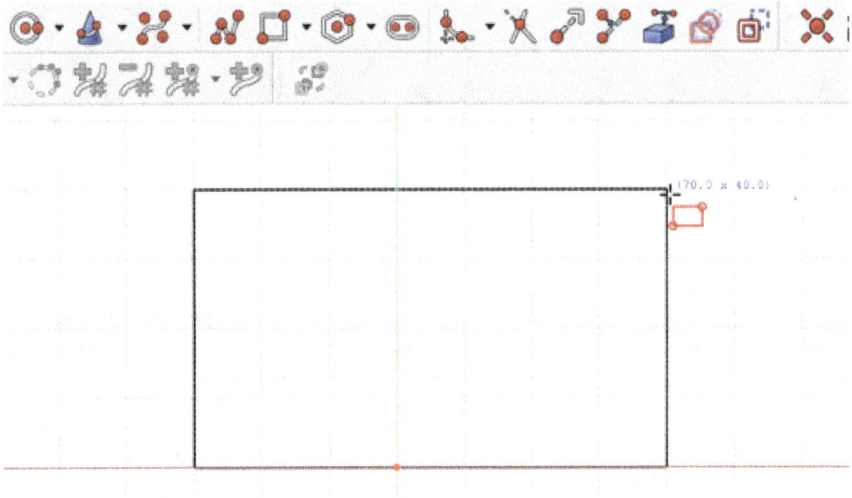

Cette possibilité de sélection existe d'ailleurs également pour les éléments géométriques : Cercle, Arc et Polygone. N'hésitez pas à essayer toutes les possibilités de sélection.

La commande "Polygon" permet par exemple de créer rapidement un triangle, mais aussi un pentagone ou un hexagone, sans avoir à les composer soi-même à partir de lignes individuelles. On indique à chaque fois le centre du cercle circonscrit, puis on choisit un point d'extrémité dans le plan de dessin.

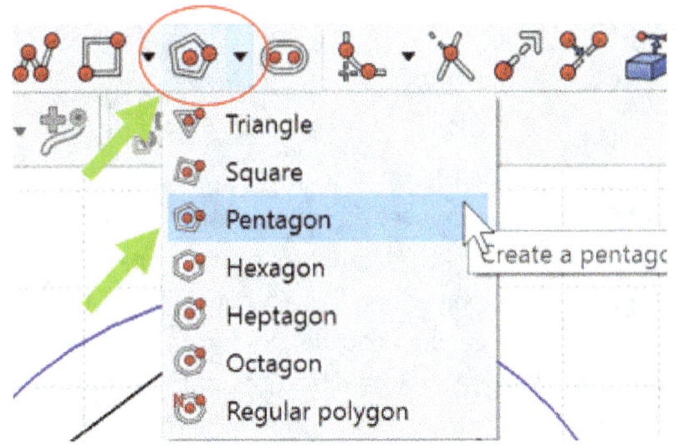

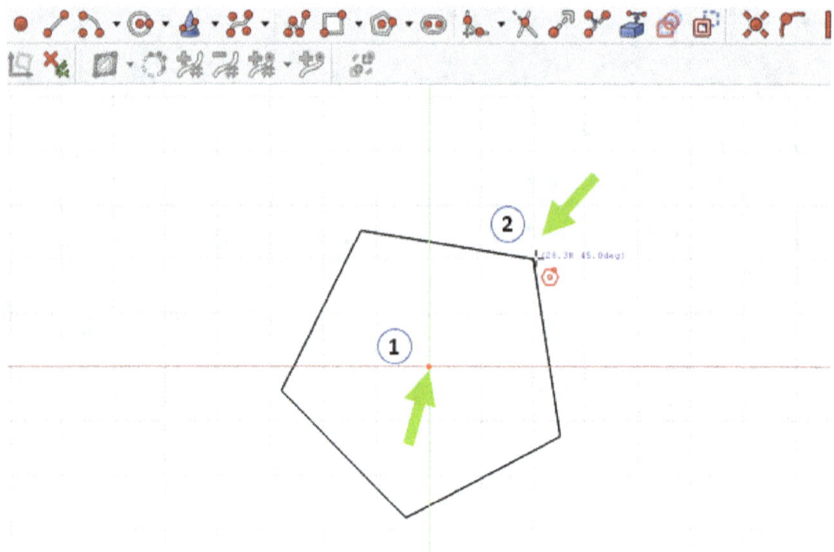

La commande "Slot" est également très utile et permet de dessiner un trou oblong de manière simple et rapide. Il suffit de choisir un point de départ et un point d'arrivée, qui représentent le centre des deux demi-cercles, et le trou oblong est créé.

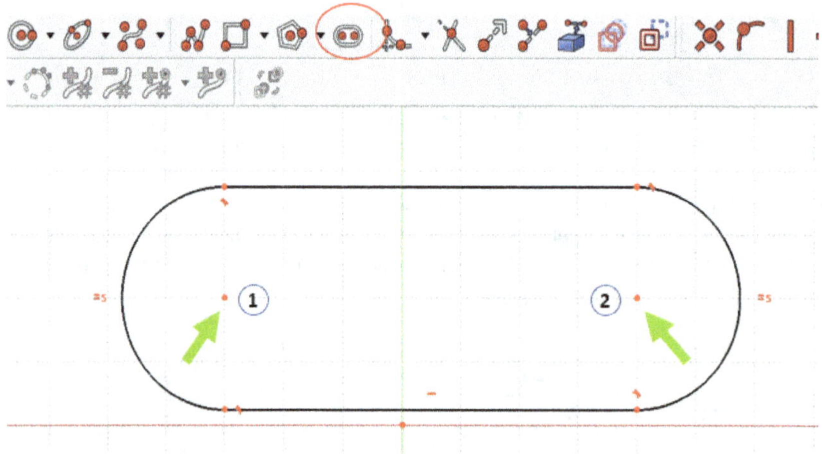

Les autres éléments que vous pouvez créer ici sont : Point, Polyligne, "B-Spline" et Géométries elliptiques. En tant que débutant, vous n'aurez pas besoin de ces éléments très souvent, mais vous pouvez les essayer une fois. La polyligne est une simple chaîne de lignes et la commande "B-Spline" crée une courbe de forme libre. Pour ces deux éléments, sélectionnez simplement plusieurs points différents dans le plan de dessin et terminez la chaîne soit avec le bouton droit de la souris, soit avec la touche "ESC".

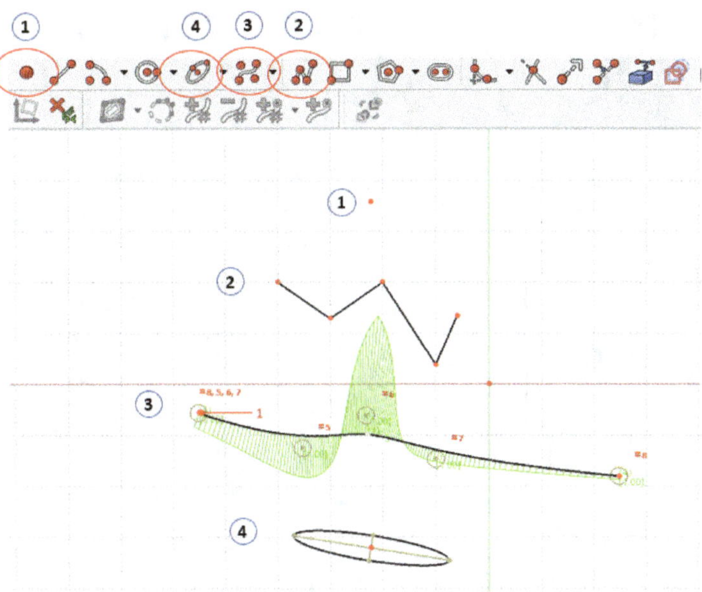

3.3.3 Modifier une esquisse 2D

Après avoir créé une esquisse, nous pouvons la modifier si nécessaire. Pour cela, nous allons nous intéresser à deux fonctions importantes. Il s'agit des fonctions "Fillet" et "Trim edge".

La fonction "Fillet" permet d'arrondir des arêtes. Pour cela, nous dessinons par exemple un "Centered rectangle" dont le centre doit coïncider avec l'origine des coordonnées.

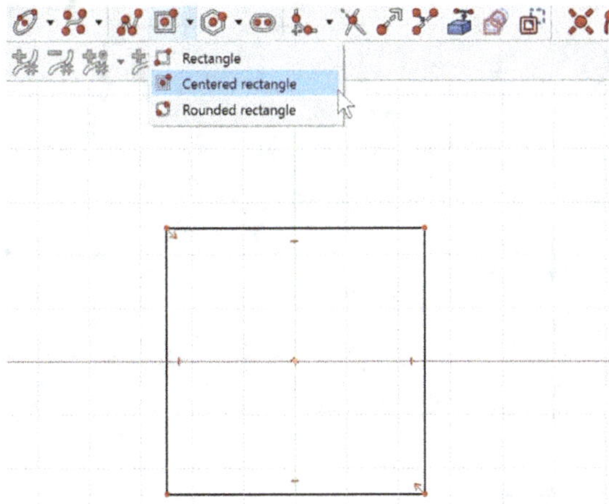

Ensuite, nous cliquons sur la fonction "Fillet", puis nous sélectionnons successivement deux arêtes.

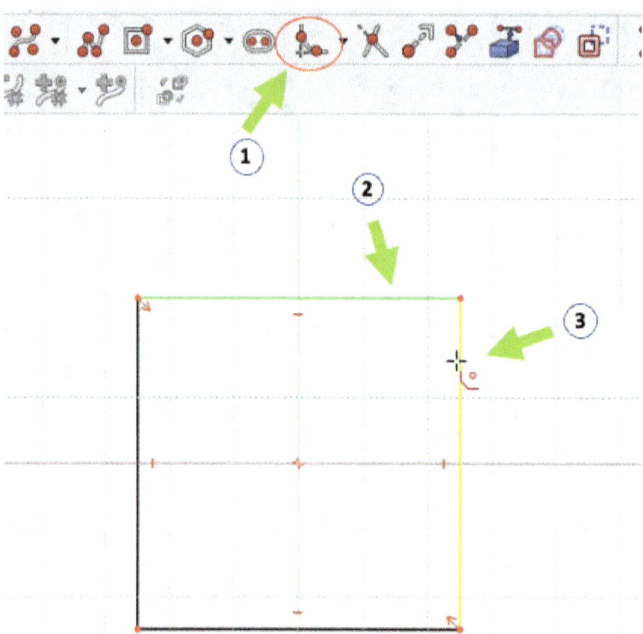

Le programme crée alors un congé pour le coin des deux arêtes.

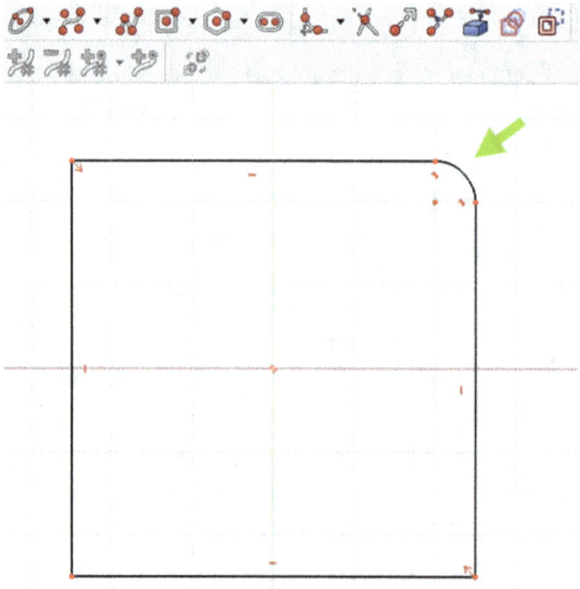

La fonction "Trim Edge" permet de supprimer les lignes superflues. Voyons simplement ce que cela signifie. Pour ce faire, nous allons dessiner deux cercles qui se croisent.

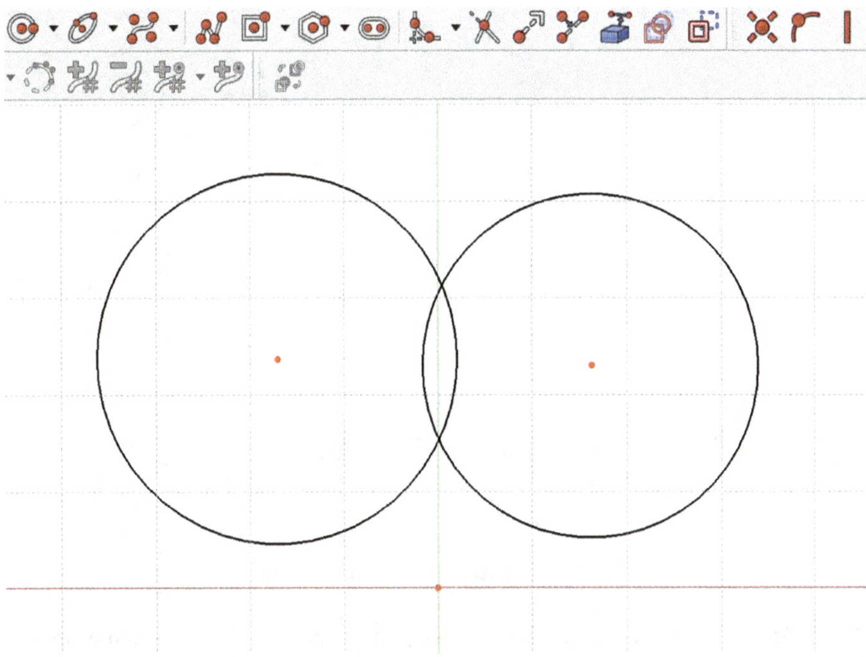

Si nous voulons maintenant relier ces deux cercles, nous pouvons utiliser la fonction "Trim Edge" pour supprimer rapidement et facilement les deux segments centraux des cercles. Pour cela, il suffit de sélectionner la fonction et de cliquer successivement sur les segments que nous souhaitons supprimer.

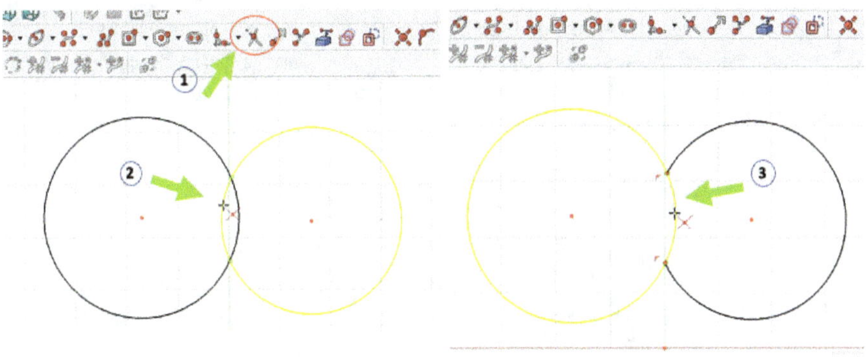

Nous obtenons alors un cercle dont les sommets sont reliés entre eux. Le programme crée automatiquement les connexions nécessaires avec cette fonction.

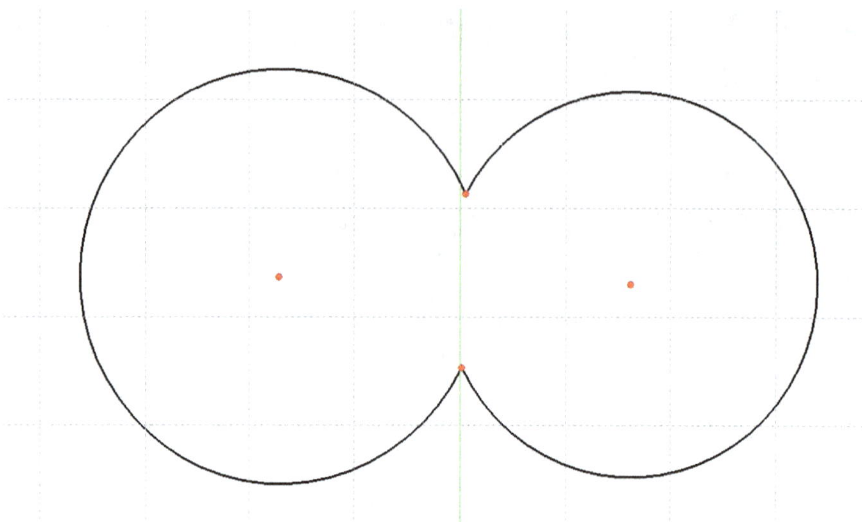

3.3.4 Les contraintes ("constraints")

Pour créer un objet tridimensionnel, il est important que l'esquisse soit complètement fermée et qu'il n'y ait pas de vides. Nous avons donc toujours besoin - du moins en tant que débutants - d'une face dont les sommets sont reliés entre eux. De plus, l'esquisse doit être entièrement définie. Complètement définie signifie que la géométrie esquissée est fixée sur le plan 2D et ne peut pas être déplacée. Une telle fixation peut être obtenue par des contraintes.

Nous avons déjà évoqué le fait que les petites icônes rouges qui apparaissent lors de la création de caractères sont des contraintes. On trouve dans la barre de commande de "FreeCAD" un grand nombre de contraintes. En cliquant sur la petite flèche à l'extrême droite, vous pouvez toutes les afficher.

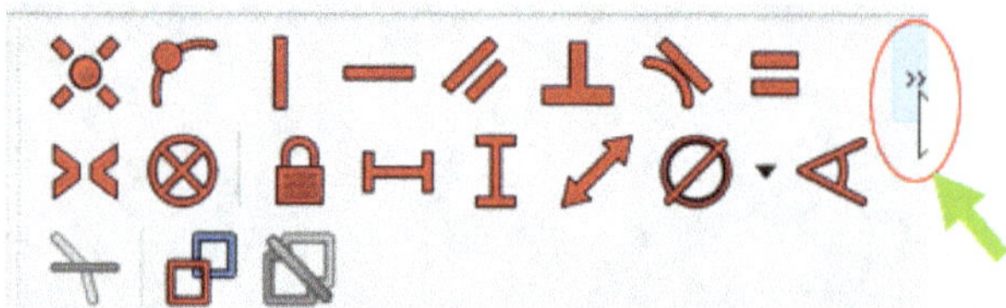

Nous allons maintenant examiner en détail les principales conditions.

Dans "FreeCAD", on peut aussi trouver des cotes sous les contraintes. Vous pouvez définir complètement une esquisse à l'aide de cotes, ou bien combiner des cotes et d'autres contraintes. Voyons cela à l'aide d'un exemple. Par exemple, si nous dessinons un rectangle, nous pouvons tout d'abord définir la longueur et la largeur du rectangle à l'aide des commandes "Constrain vertical distance" et "Constrain horizontal distance".

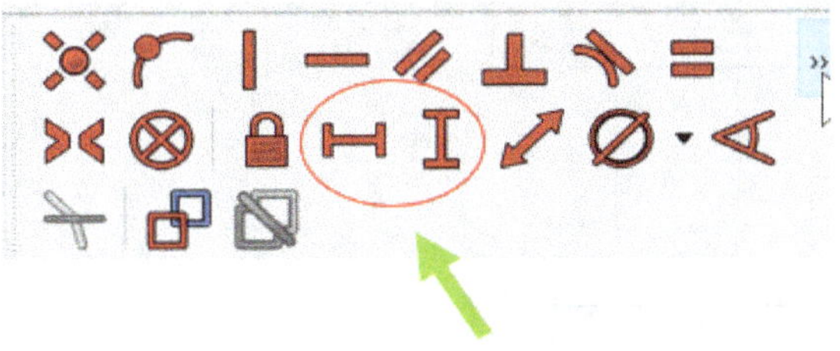

Pour ce faire, nous sélectionnons d'abord la contrainte en question, puis la ligne du rectangle que nous souhaitons coter. Une fenêtre apparaît dans laquelle nous pouvons saisir une mesure, par exemple 40 mm pour la largeur et 30 mm pour la hauteur du rectangle.

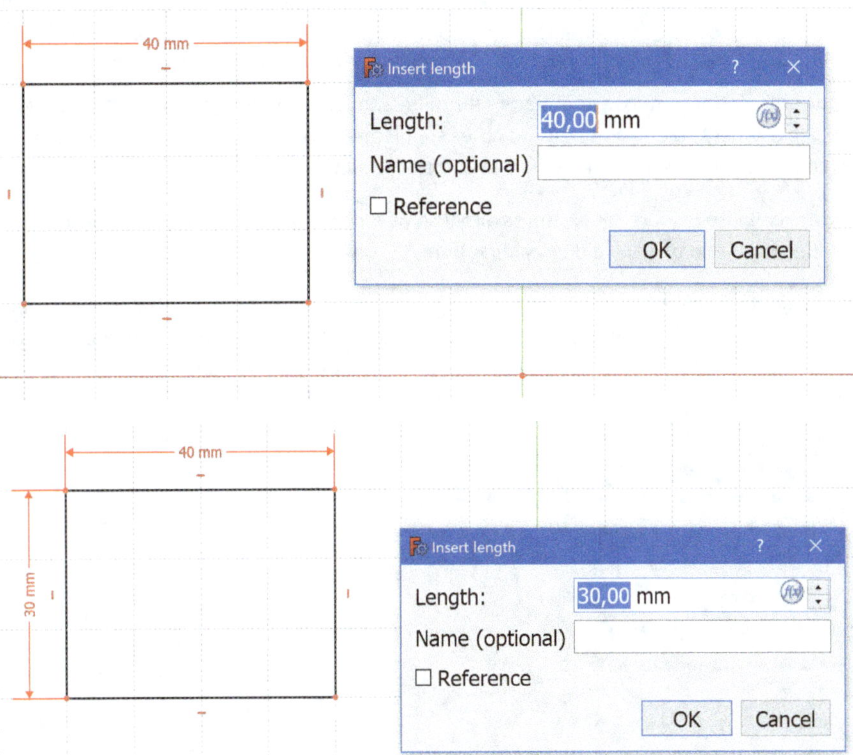

Si nous cliquons maintenant sur le rectangle avec le curseur et le déplaçons simultanément, nous pouvons constater que l'esquisse n'est pas encore complètement définie, car le rectangle peut encore être déplacé dans le plan de dessin.

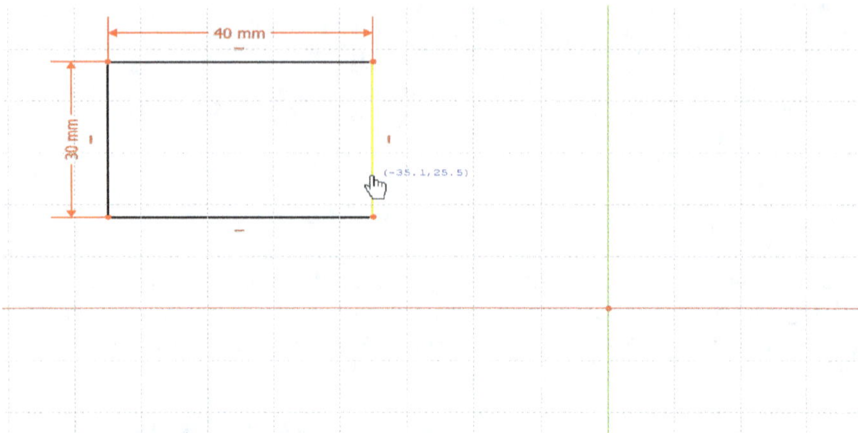

Pour obtenir une esquisse complètement définie, nous pouvons interdire cette possibilité de déplacement soit en ajoutant des cotes supplémentaires par rapport à un point fixe (par exemple l'origine), soit en ajoutant une autre contrainte.

1ère possibilité : ajouter deux autres dimensions (nous avons besoin d'une dimension dans la direction x et d'une autre dans la direction y).

Nous ajoutons une cote verticale et une cote horizontale à partir du coin inférieur droit du rectangle jusqu'à l'origine des coordonnées. Nous le faisons de la même manière que pour la cotation du rectangle. Nous pouvons par exemple choisir 20 mm pour chaque dimension.

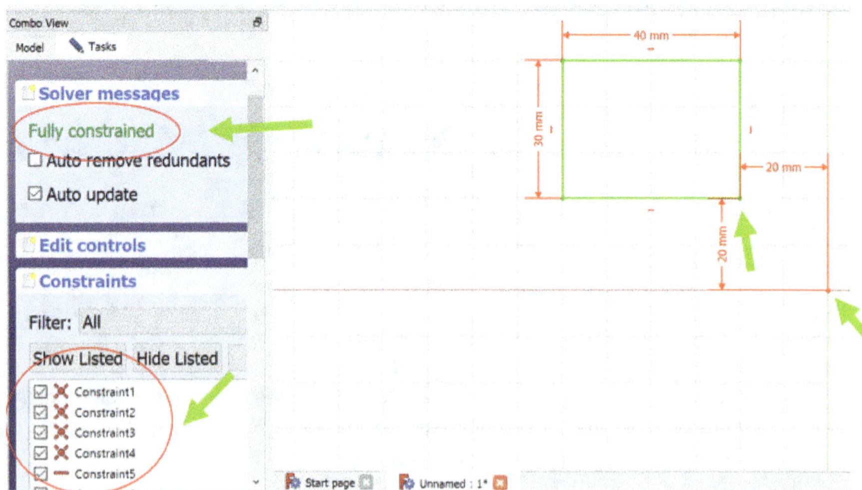

Après avoir créé les cotes, les lignes du rectangle deviennent vertes. Ce changement de couleur nous indique que l'entité d'esquisse est maintenant entièrement définie. Vous pouvez également le voir dans la vue combinée à gauche avec la mention "Fully constrained". De plus, toutes les contraintes qui se trouvent dans l'esquisse sont affichées ici, un peu plus bas.

2ème possibilité : utiliser une autre contrainte.

Comme alternative à la cote, nous pouvons utiliser une autre contrainte pour définir complètement l'esquisse. Nous utilisons par exemple la contrainte "Constrain coincident", c'est-à-dire coïncidente. Pour cela, après avoir supprimé les cotes créées précédemment, nous cliquons d'abord sur la contrainte, puis successivement sur le sommet du rectangle et sur l'origine des coordonnées.

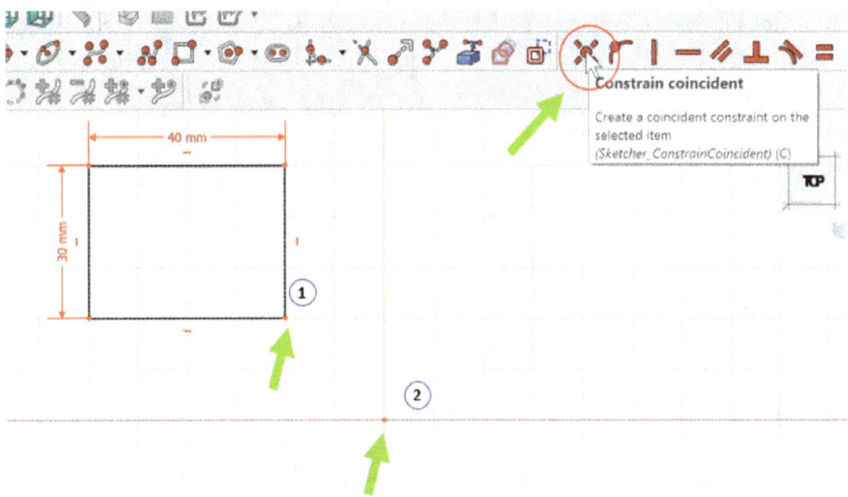

Ces deux points sont alors fixés comme coïncidents et l'esquisse devient verte.

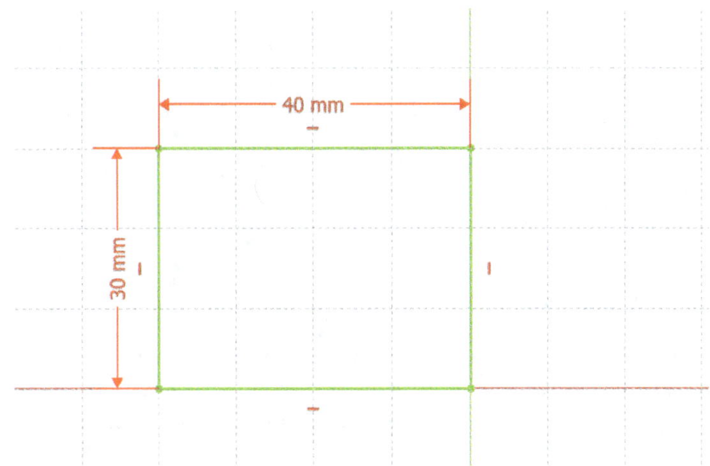

Il existe de nombreuses autres contraintes qui, bien que légèrement différentes selon les logiciels de CAO, sont le plus souvent quasiment identiques, voire homonymes. Nous allons maintenant voir en détail les principales contraintes de "FreeCAD".

La contrainte "Coincident" :

Nous venons de voir cette contrainte. Elle est utilisée pour relier deux points différents de manière coïncidente.

Dessinez par exemple deux lignes différentes avec la commande "Line". Cliquez ensuite d'abord sur la condition "Constrain Coincident", puis sélectionnez successivement les deux extrémités supérieures des lignes pour les relier entre elles.

La contrainte "Point onto object" :

Cette commande est utilisée pour relier un point d'un objet à la géométrie d'un autre objet de manière coïncidente. La différence avec la commande précédente est que ce ne sont pas deux points qui sont reliés, mais un point à un objet (par exemple un cercle).

Pour plus de clarté, dessinons un cercle autour de la géométrie précédente. Puis nous sélectionnons successivement la commande, le coin supérieur des lignes et le cercle.

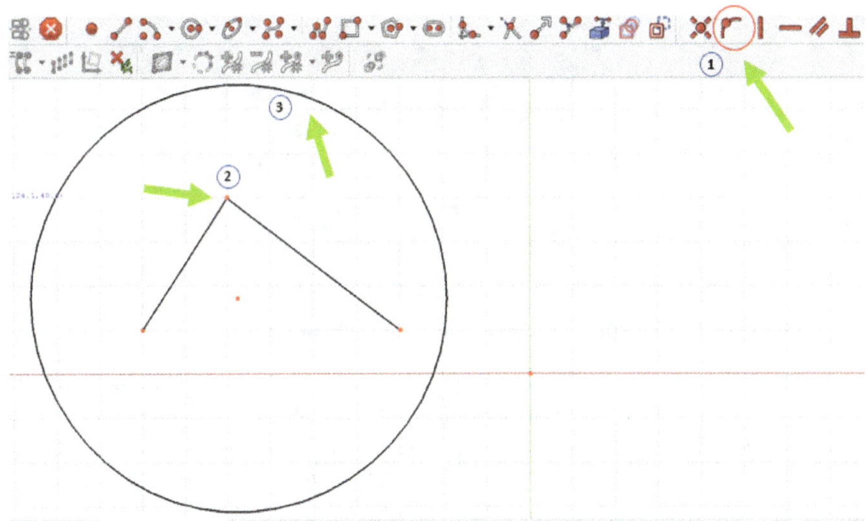

Le point d'angle est relié au cercle et on remarque que le diamètre du cercle change. En effet, nous n'avons pas coté le cercle, qui n'est donc pas complètement défini et peut donc se déplacer librement sur le plan.

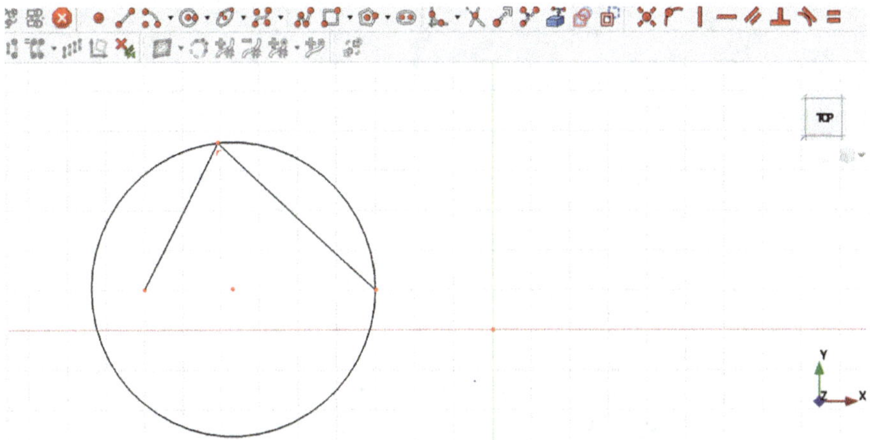

D'ailleurs, si nous avions entièrement coté ou défini le cercle, ce n'est pas le diamètre du cercle qui aurait changé, mais la géométrie de la ligne qui aurait changé de position, permettant ainsi de satisfaire la contrainte. Si nous avions complètement défini les deux géométries (ligne et cercle), la contrainte n'aurait pas été possible, car les éléments géométriques n'auraient pas pu changer de position. N'hésitez pas à essayer cela par vous-même pour mieux comprendre les relations ! Vous pouvez dimensionner le cercle avec la contrainte "Constrain arc or circle". Pour cela, sélectionnez par exemple "Constrain diameter" dans le menu déroulant et cliquez sur le cercle.

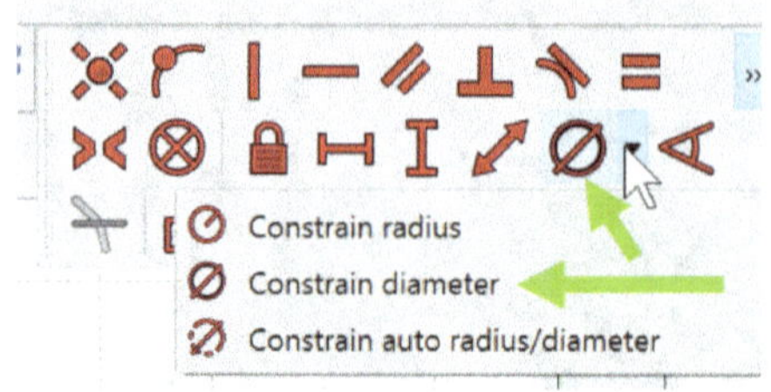

Les contraintes "Constrain vertically" et "Constrain horizontally" :

Ces deux commandes sont utilisées pour rendre un élément soit vertical, soit horizontal. Par exemple, nous dessinons deux lignes diagonales. Ensuite, nous cliquons d'abord sur "Constrain vertically" et sélectionnons la ligne inférieure. Ensuite, nous cliquons encore sur "Constrain horizontally" et sélectionnons la ligne supérieure.

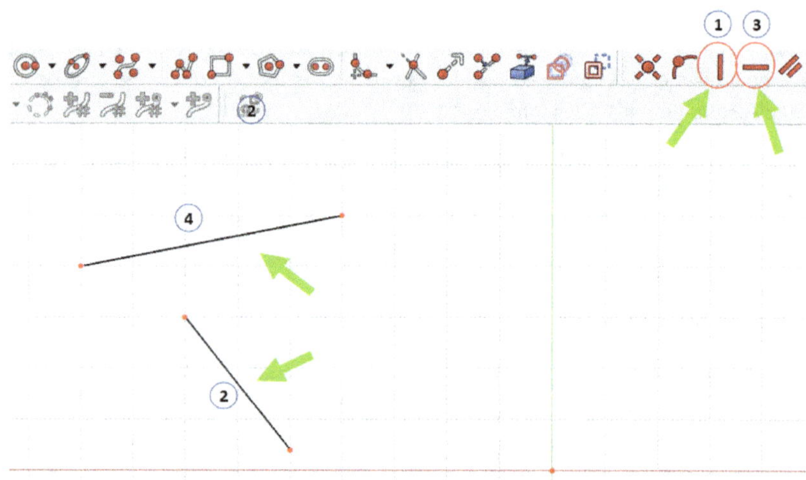

Nous obtenons une ligne horizontale et une ligne verticale. Nous pouvons également le voir grâce aux petits symboles rouges.

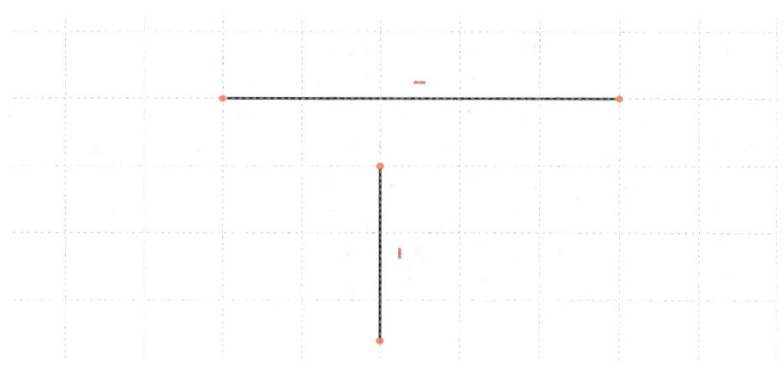

La contrainte "Constrain parallel" :

Cette commande est utilisée pour créer deux lignes parallèles. Pour cela, nous avons besoin de deux lignes qui ne sont pas parallèles. Après avoir créé les lignes, nous cliquons sur la commande, puis sur les deux lignes l'une après l'autre. La ligne que nous choisissons en premier n'a pas d'importance.

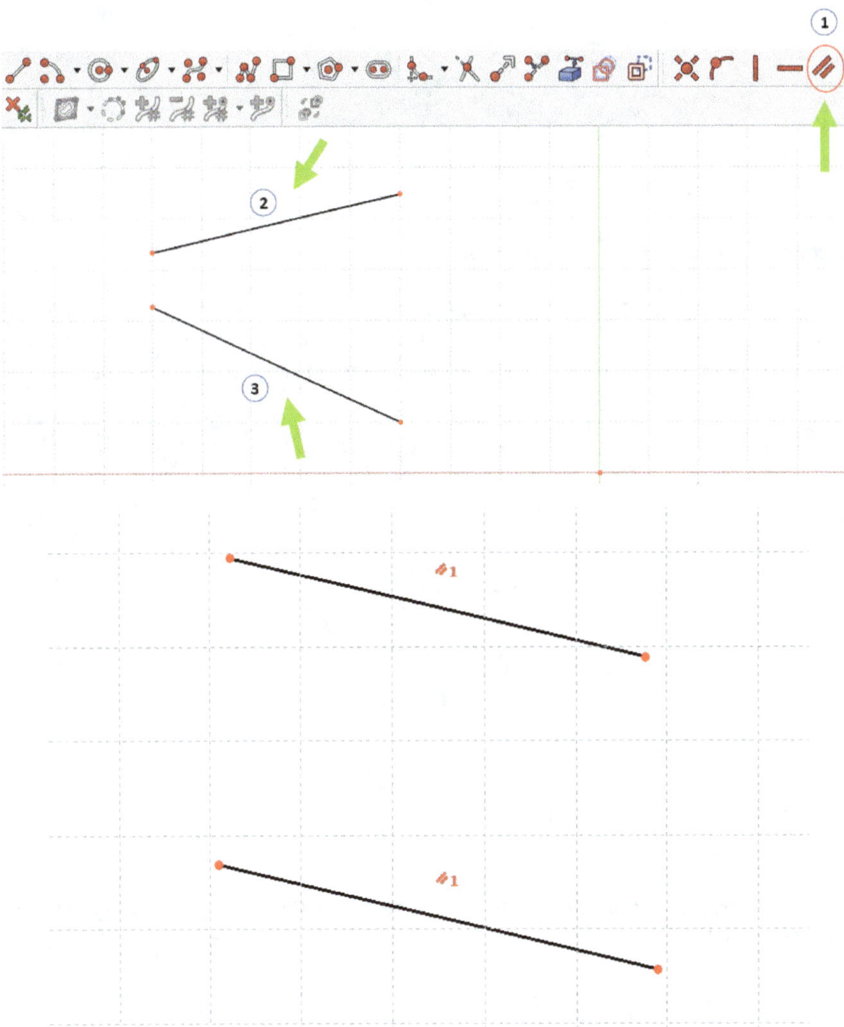

La contrainte "Constrain perpendicular" :

Cette commande est utilisée pour placer une ligne perpendiculairement à une autre ligne. Par exemple, nous dessinons une ligne horizontale et une ligne diagonale. Pour la contrainte, nous sélectionnons ensuite la commande "Constrain Perpendicular" et cliquons ensuite sur les deux lignes l'une après l'autre.

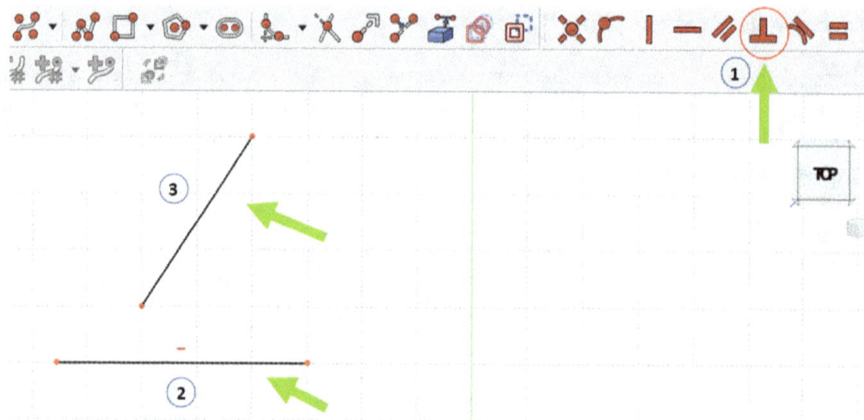

La condition de contrainte "Constrain tangent" :

Par exemple, si l'on souhaite créer une ligne tangente à un cercle, on utilise la commande "Constrain tangent". Nous dessinons un cercle et une ligne (à l'extérieur du cercle). Nous sélectionnons ensuite la commande et cliquons ensuite sur la ligne puis sur le bord du cercle.

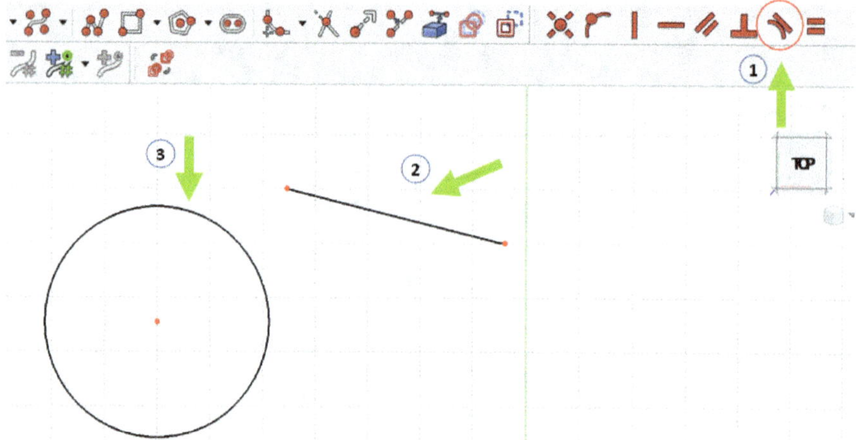

La ligne est maintenant fixée tangentiellement au cercle. Cela devient plus évident si vous essayez de déplacer la ligne.

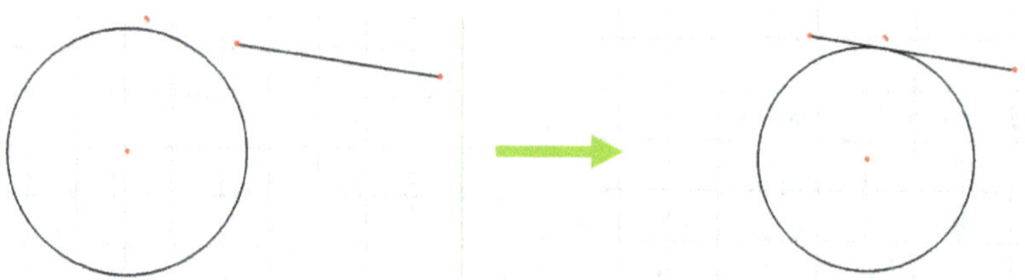

La contrainte "Constrain equal" :

Cette commande permet de rendre identiques deux éléments de dimensions différentes (par exemple : des lignes ou même des cercles). Nous pouvons l'essayer sur deux cercles de tailles différentes et deux lignes de longueurs différentes. Nous sélectionnons la commande et cliquons d'abord sur l'un des deux cercles, puis sur l'autre.

Dans ce cas, l'exécution de la condition dépend de l'élément sur lequel nous cliquons en premier. Si nous cliquons d'abord sur le plus petit cercle, puis sur le plus grand, nous obtiendrons deux petits cercles. En revanche, si nous sélectionnons d'abord le cercle le plus grand, puis le cercle le plus petit, nous obtiendrons deux grands cercles. La procédure est identique pour les lignes.

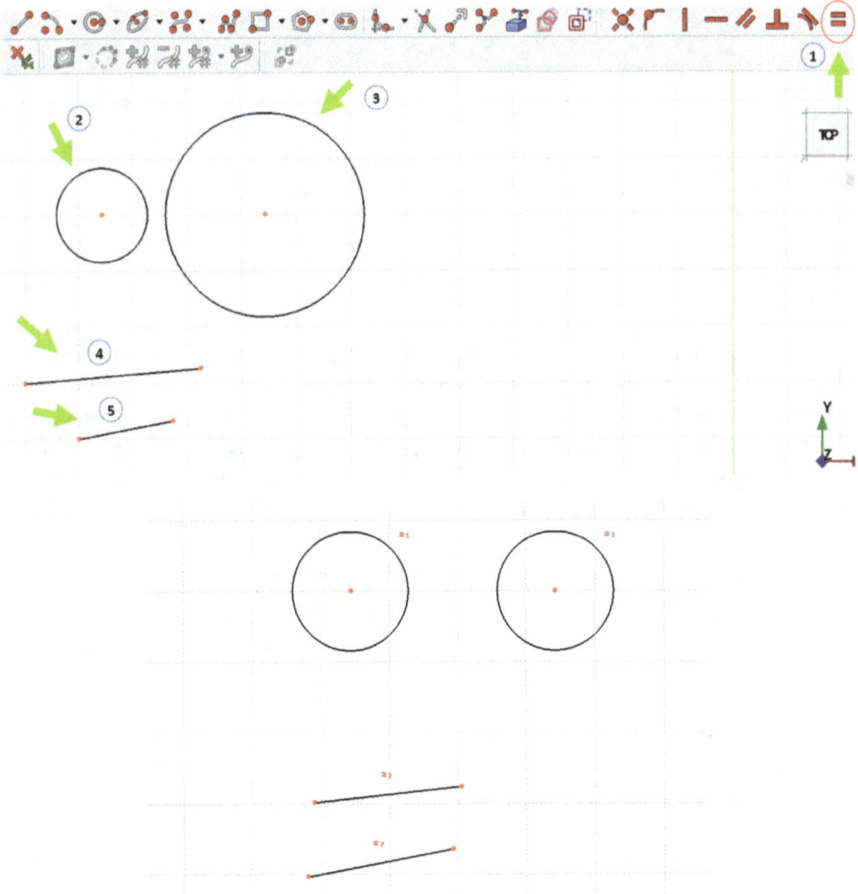

La contrainte "Constrain symmetrical" :

Cette commande est utilisée pour aligner symétriquement deux points d'un élément par rapport à une ligne de référence. Pour cela, nous dessinons par exemple trois lignes. La ligne du milieu représente notre ligne de référence, nous voulons placer les deux coins supérieurs des lignes extérieures de manière symétrique par rapport à cette ligne. Pour cela, nous sélectionnons d'abord la commande "Constrain symmetrical", puis nous cliquons successivement sur les deux sommets supérieurs des lignes extérieures, puis sur la ligne de référence centrale.

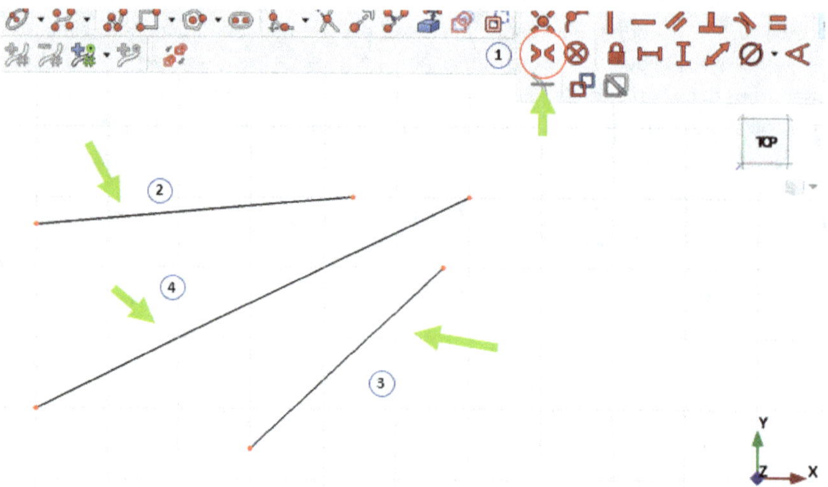

Les sommets sont ensuite fixés à la même distance et sur une perpendiculaire à la ligne de référence. Nous pouvons également transformer la ligne de référence en géométrie de construction, c'est-à-dire en une sorte de ligne auxiliaire. En cliquant sur la ligne et en sélectionnant "Toggle construction geometry", la ligne est colorée en bleu. La même commande peut être utilisée pour annuler cette action. Cette procédure améliore la clarté d'une construction. En mode 3D, ces géométries sont d'ailleurs ignorées par le programme.

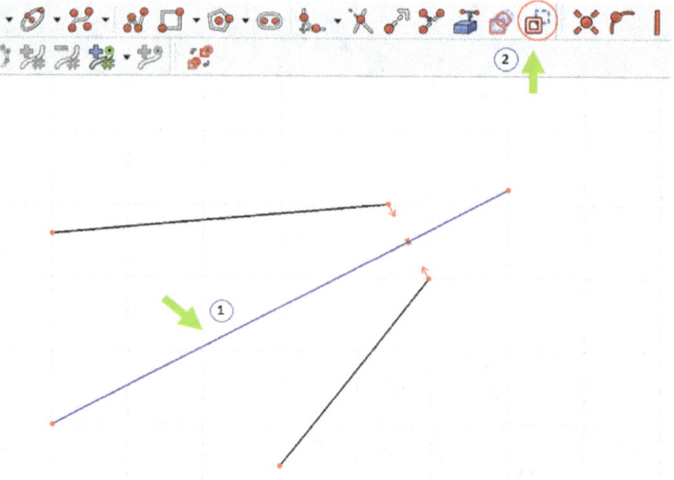

La contrainte "Constrain angle" :

La commande "Constrain angle" nous permet de définir l'angle entre deux éléments. Cette commande est importante lorsque nous souhaitons coter une géométrie. En plus d'une simple mesure de longueur, il est également possible de définir une géométrie à l'aide d'angles.

Par exemple, nous dessinons un triangle en utilisant la commande "Create Polyline". Nous pouvons maintenant définir les trois angles intérieurs du triangle avec la contrainte "Constrain angle".

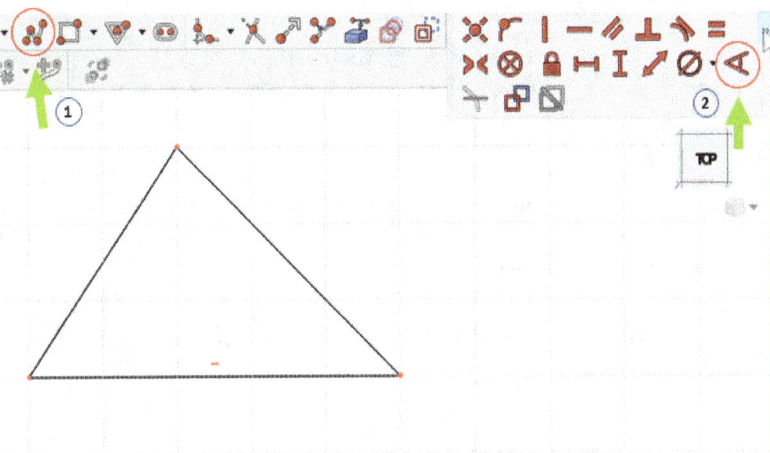

Nous cliquons ensuite toujours sur deux lignes adjacentes et inscrivons l'angle souhaité, par exemple 60° pour chacune. Nous devons le faire exactement deux fois, le programme calcule automatiquement le troisième angle à partir des deux autres et de la somme des angles intérieurs d'un triangle (180°). Nous ne pouvons plus définir cet angle, sinon l'esquisse serait surdéterminée. Surdéterminé signifie que trop de contraintes ont été définies, qui se gênent mutuellement, s'excluent ou sont redondantes - donc superflues.

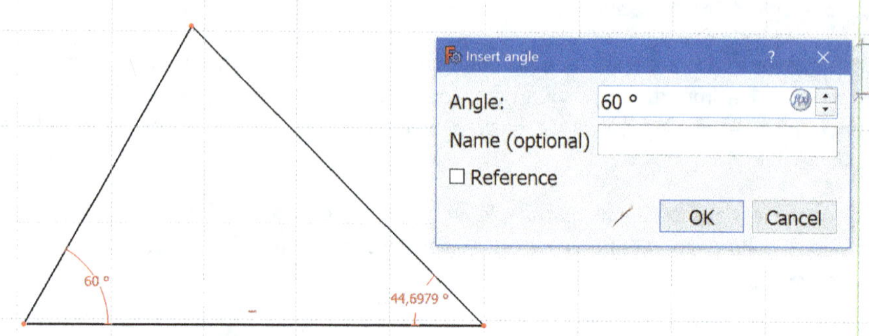

Nous connaissons maintenant les principales contraintes et éléments géométriques pour dessiner notre première esquisse 2D, que nous pourrons ensuite transformer en objet 3D dans l'espace de travail "Part Design".

Nous dessinons par exemple un rectangle qui doit être centré sur l'origine des coordonnées. Pour cela, nous utilisons la commande "Centered rectangle" et choisissons comme point de départ l'origine des coordonnées. Nous pouvons ensuite étirer le rectangle en le déplaçant avec la souris de notre ordinateur.

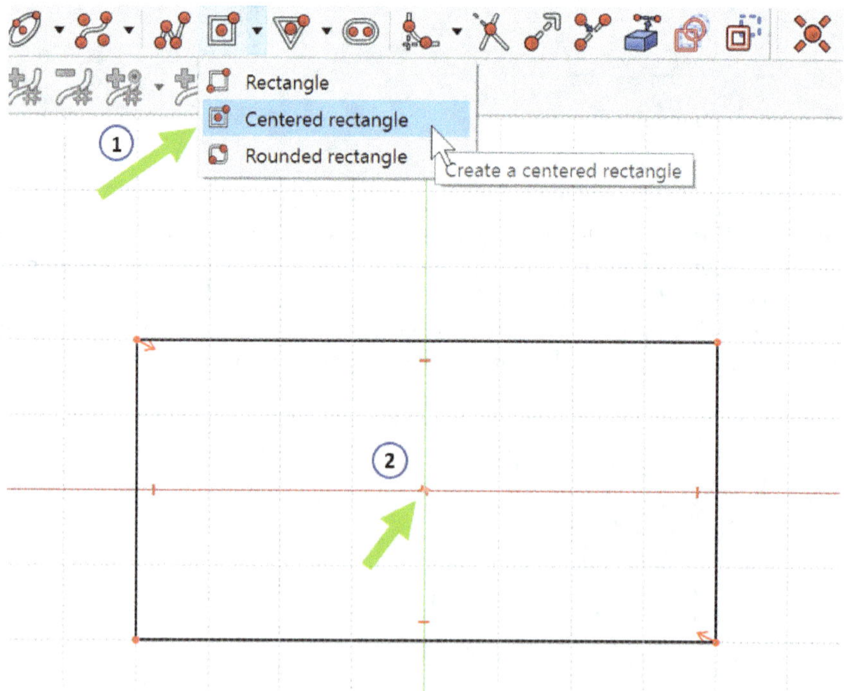

Pour que l'esquisse soit complètement définie, nous avons encore besoin de deux cotes pour le rectangle. Pour cela, nous utilisons les deux contraintes "Constrain horizontal distance" et "Constrain vertical distance", comme nous l'avons appris précédemment. Nous pouvons par exemple attribuer les deux dimensions 40 mm et 80 mm.

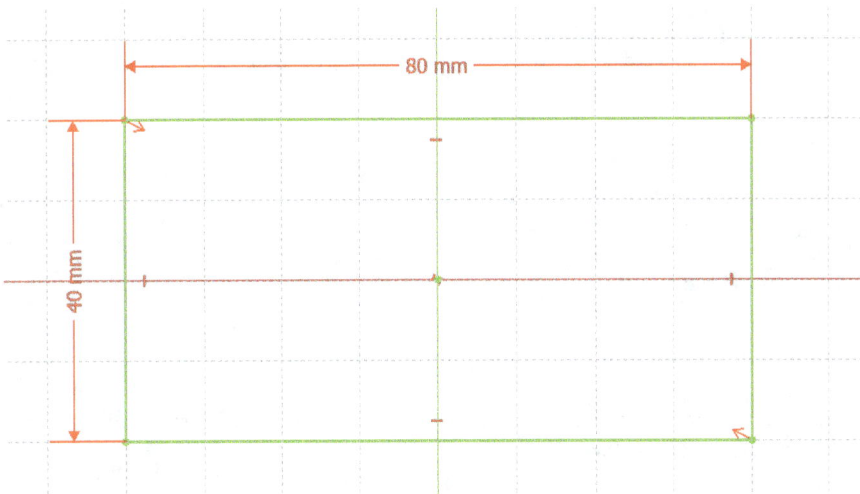

Comme nous avions déjà relié le centre du rectangle à l'origine des coordonnées lors du dessin, nous n'avons pas besoin d'autres contraintes, car la position dans le plan a déjà été fixée de cette manière. Cela se voit à la couleur verte de notre géométrie, qui indique que l'esquisse est entièrement définie.

Pour créer un objet 3D à partir de cette esquisse 2D, nous devons aller dans l'espace de travail "Part Design". Pour ce faire, cliquez sur l'icône "Leave sketch" dans la barre d'outils en haut à gauche, ou sur le bouton "Close" dans la vue combinée.

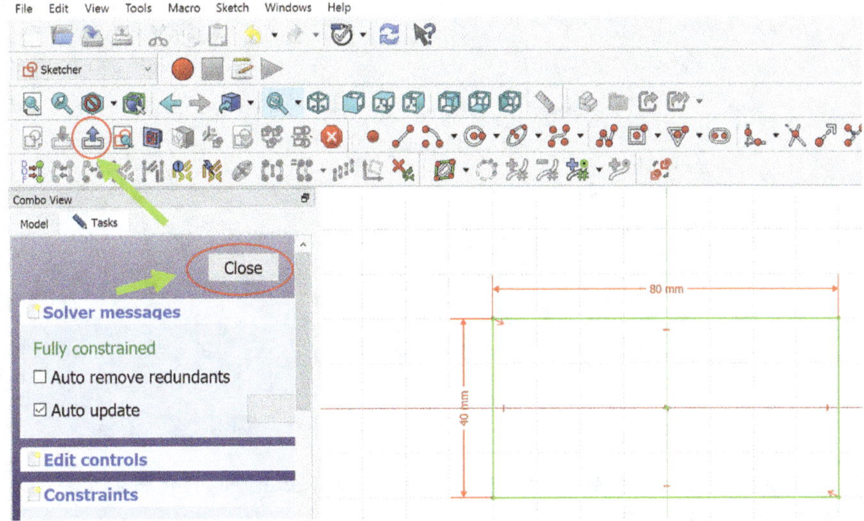

Après avoir fermé l'esquisse, nous nous trouvons dans l'espace de travail "Part Design" et voyons l'esquisse dans la vue combinée de l'onglet "Model" de l'arborescence.

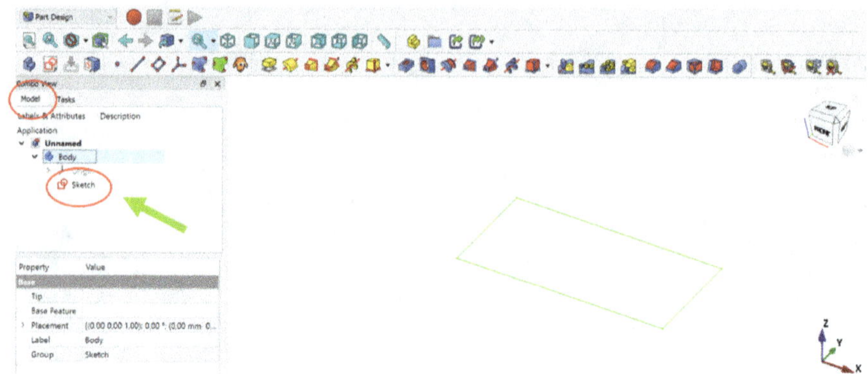

En double-cliquant dessus, nous pouvons à nouveau modifier l'esquisse, nous revenons alors à l'espace de travail "Sketcher".

En cliquant avec le bouton droit de la souris sur l'esquisse, vous pouvez également la modifier, la copier, la supprimer, modifier les paramètres d'affichage et bien plus encore !

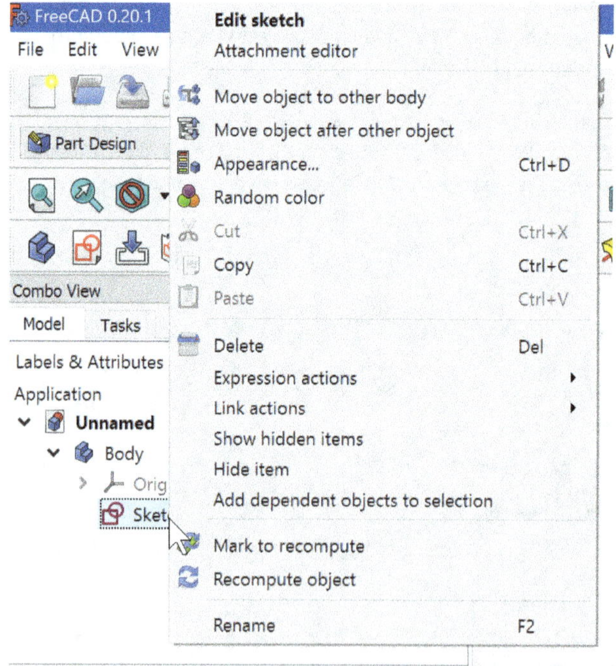

Réfléchissez maintenant brièvement à l'objet 3D que nous pourrions créer à partir de cette esquisse rectangulaire en 2D.

3.4 L'espace de travail "Part Design" - Partie 2 : Modélisation 3D

Maintenant que nous avons créé une esquisse 2D sur un plan du système de coordonnées, nous pouvons créer un objet 3D à partir de cette esquisse. Nous allons créer un simple parallélépipède à partir de notre esquisse rectangulaire.

Pour créer un objet 3D à partir d'une esquisse 2D, le logiciel de CAO dispose de quelques outils de modélisation que l'on peut diviser en deux groupes. Les commandes du premier groupe, les outils additifs, permettent d'ajouter du matériau à une esquisse ou à un objet 3D existant. C'est comme si vous utilisiez une imprimante 3D ou de la poterie. Les commandes du deuxième groupe, les outils soustractifs, permettent d'enlever de la matière d'un objet 3D. C'est comme si vous usiniez un composant, par exemple en utilisant des procédés mécaniques tels que le tournage, le fraisage ou le perçage.

3.4.1 Outils additifs

L'outil "Pad" :

L'un des principaux outils de fabrication additive est l'outil "Pad". Cet outil est comparable à l'outil "Extrude" ou "Extrusion" que l'on trouve dans d'autres programmes de CAO. Cette commande permet d'extruder une esquisse 2D, c'est-à-dire d'ajouter du matériau sous la forme de la géométrie de l'esquisse dans la direction de l'axe. C'est pourquoi cette commande est parfois appelée Extrusion "Extrude Linear".

Nous utilisons cette commande pour créer un parallélépipède à partir de notre esquisse 2D. Pour cela, l'esquisse doit être sélectionnée dans l'arbre de structure. Ensuite, nous pouvons soit aller dans la zone "Tasks", où les outils disponibles nous sont directement indiqués, soit sélectionner le bouton "Pad" dans la barre d'outils.

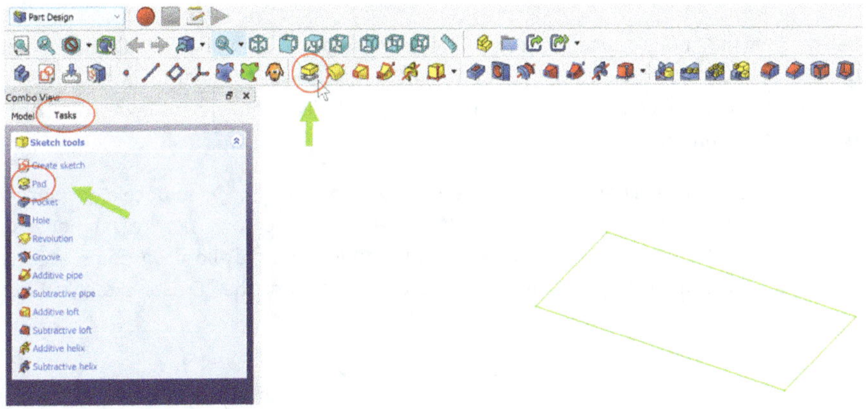

Une fois la commande sélectionnée, l'aperçu du parallélépipède est généré. Dans la section "Tasks" de la vue combinée, nous trouvons les paramètres de la commande "Pad". Ces paramètres sont spécifiques à chaque outil de modélisation et sont donc différents. Pour l'outil "Pad", nous pouvons entrer dans "Length" la dimension souhaitée dans le sens de l'extrusion, ici par exemple 10 mm.

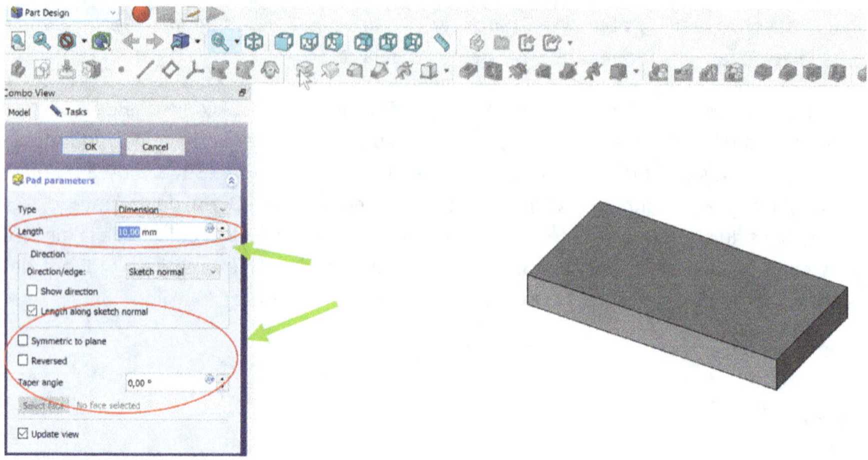

De plus, nous pouvons modifier la direction de l'extrusion dans la zone inférieure. Avec l'option "Symmetric to plane", l'origine de l'objet 3D serait placée directement sur le plan d'esquisse. Cela signifie que l'extrusion serait créée 5 mm vers le haut et 5 mm vers le bas pour une dimension de 10 mm. Sans cette option, la matière serait ajoutée 10 mm vers le haut. Avec l'option "Reversed", vous pourriez inverser le sens de l'extrusion, c'est-à-dire que 10 mm de matière seraient ajoutés vers le bas au lieu de l'être vers le haut. Essayez les deux options et vous comprendrez mieux. Avec l'option "Taper angle", nous pourrions également créer une forme conique, vous pouvez également l'essayer.

L'outil "Revolution" :

Cette commande nous permet de transformer une esquisse 2D en un objet 3D en ajoutant de la matière dans un mouvement de rotation autour d'un axe. Imaginez que vous faites de la barbe à papa. Vous tenez un bâtonnet en bois (symbolisant l'axe) dans un appareil et la barbe à papa s'enroule.

Nous devons à nouveau créer une esquisse 2D pour cette commande. Pour cela, fermez ou enregistrez le fichier contenant le parallélépipède. Nous créons ensuite un nouveau document "Part Design" et, comme d'habitude, nous créons d'abord un corps avec la commande "Create body", puis une esquisse avec la commande "Create sketch". Nous sélectionnons à nouveau le plan x-y pour l'esquisse.

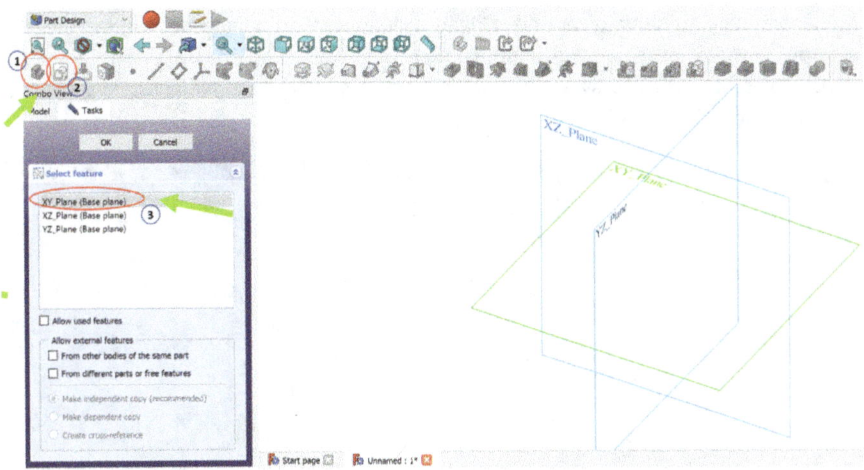

Sur ce plan, nous devons maintenant dessiner la moitié de la section de l'objet 3D que nous voulons créer. Nous voulons par exemple créer l'ébauche d'une vis M10. Pour cela, nous allons d'abord réfléchir à ce à quoi ressemblera la section de l'objet fini. Pour aider votre imagination spatiale, vous pouvez jeter un coup d'œil à l'illustration suivante.

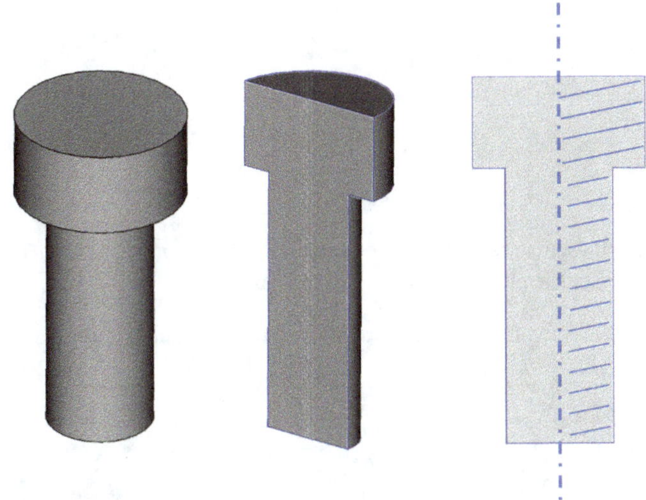

Comme vous pouvez le voir, la section de la vis représente une esquisse 2D composée de deux éléments rectangulaires. Pour créer la vis avec la fonction "Revolution", nous n'avons besoin que d'une moitié (surface hachurée) de la section. Nous allons ensuite la refléter sur l'axe (ligne de tirets).

Cela signifie que nous devons dessiner la surface hachurée sur notre plan x-y. Nous le faisons avec la commande "Create polyline".

Nous commençons pour la première ligne exactement à l'origine des coordonnées et ajoutons ensuite les lignes suivantes comme indiqué. Enfin, nous ajoutons des cotes horizontales et verticales avec les deux commandes "Constrain horizontal distance" et "Constrain vertical distance".

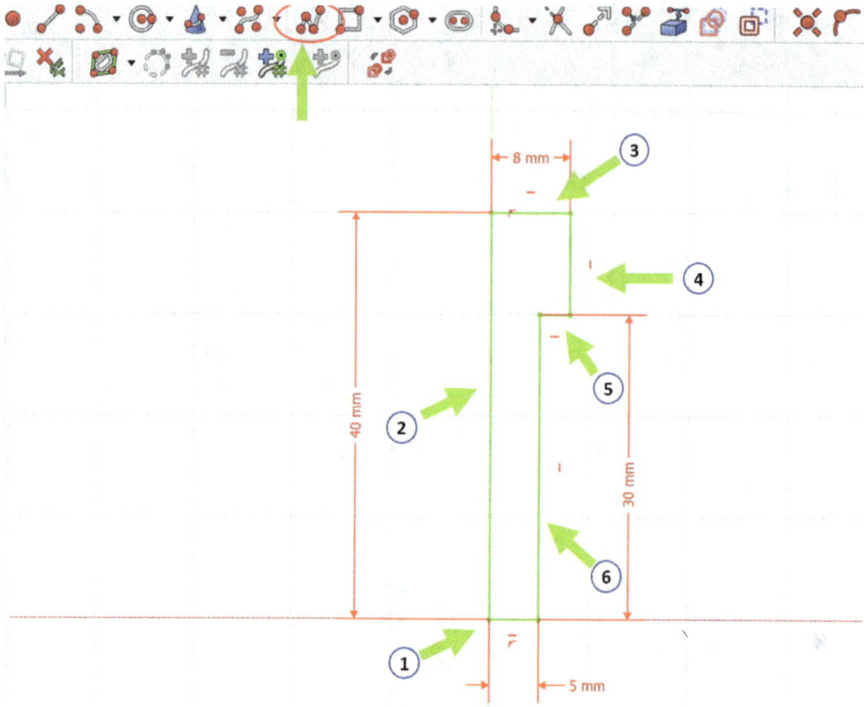

Notre esquisse 2D est maintenant terminée et nous pouvons revenir à la zone 3D (zone "Part Design") en fermant l'esquisse ("Close" dans la vue combinée).

Choisissez ensuite la commande "Revolution". L'esquisse doit alors être sélectionnée dans l'arborescence.

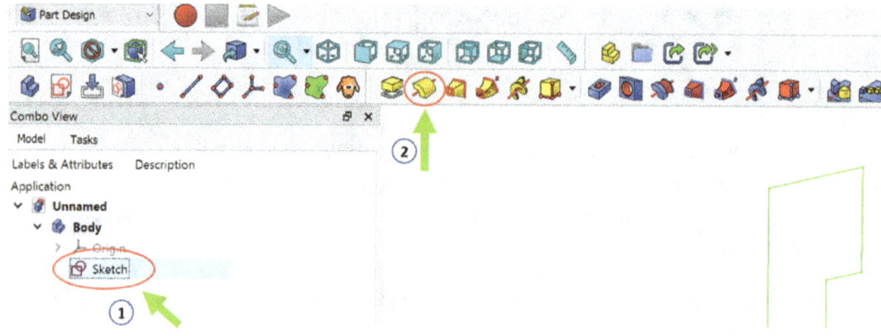

Le programme sélectionne automatiquement l'axe de rotation et crée le corps 3D souhaité.

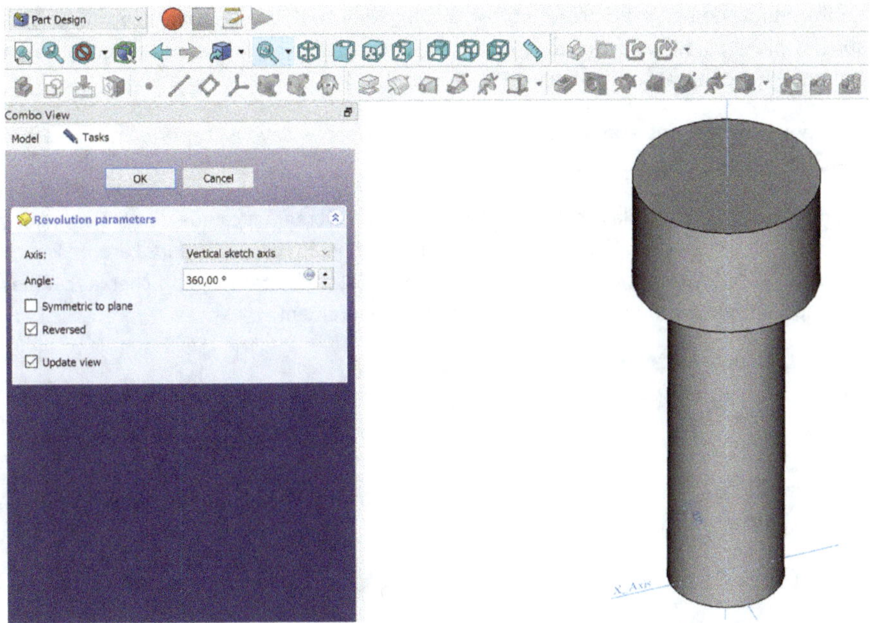

Si nous n'avons pas besoin d'une rotation complète de 360°, mais seulement d'une partie, nous pouvons spécifier l'angle pour la rotation dans la zone "Tasks" de la vue combinée.

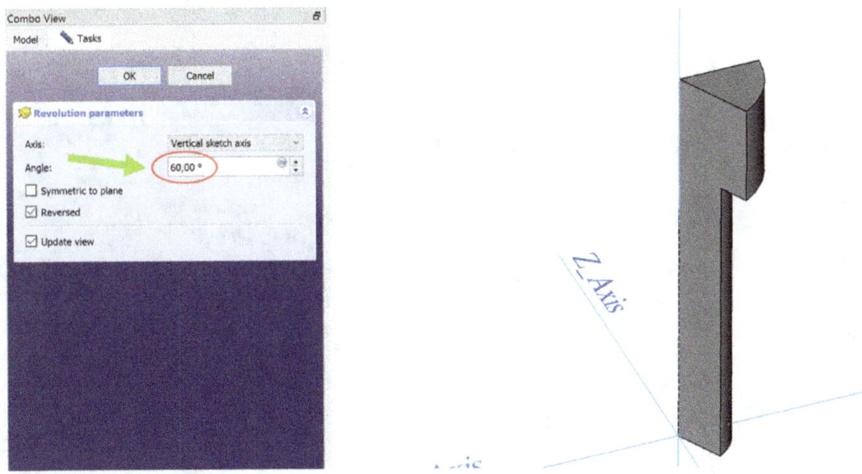

Nous pouvons également sélectionner manuellement l'axe de rotation dans l'option "Axis". Dans notre cas, nous avons besoin de l'axe y, car nous avons fait l'esquisse sur le plan x-y. Cet axe est d'ailleurs ici équivalent à la sélection "Vertical sketch axis".

L'outil "Additive loft" :

Cette commande permet de créer un corps volumique en reliant au moins deux esquisses sur des plans parallèles entre eux. Pour cela, nous créons un nouveau document "Part Design" et un corps avec la fonction "Create body".

Pour pouvoir créer des esquisses sur différents plans, nous devons d'abord créer un autre plan. Nous le faisons avec la fonction "Datum plane".

Avant de pouvoir utiliser la fonction "Datum plane" pour créer un calque de décalage, nous devons afficher tous les calques en sélectionnant l'origine du corps créé dans l'arborescence et en appuyant sur la barre d'espacement du clavier. Cela nous permet d'afficher les calques de l'espace tridimensionnel ou de les masquer ultérieurement.

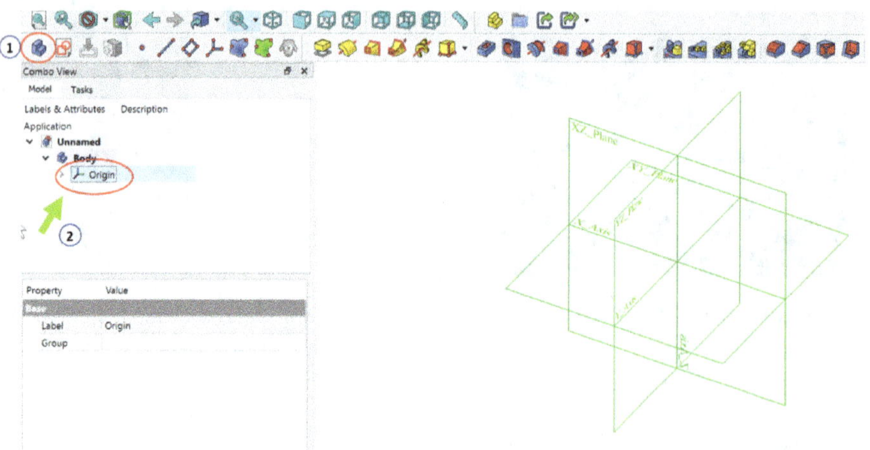

Nous sélectionnons maintenant le corps ("Body") dans l'arborescence, puis nous cliquons sur la fonction "Datum plane" dans la barre d'outils.

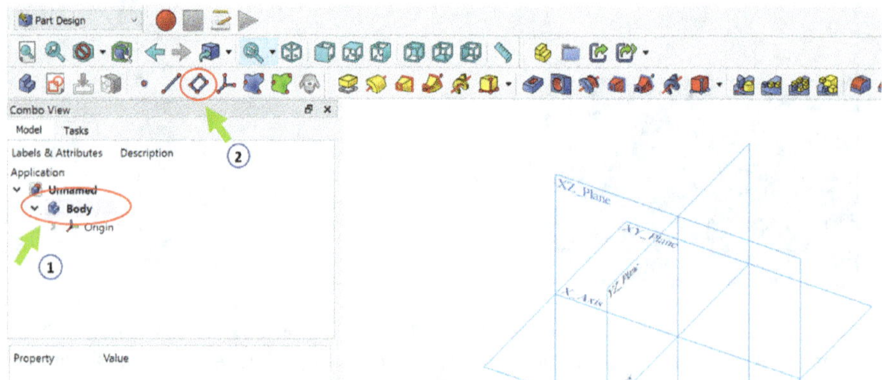

Dans la vue combinée, une fenêtre apparaît dans laquelle nous pouvons effectuer les réglages pour le nouveau calque. La première étape consiste à sélectionner l'un des trois calques par défaut qui servira de référence pour notre nouveau calque. Par exemple, nous sélectionnons le plan x-y en cliquant dessus.

Ensuite, dans la partie inférieure de la vue combinée, nous pouvons sélectionner le décalage du nouveau plan par rapport au plan de référence. Nous devons saisir ici le décalage dans la direction x, y et z. Comme nous ne voulons qu'un décalage dans la direction z, nous saisissons ici par exemple 50 mm. Le nouveau plan s'affiche alors 50 mm au-dessus du plan x-y.

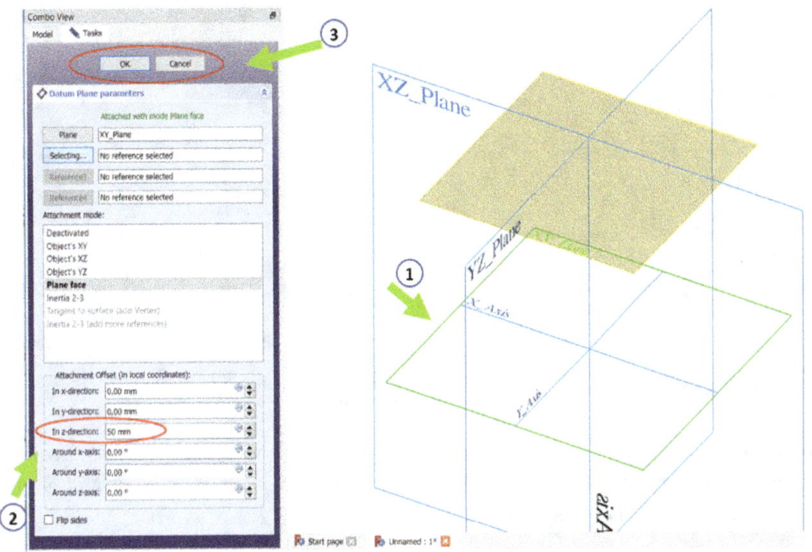

Avec "OK", nous pouvons alors créer le calque, avec "Cancel", nous pourrions annuler le processus.

Nous allons maintenant créer une esquisse sur le plan x-y et une autre sur le nouveau plan. Nous commençons par l'esquisse sur le plan x-y. Par exemple, nous dessinons un rectangle centré sur l'origine des coordonnées et nous le cotons à 50 mm de largeur et 30 mm de hauteur.

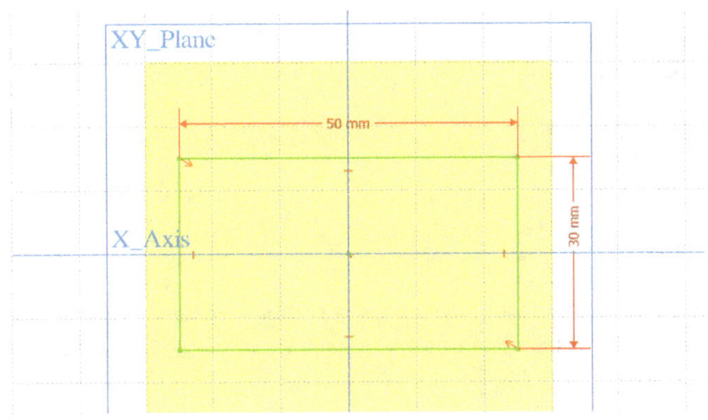

Ensuite, nous fermons l'esquisse et démarrons une nouvelle esquisse sur le plan de décalage créé précédemment en cliquant d'abord sur celui-ci, puis en sélectionnant la commande "Create Sketch".

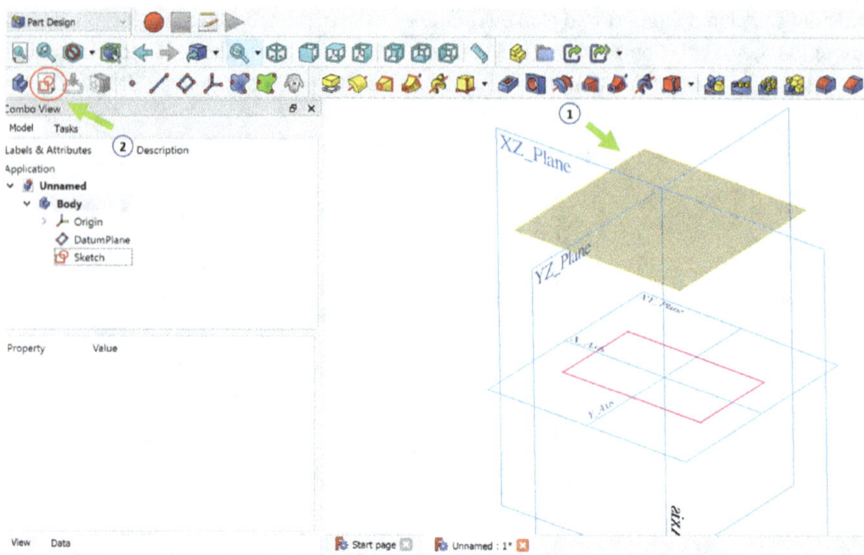

Sur ce calque, nous créons maintenant un rectangle similaire à celui que nous avons créé précédemment, mais les deux dimensions doivent être inversées, c'est-à-dire que le rectangle doit avoir 30 mm de large et 50 mm de haut.

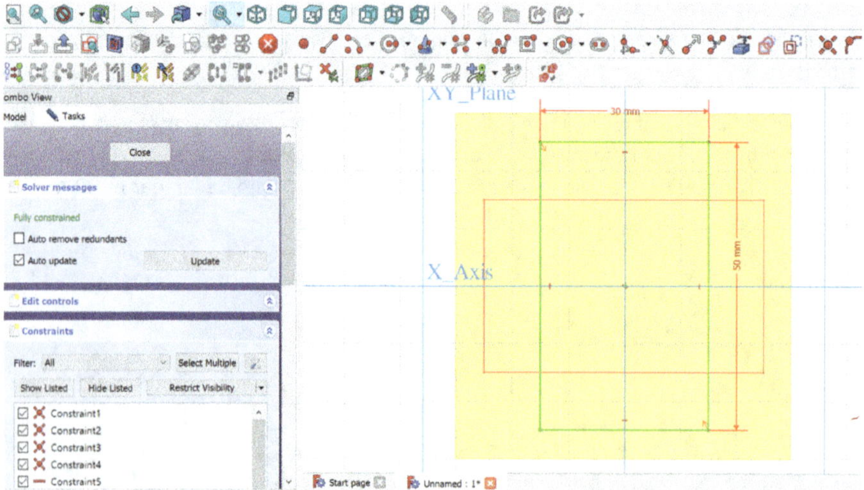

Ne vous laissez pas confondre par le rectangle rouge existant. Il s'agit simplement du rectangle que nous avons dessiné précédemment sur le plan x-y. Comme nous regardons maintenant la vue de mise en plan depuis le haut, nous le voyons apparaître par transparence. C'est très utile pour construire deux géométries interdépendantes.

Après avoir fermé l'esquisse, nous pouvons à nouveau masquer les calques en appuyant sur la barre d'espacement (1). Nous voyons également les deux rectangles esquissés flotter l'un sur l'autre dans la zone de dessin. Nous pouvons maintenant utiliser la commande "Additive loft". Pour cela, nous sélectionnons d'abord les deux esquisses l'une après l'autre dans l'arborescence en maintenant la touche CTRL enfoncée (2), puis la commande dans la barre d'outils (3).

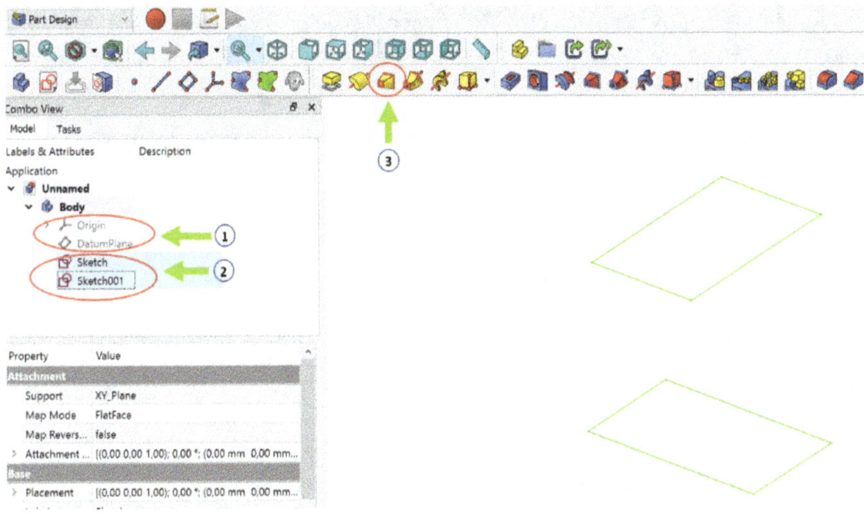

Le programme génère ensuite automatiquement l'aperçu du corps souhaité, qui représente une liaison entre les deux esquisses 2D. Confirmez avec "OK" pour que le corps soit également créé.

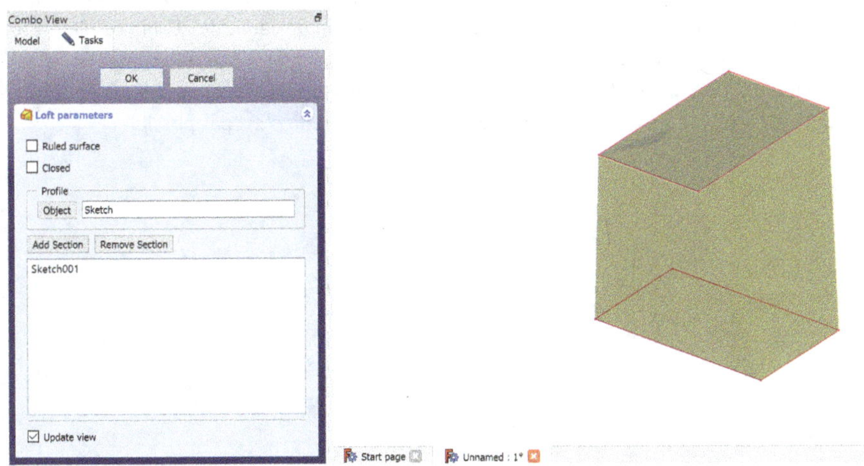

L'outil "Additive pipe" :

Cette commande est utilisée pour relier au moins deux sections transversales le long d'un chemin. Le chemin ne doit pas nécessairement être rectiligne, mais peut être incurvé. Les sections à relier peuvent également avoir une forme différente (par exemple, rectangle et cercle). Cet outil est comparable à la commande "Sweep" que l'on trouve dans d'autres programmes de CAO.

Pour appliquer la commande, nous avons besoin de deux esquisses et d'un chemin. Nous créons d'abord les deux esquisses. Ces esquisses peuvent être sur des plans décalés l'un par rapport à l'autre ou sur le même plan. Nous créons les deux esquisses sur le même plan, là encore sur le plan x-y. Veillez toutefois à créer deux esquisses distinctes et à ne pas tout dessiner dans la même esquisse.

Nous dessinons un cercle de 20 mm de diamètre sur l'axe x, que nous cotons à 60 mm de l'origine des coordonnées.

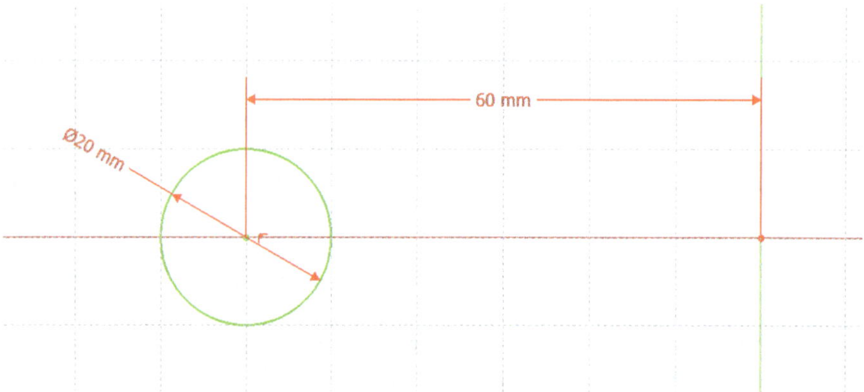

Nous fermons ensuite cette première esquisse et créons une nouvelle esquisse, également sur le plan x-y. Dans cette esquisse, nous créons également un cercle de 20 mm de diamètre, mais nous le plaçons sur le côté droit. Ne vous fiez pas au cercle rouge sur la gauche, il s'agit simplement d'une image de la première esquisse. Vous pouvez facilement vous en rendre compte en essayant de cliquer dessus ou de le modifier. Cela n'est pas possible.

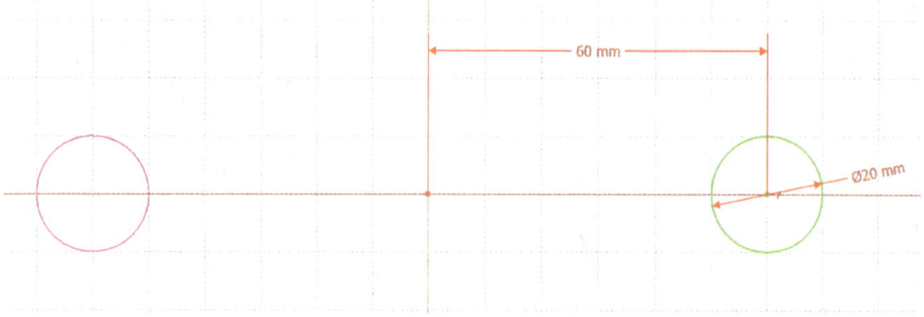

Ensuite, nous fermons cette deuxième esquisse et obtenons la représentation suivante.

Pour pouvoir utiliser la commande "Additive Pipe", nous avons encore besoin d'un chemin. Nous souhaitons créer une poignée qui se présente comme suit.

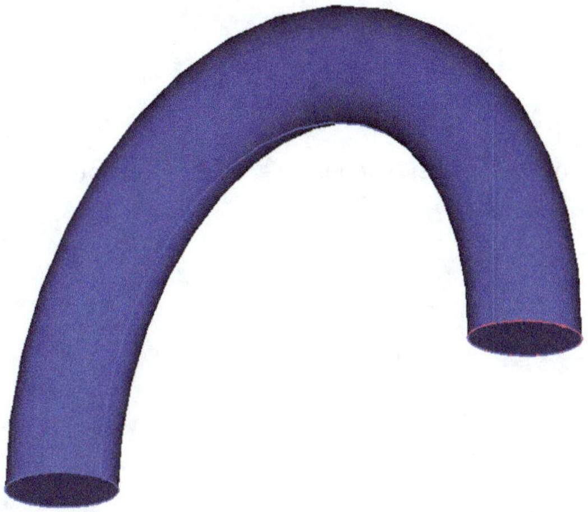

Pour cela, nous avons besoin d'un chemin qui relie les centres des deux cercles dans le plan x-z. Imaginez-le comme une structure en fil de fer que nous compléterons plus tard avec du matériel.

Nous créons donc une nouvelle esquisse sur le plan x-z et dessinons un demi-cercle à l'aide de la fonction "Center and end points". Le centre de l'arc doit se trouver sur l'origine des coordonnées. Le point de départ et le point d'arrivée de l'arc doivent être situés au centre de chacun des deux cercles esquissés précédemment. Comme nous nous trouvons dans le plan x-z, nous voyons en quelque sorte la vue latérale des deux cercles. Cela signifie que nous ne voyons que deux courtes lignes rouges situées sur l'axe des x, également rouge, ce qui rend un peu difficile la reconnaissance des deux centres. Mais nous pouvons aussi simplement attribuer un diamètre de 120 mm à l'arc et relier chacun des deux points d'extrémité à l'axe x avec la contrainte "Constrain point onto object".

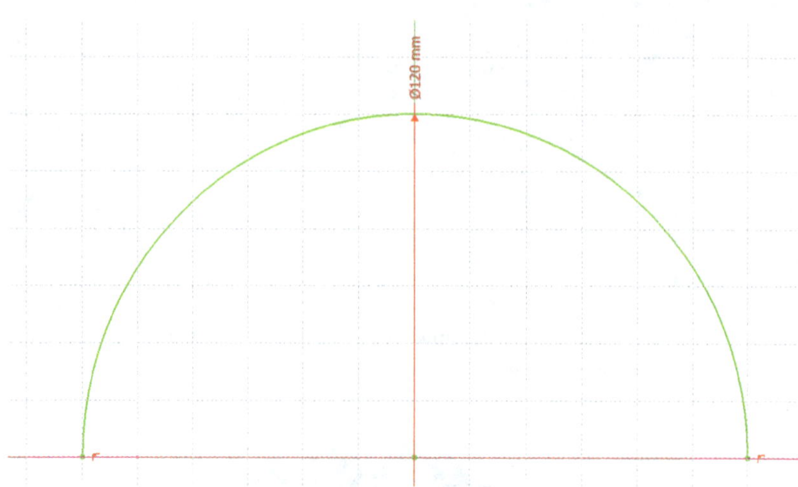

Ensuite, nous fermons l'esquisse et obtenons la géométrie suivante.

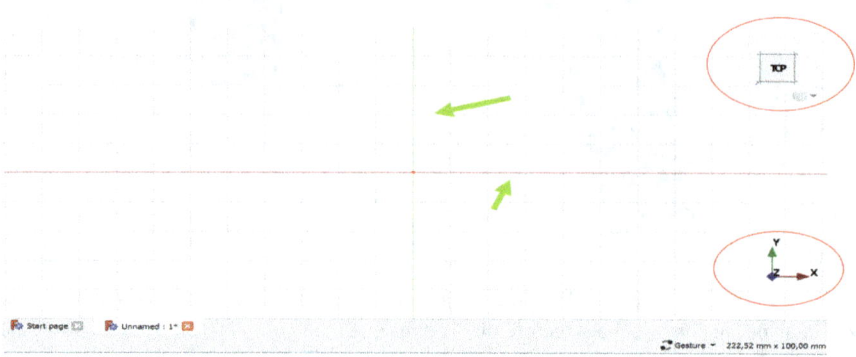

Nous appliquons maintenant la commande "Additive Pipe" en sélectionnant d'abord la première esquisse comme géométrie de section, puis la commande dans la barre d'outils.

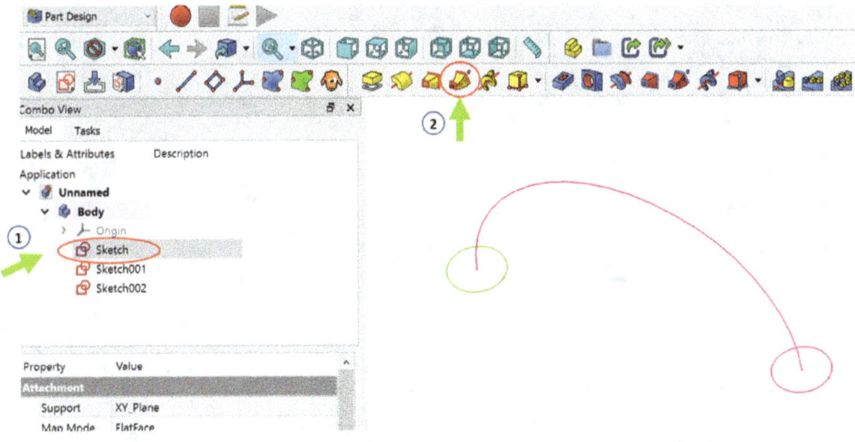

Si une erreur apparaît maintenant dans la barre inférieure, vous pouvez l'ignorer ou cliquer dessus. L'étape suivante consiste à vérifier que dans la zone "Tasks" de la vue combinée, dans l'option de menu "Orientation mode", l'option "Standard" est sélectionnée et que dans l'option de menu "Transform mode", l'option "Constant" est sélectionnée.

Ensuite, nous pouvons cliquer sur le bouton "Object" dans la section "Path to sweep along" et sélectionner notre arc comme chemin pour l'opération (il suffit de cliquer dans le plan de dessin).

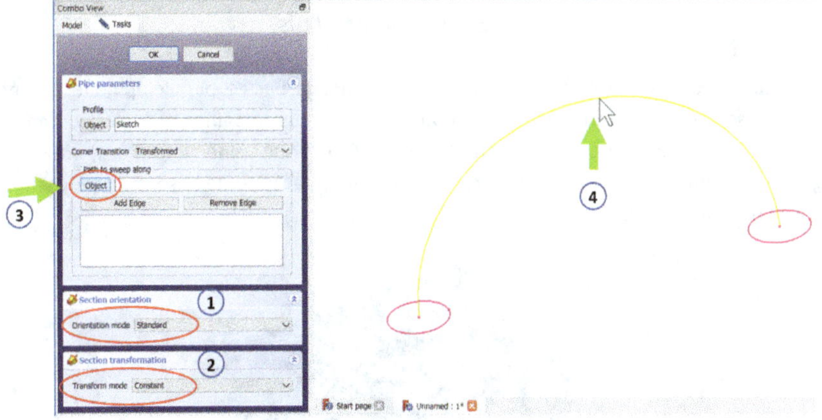

Le programme crée alors l'aperçu de la forme 3D souhaitée.

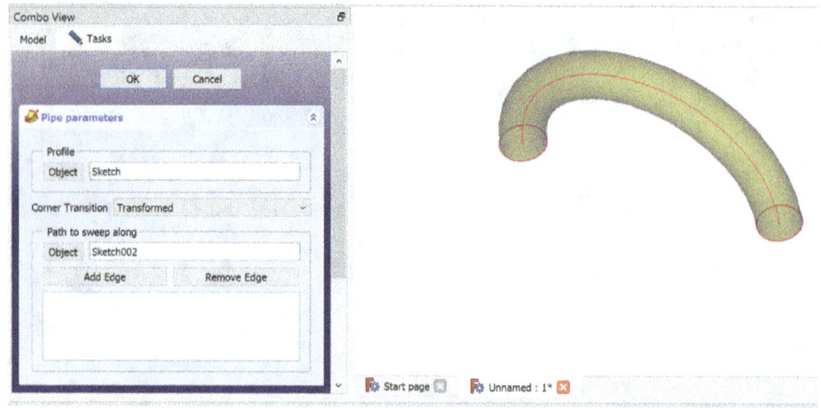

Enfin, essayez les autres sélections de "Orientation mode" et "Transform mode" pour voir ce qu'elles donnent respectivement. Avec "OK", vous créez le corps et terminez la commande.

C'était les principaux outils de modélisation additive. Nous allons maintenant passer aux outils soustractifs. Pour vous entraîner, créez un parallélépipède dont la base est un rectangle de 80 mm de long et 60 mm de large. La hauteur du parallélépipède doit être de 50 mm, par exemple. Pour ce faire, utilisez les commandes "Create body", "Create sketch" et "Pad". Veillez à définir complètement l'esquisse (couleur verte).

3.4.2 Outils soustractifs

Pour voir les outils soustractifs en détail, commençons par ce parallélépipède, car nous avons besoin d'un matériau de base. Vous pouvez vous imaginer que c'est comme un usinage. Si vous souhaitez utiliser une fraiseuse CNC pour usiner une pièce, vous devez également commencer par fixer un produit semi-fini (matériau de base/matière première) dans la machine.

L'outil "Pocket" :

L'un des principaux outils soustractifs est l'outil "Pocket". Cet outil est le pendant de l'outil "Pad". Nous l'utilisons pour effectuer une découpe, c'est-à-dire que nous allons retirer de la matière de l'objet 3D. Nous pouvons par exemple effectuer une découpe rectangulaire dans la zone centrale du parallélépipède. Pour ce faire, nous créons une esquisse sur la face supérieure du parallélépipède. Cette fois, nous ne sélectionnons pas un plan du système de coordonnées pour l'esquisse, mais directement une face du parallélépipède.

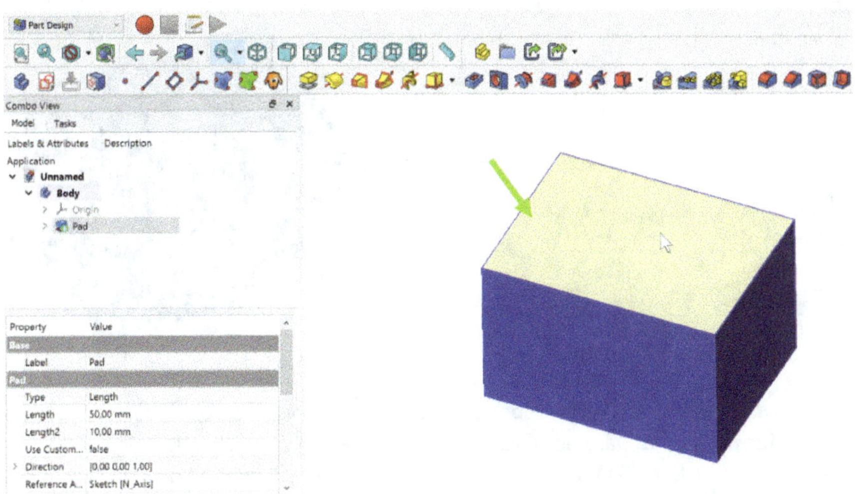

Ensuite, comme d'habitude, nous arrivons automatiquement dans la zone "Sketcher". Ici, nous pouvons esquisser un rectangle sur la face supérieure du parallélépipède. Nous plaçons le rectangle au centre du système de coordonnées et le cotons à 40 mm de chaque côté, de manière à obtenir un carré. Nous pouvons ensuite fermer l'esquisse avec "Close".

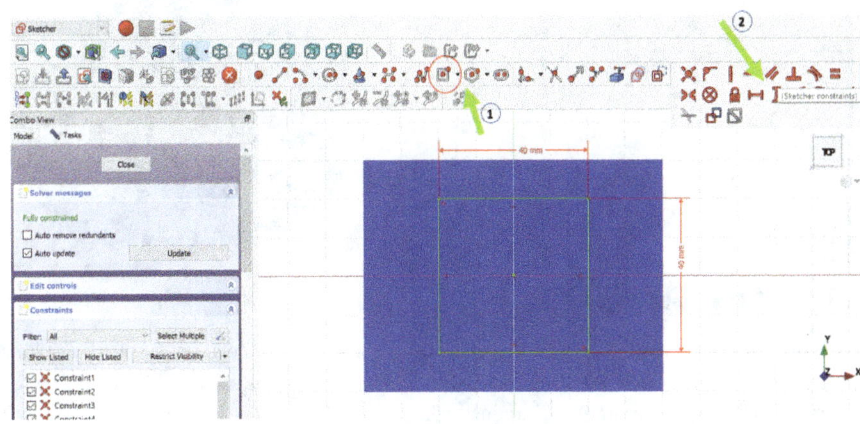

En mode 3D ("Part Design"), nous nous assurons ensuite tout d'abord que l'esquisse est sélectionnée dans l'arbre de structure (onglet "Model" dans la vue combinée). Nous pouvons ensuite sélectionner la commande "Pocket" dans la zone des outils soustractifs.

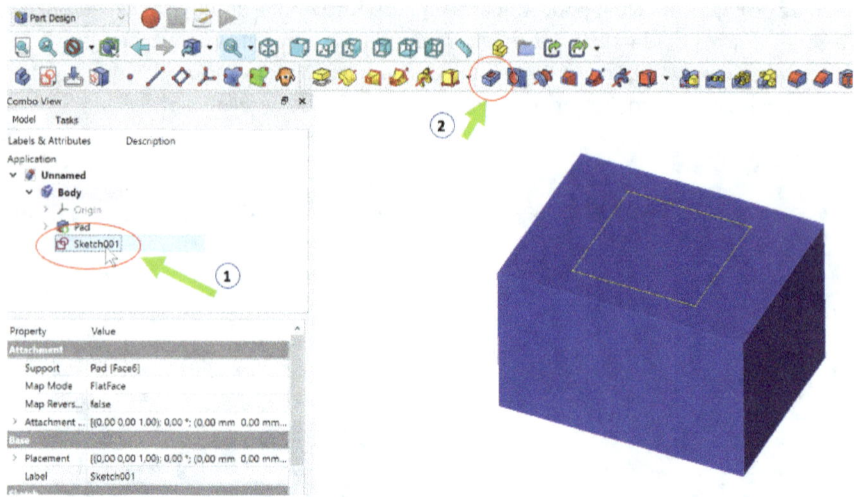

Une fois la commande exécutée, l'aperçu de la découpe apparaît automatiquement avec les paramètres par défaut. Dans notre cas, pour le paramètre "Type", l'option "Dimension" est sélectionnée par défaut et pour le paramètre "Length", une dimension de 5 mm est saisie.

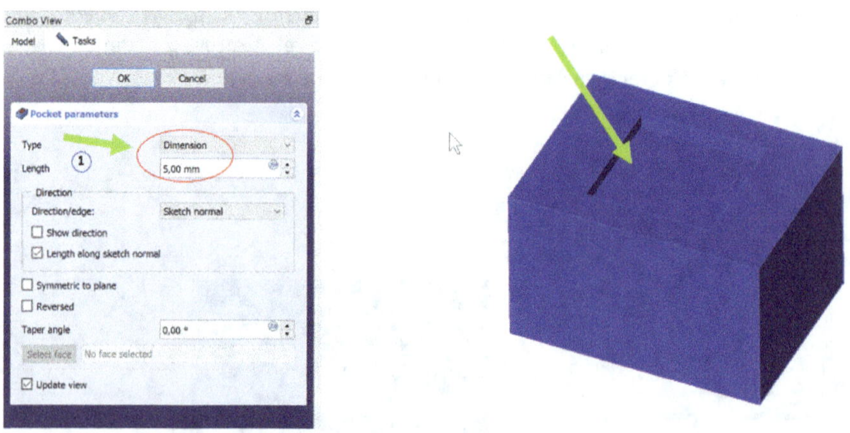

Mais nous voulons que la découpe traverse toute la pièce. Pour cela, nous pourrions d'une part saisir la hauteur du parallélépipède. D'autre part, nous pouvons aussi choisir l'option "Through all" pour le paramètre "Dimension".

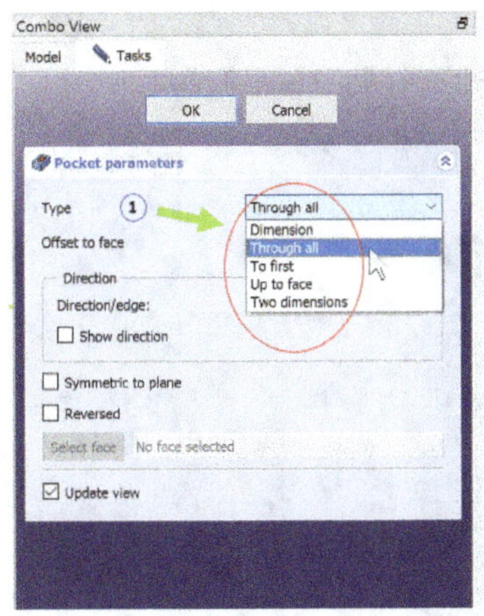

Avec l'option "Up to face", nous pourrions effectuer la découpe jusqu'à une surface donnée, avec l'option "To first" jusqu'à la surface suivante et avec l'option "Two dimensions", nous pourrions définir une découpe dans deux directions avec deux dimensions différentes. Mais ces options n'ont pas de sens dans cet exemple. Confirmez avec "OK" et la découpe est créée.

L'outil "Hole" :

Intéressons-nous maintenant à l'outil suivant. La commande "Hole" permet de créer des trous. Un trou peut également être créé avec la commande "Pocket" (cercle en tant qu'esquisse 2D), mais la commande "Hole" est mieux adaptée en termes de paramètres. Vous pouvez également créer et afficher des filetages avec cette commande.

Pour créer un perçage, nous avons à nouveau besoin d'une esquisse 2D pour indiquer au programme à quelle position le perçage doit être créé. Nous pouvons le faire avec un cercle. Par exemple, nous souhaitons créer quatre trous taraudés M6 et dessinons pour cela quatre cercles de 6 mm de diamètre chacun sur la face supérieure de notre objet 3D.

Une fois que nous avons créé une esquisse sur la face supérieure de l'objet 3D, nous dessinons d'abord les quatre cercles, puis nous en cotons un de 6 mm de diamètre. Nous rendons les autres cercles identiques au cercle coté à l'aide de la contrainte "Constrain equal", ce qui nous permet d'économiser trois autres cotes.

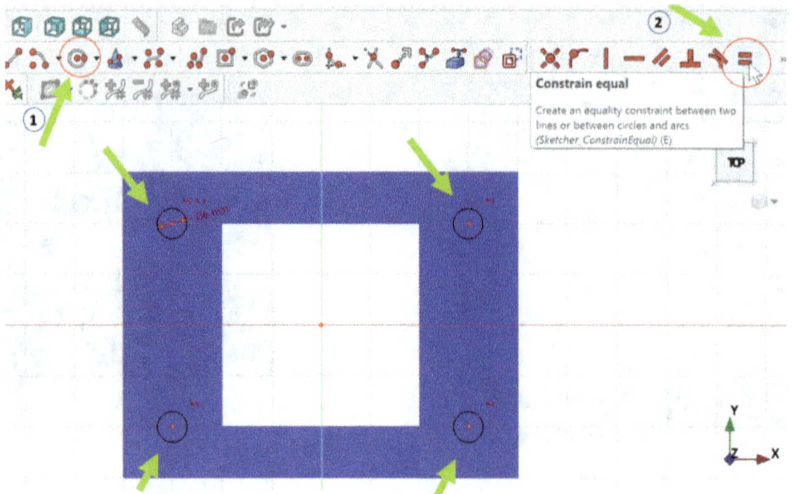

Il nous reste maintenant à déterminer les positions de nos cercles pour que l'esquisse soit entièrement définie. Pour ce faire, nous commençons par spécifier toutes les cotes horizontales (en sélectionnant à chaque fois un centre de cercle et l'origine des coordonnées) à 30 mm chacune.

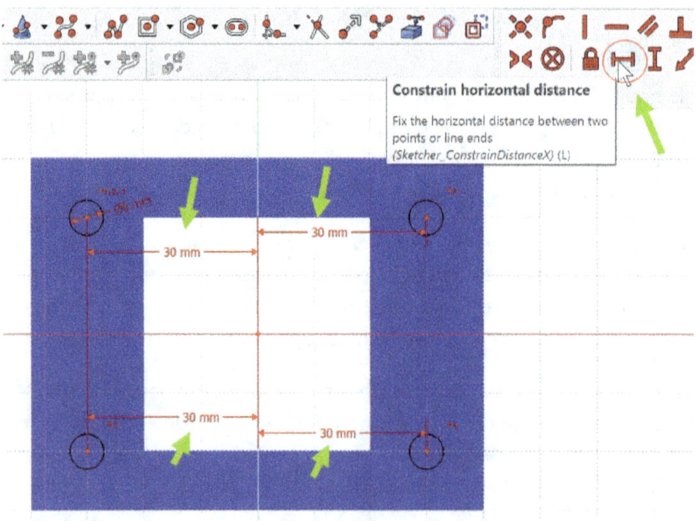

Ensuite, nous ajoutons toutes les cotes verticales de 20 mm chacune.

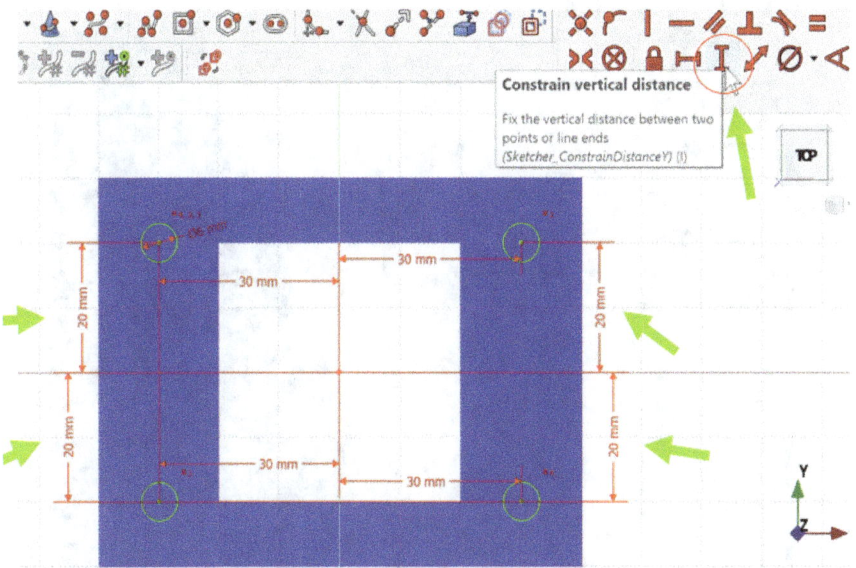

Toutes les cotes sont alors créées et nous pouvons fermer l'esquisse.

Ensuite, nous nous assurons que l'esquisse 2D que nous venons de créer est sélectionnée dans l'arborescence et nous pouvons alors lancer la commande "Hole".

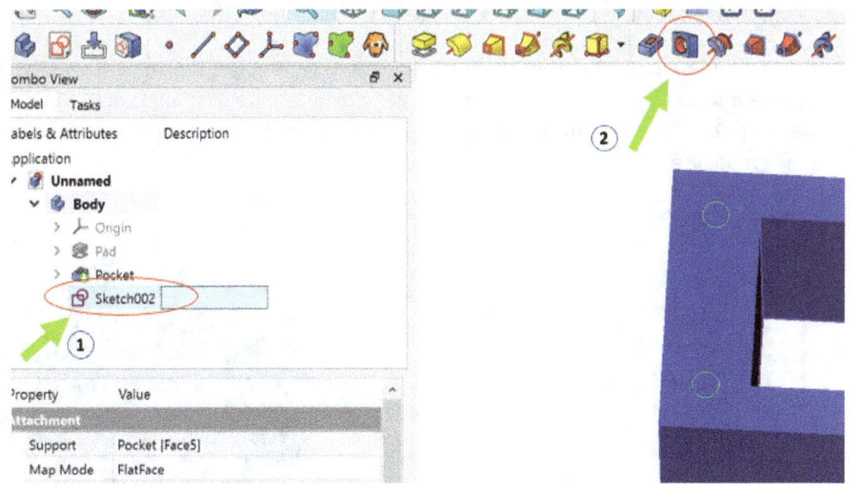

Un aperçu des perçages est à nouveau automatiquement créé par le programme. Dans la vue combinée à gauche, dans l'onglet "Tasks", nous pouvons définir les paramètres des perçages. Comme nous voulons créer des trous taraudés, nous sélectionnons l'option "ISO metric regular profile" pour le paramètre "Profile" et activons les options "Threaded", "Model Thread" et "Update View" pour que le taraudage nous apparaisse à chaque fois modélisé (1). Selon les performances de votre PC, cela peut prendre un certain temps.

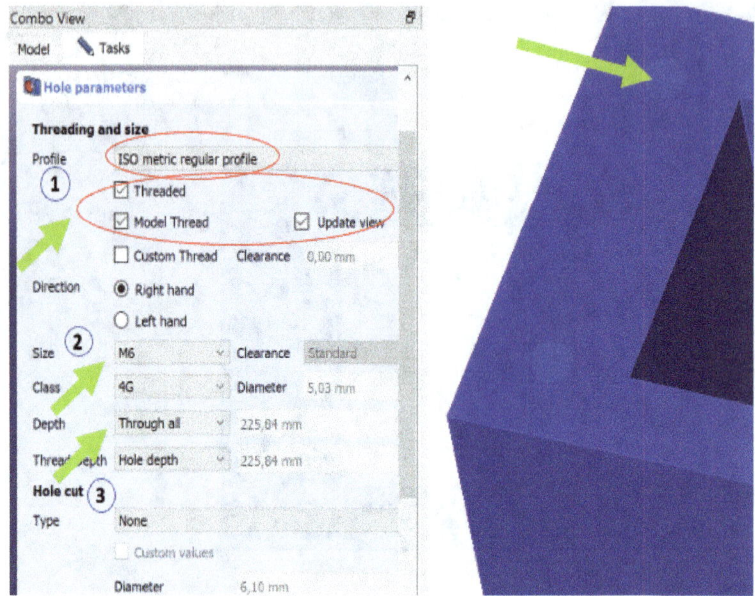

Ensuite, nous définissons la taille du filetage (2). Pour le paramètre "Size", nous choisissons "M6" et pour le paramètre "Depth", l'option "Through all", car nous voulons un trou qui traverse tout le composant (3). Si nous voulons une longueur spécifique, nous pourrions la définir ici. Nous choisirions alors l'option "Dimension" au lieu de "Through all".

Dans la partie inférieure, nous trouvons encore quelques paramètres supplémentaires, mais nous n'en avons pas besoin ici. Nous pourrions par exemple choisir ici l'angle du trou (2) ou le type de trou (1) (par ex. lamage). Si nous zoomons sur l'un des trous, nous pouvons voir le filetage modélisé.

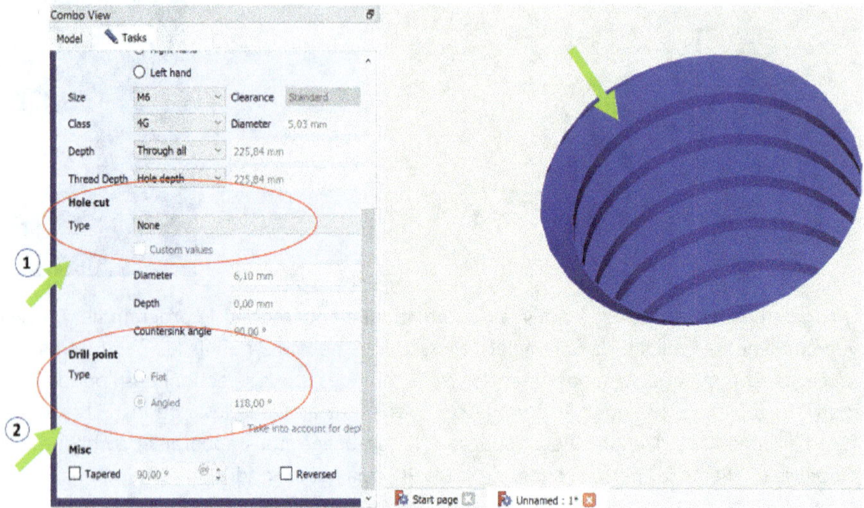

Nous confirmons encore avec "OK", afin que les perçages soient également créés. Cela peut à nouveau prendre un peu de temps, car nous modélisons les trous.

Il est généralement recommandé de désactiver la représentation modélisée pour de meilleures performances lors de la conception. Cependant, lorsque vous concevez pour l'impression 3D, vous avez besoin des filets sous forme modélisée.

L'outil "Groove" :

L'outil "Groove" permet de créer une section à l'aide d'une rotation. Nous avons besoin d'une pièce de rotation pour cette fonction, c'est-à-dire que nous enregistrons notre objet 3D précédent et créons un nouveau document.

Nous créons ensuite un composant cylindrique simple de 30 mm de diamètre et de 100 mm de hauteur. Vous pouvez créer cette pièce cylindrique de deux manières. Vous souvenez-vous comment ? Pensez aux outils additifs. D'une part, nous pouvons utiliser la fonction "Pad", mais aussi la fonction "Revolution". Comme nous construisons une pièce de révolution, nous utilisons simplement la fonction "Revolution". Pour cela, nous dessinons par exemple un rectangle sur le plan x-z et nous le cotons comme suit. Remarque : Nous avons besoin de 15 mm comme mesure horizontale, car nous ne dessinons que la moitié.

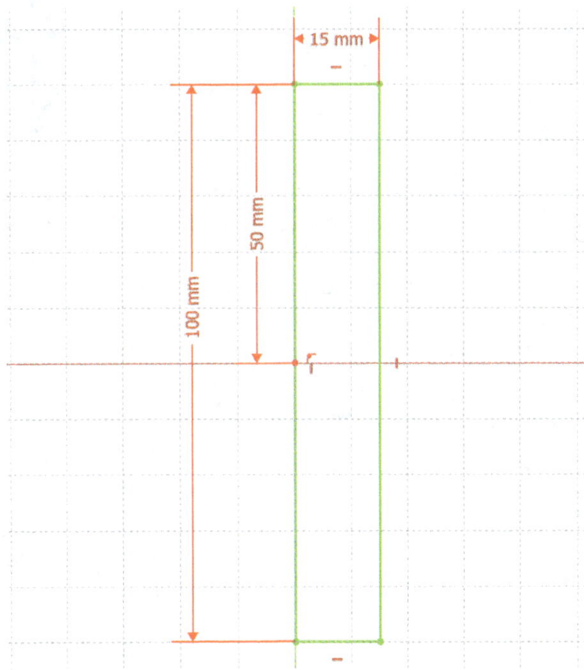

Nous pouvons d'ailleurs soit placer un coin du rectangle sur l'origine des coordonnées, soit, comme ici, définir une distance de 50 mm par rapport à l'origine des coordonnées. Pour définir complètement l'esquisse, nous plaçons en outre la ligne verticale gauche à l'origine des coordonnées avec la contrainte "Constrain point onto object".

Ensuite, nous fermons l'esquisse 2D et créons le corps 3D en cliquant sur la commande "Revolution". Confirmez avec "OK".

Pour la fonction "Groove", nous avons maintenant besoin d'une autre esquisse 2D qui donne la géométrie de la section pivotée. Pour l'esquisse, nous pouvons choisir soit le plan x-z, soit le plan y-z du corps.

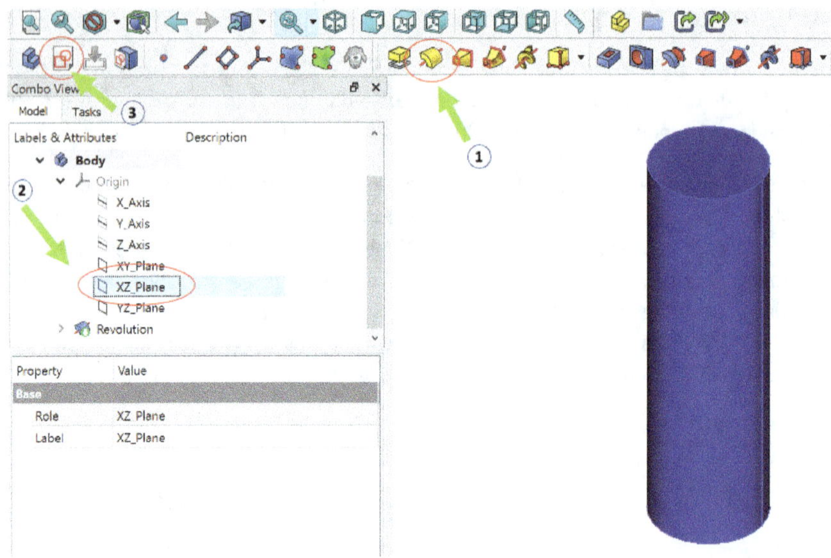

Nous souhaitons réaliser deux découpes rectangulaires dans le corps, celles-ci doivent pénétrer dans le corps afin que nous puissions retirer du matériau par la suite. Pour cela, nous masquons le corps afin d'avoir une meilleure vue de notre esquisse. Pour ce faire, nous devons aller dans l'onglet "Model" de la vue combinée de l'esquisse et faire un clic droit sur le corps. Nous sélectionnons "Toggle visibility" et le corps disparaît. Nous pouvons aussi simplement appuyer sur la barre d'espace.

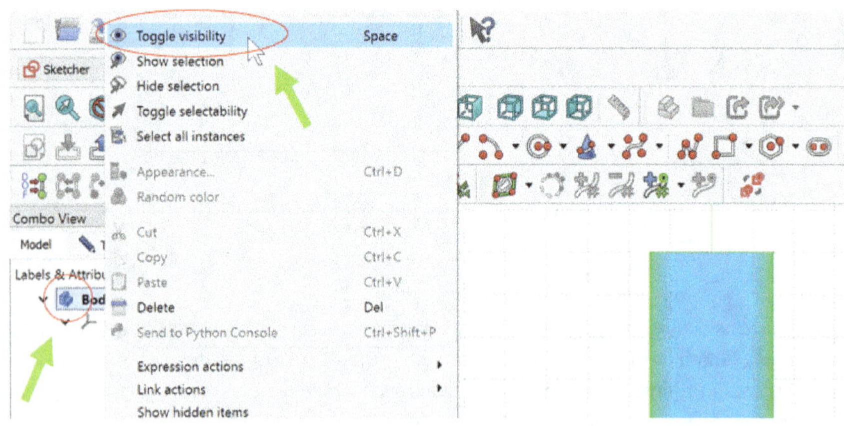

Nous dessinons ensuite deux rectangles dont les bords mesurent 5 mm chacun, de manière à obtenir des carrés. Nous voulons également que les deux arêtes extérieures des carrés se trouvent sur l'arête extérieure du cylindre, nous avons donc besoin de 15 mm. Enfin, nous ajoutons 30 mm pour chaque cote verticale.

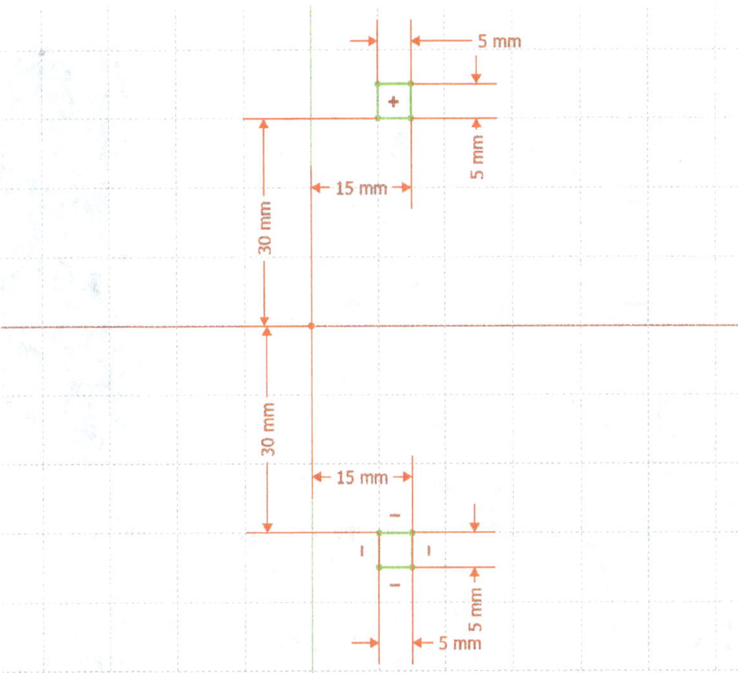

Ensuite, nous pouvons faire réapparaître le corps de manière identique avec l'option "Toggle visibility". Nous pouvons alors fermer l'esquisse.

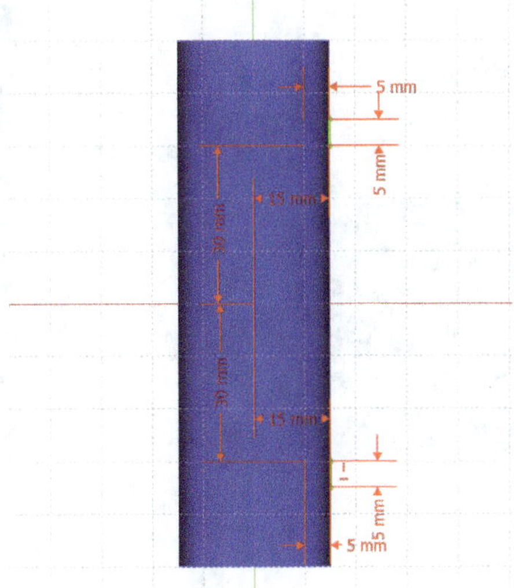

79

Après avoir vérifié que l'esquisse est sélectionnée dans l'arborescence, nous pouvons maintenant exécuter la commande "Groove".

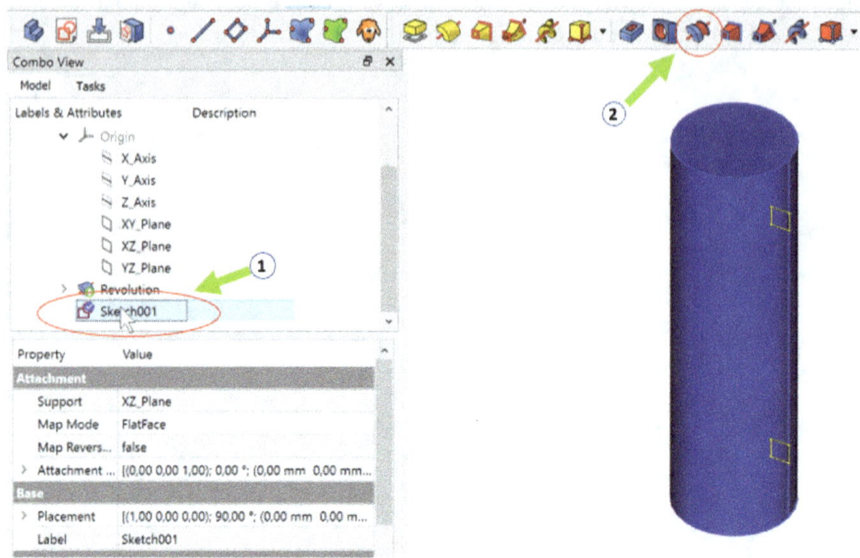

Le programme génère l'aperçu des deux découpes rectangulaires et nous pouvons les créer en cliquant sur "OK".

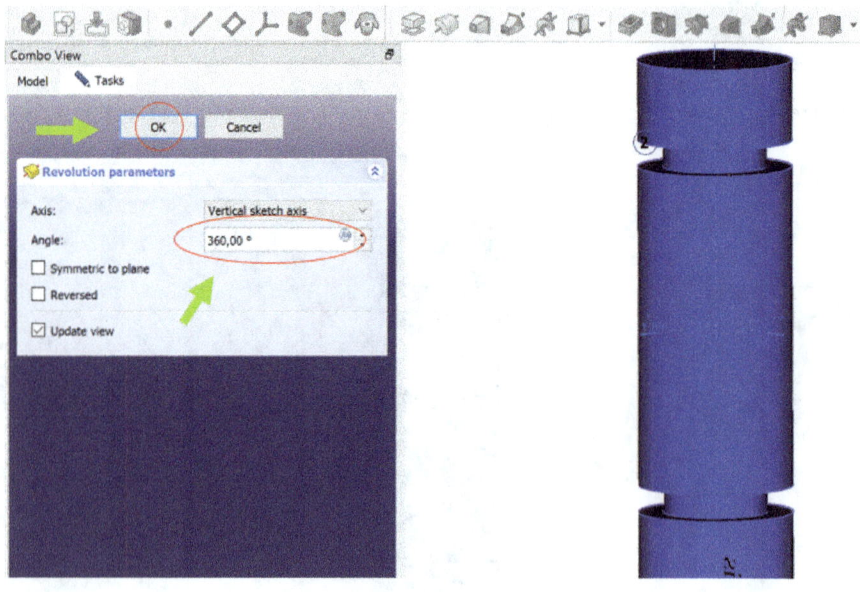

Les outils "Subtractive Loft" et "Subtractive Pipe" :

Ces deux outils fonctionnent de manière équivalente à leurs homologues dans le domaine additif ("Additive Loft" et "Additive Pipe"), mais de manière soustractive. Rappelez-vous brièvement et pensez à ce dont nous pourrions avoir besoin pour ces deux outils.

Pour "Subtractive Loft", nous avons besoin de deux esquisses sur des plans différents. Dans ce cas, ces plans peuvent être, par exemple, la face supérieure et la face inférieure d'un corps simple. Nous créons un cube de 50 mm d'arête afin d'avoir un objet sur lequel nous pouvons retirer du matériau.

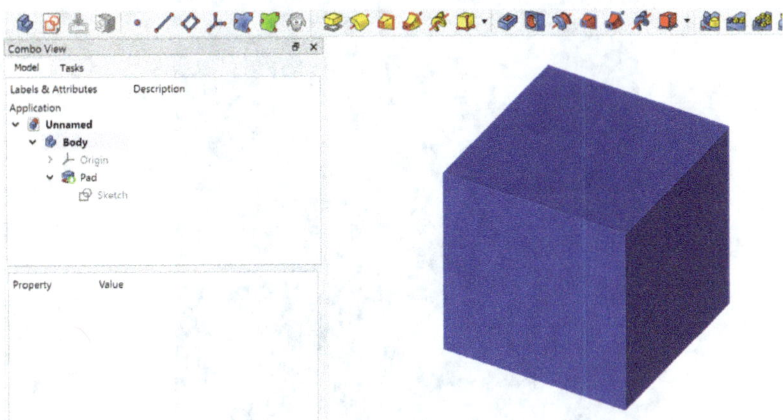

Nous avons alors besoin de deux esquisses. Nous dessinons, comme nous l'avons déjà annoncé, une esquisse sur la face supérieure et une esquisse sur la face inférieure du cube. Les esquisses ne doivent pas être superposables. Nous commençons par l'esquisse de la face supérieure du cube. Nous dessinons par exemple un rectangle de 20 mm de large et de 15 mm de haut.

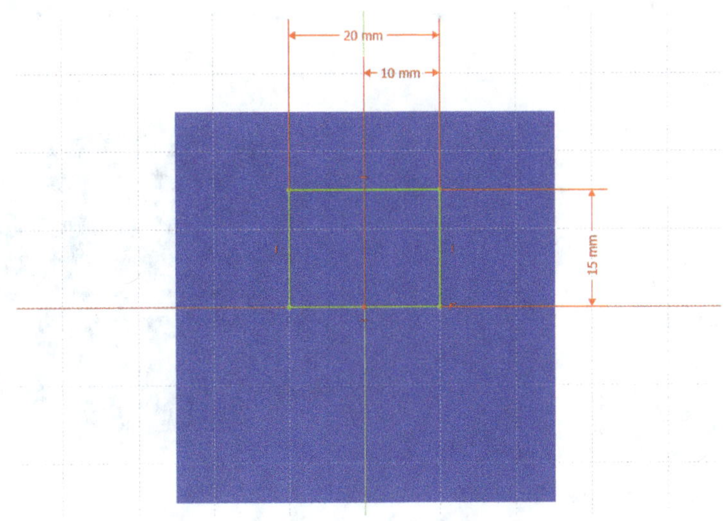

Une fois l'esquisse entièrement définie, nous pouvons la fermer. Nous démarrons ensuite une nouvelle esquisse sur la face inférieure du cube. Nous dessinons par exemple un rectangle de 20 mm de large et de 10 mm de haut. Nous définissons également complètement cette esquisse et la fermons ensuite.

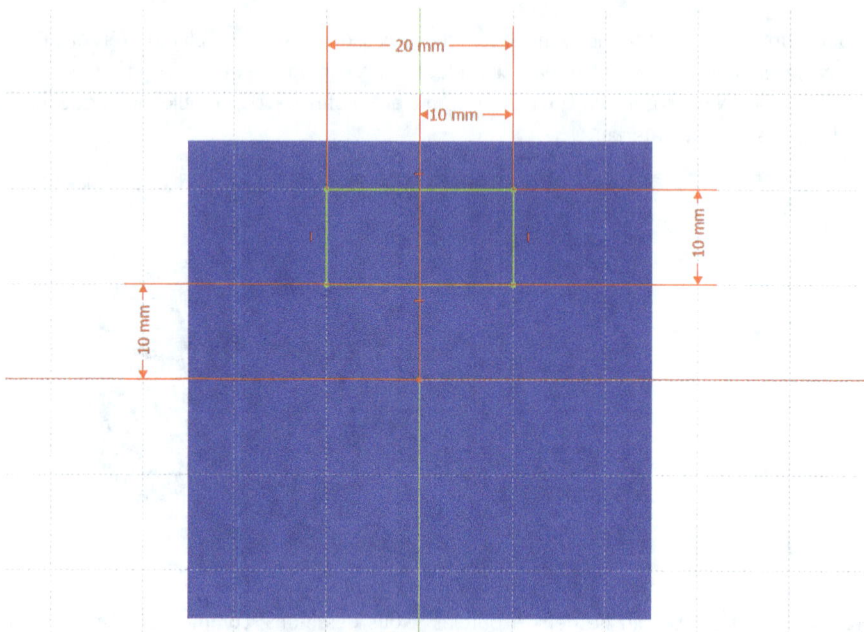

Nous pouvons maintenant exécuter la commande "Subtractive Loft" en sélectionnant les deux esquisses dans l'arbre de structure (touche CTRL enfoncée).

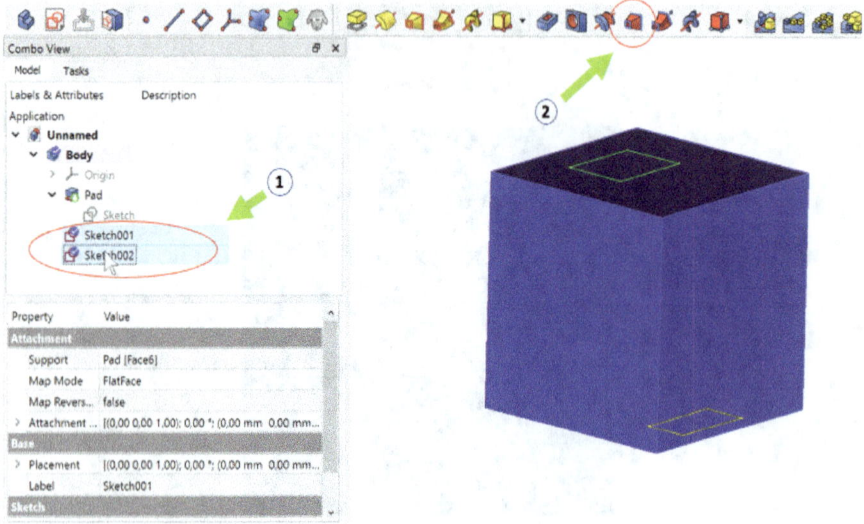

Malheureusement, nous n'avons pas d'aperçu dans ce cas, mais nous pouvons simplement cliquer sur "OK" pour voir le résultat souhaité. Les deux surfaces ont été reliées par une découpe.

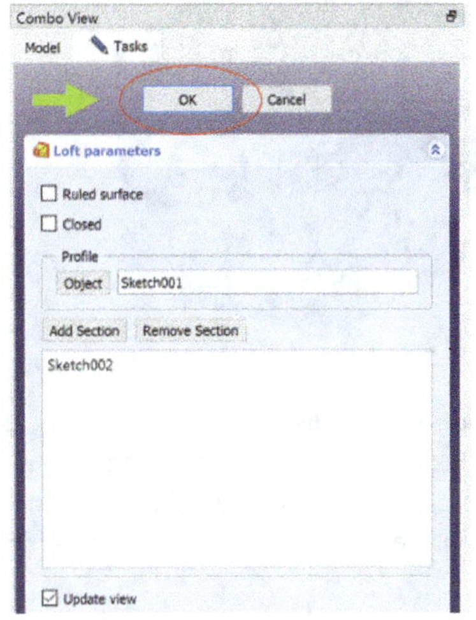

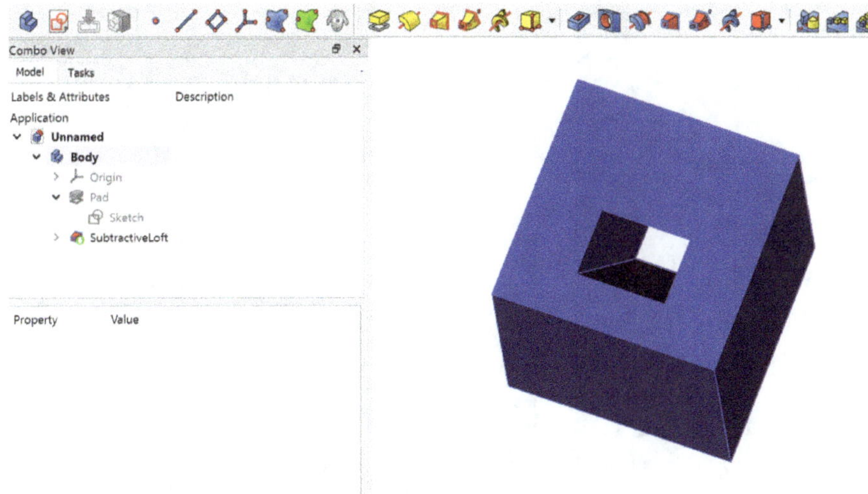

Pour la commande "Subtractive Pipe", nous avons besoin de deux esquisses et d'un chemin. Nous pourrions par exemple dessiner un cercle de n'importe quel diamètre sur la face supérieure et inférieure du cube. Vous savez déjà le faire de manière autonome. L'endroit où vous placez les cercles n'est pas important pour cet exemple.

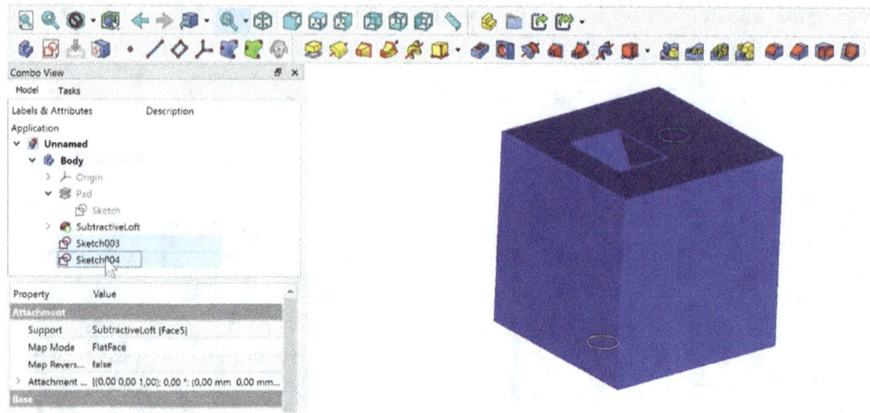

Nous avons ensuite besoin d'un chemin que nous pouvons esquisser, par exemple, sur le plan y-z. Pour une meilleure représentation, nous masquons le cube pour l'esquisse en cliquant sur le corps dans l'arbre de structure et en utilisant la barre d'espace. Le chemin pourrait être, par exemple, une ligne diagonale allant de la face de dessus à la face de dessous. Nous fermons ensuite l'esquisse.

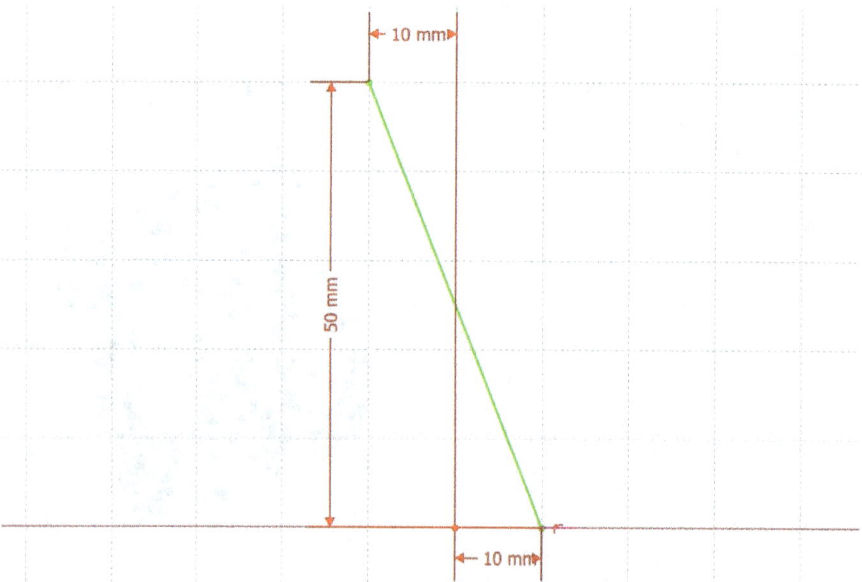

Ensuite, tout comme pour la fonction "Additive Pipe", nous sélectionnons d'abord l'esquisse, puis la commande "Subtractive Pipe".

84

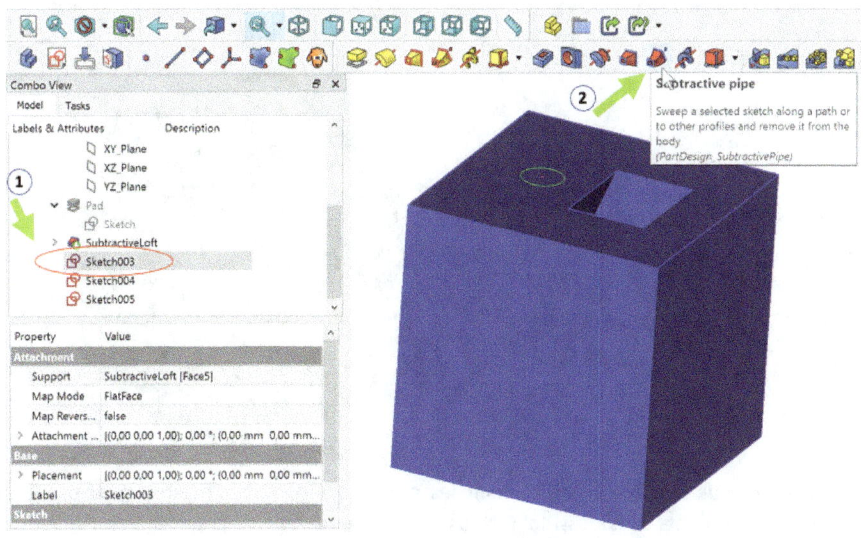

Dans la vue combinée, nous pouvons alors appuyer sur le bouton "Object" dans la zone "Path" et sélectionner ensuite le chemin dans la zone du cube. Le programme génère alors l'aperçu de la fonction.

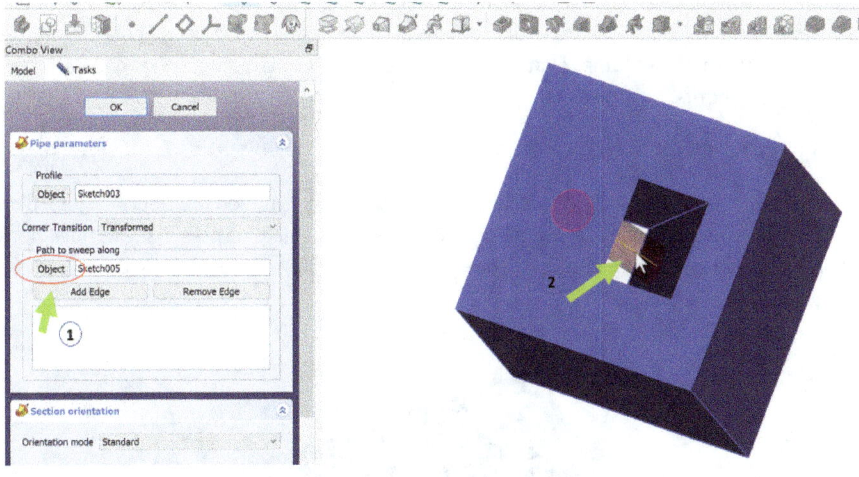

Nous confirmons encore avec "OK" et la commande soustractive est mise en œuvre.

Si nous déplaçons la souris du PC sur les éléments créés dans l'arborescence, nous pouvons mieux voir le résultat des deux outils "Subtractive Loft" et "Subtractive Pipe".

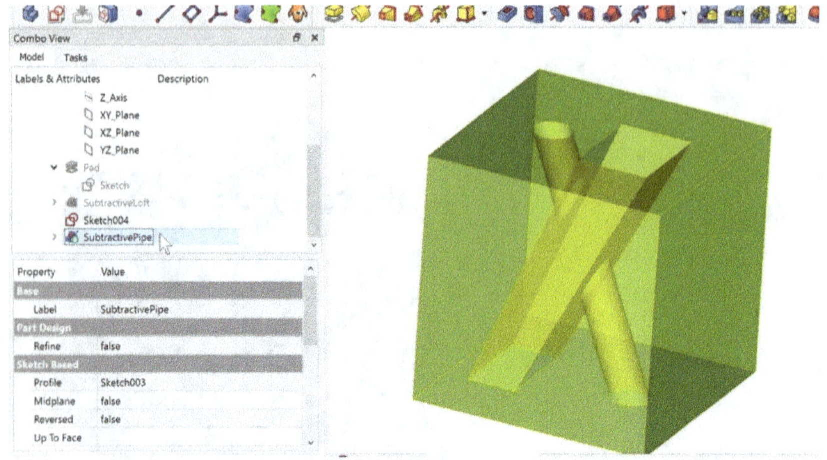

Excellent ! Vous connaissez maintenant les principales commandes soustractives. Nous sommes ravis d'être allés aussi loin. Nous allons maintenant nous pencher sur quelques autres outils avant de passer aux projets de construction. Restez à l'écoute, cela en vaut la peine !

3.4.3 Outils de mise en miroir et de création de motifs

Les deux outils suivants sont très utiles pour réduire le temps et l'effort de conception. Les fonctions "Mirrored" et "Linear Pattern" permettent de mettre en miroir des géométries et de créer des motifs.

L'outil "Mirrored" :

Vous pouvez utiliser cet outil si vous souhaitez doubler un ou plusieurs objets d'un composant en les réfléchissant sur un plan. Regardons cela de plus près. Par exemple, nous allons créer un parallélépipède rectangle de 30 mm x 60 mm de base et de 10 mm de hauteur.

L'objet que nous voulons refléter doit être un simple perçage. Pour ce perçage, nous créons une esquisse sur la face supérieure du parallélépipède. Par exemple, le perçage doit avoir un diamètre de 6 mm et être positionné à 22 mm ou 7 mm de l'origine.

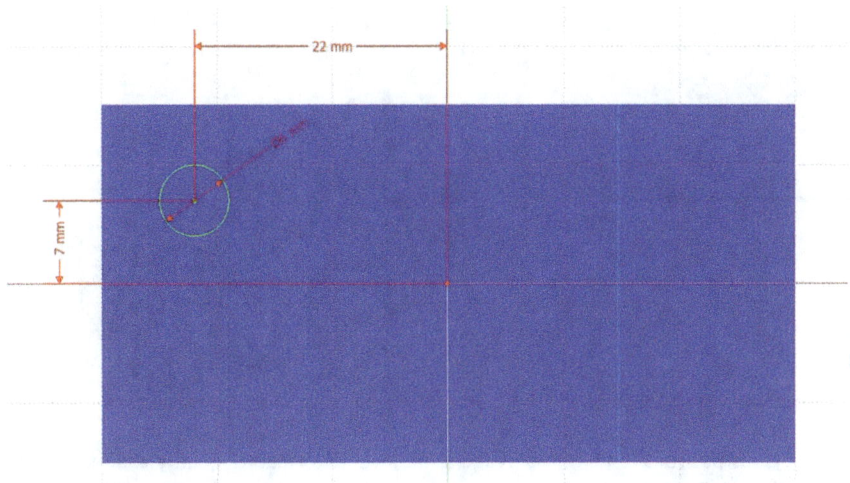

Une fois l'esquisse terminée, nous créons le trou avec la commande "Hole".

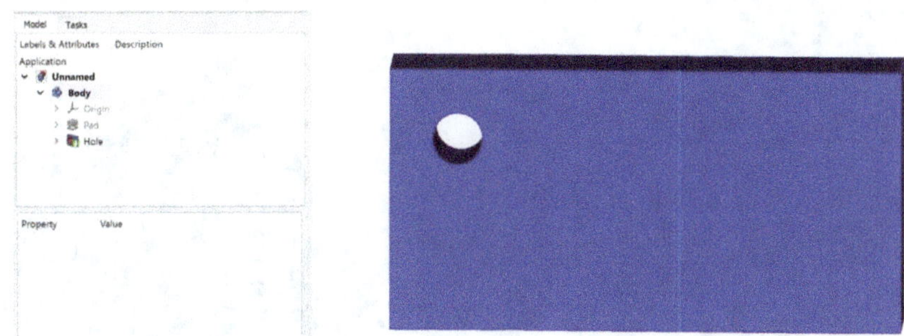

Pour la commande "Mirrored", nous sélectionnons d'abord le trou ("Hole") dans l'arborescence et cliquons ensuite sur la commande dans la barre d'outils. Le programme nous donne alors un aperçu de l'objet en miroir.

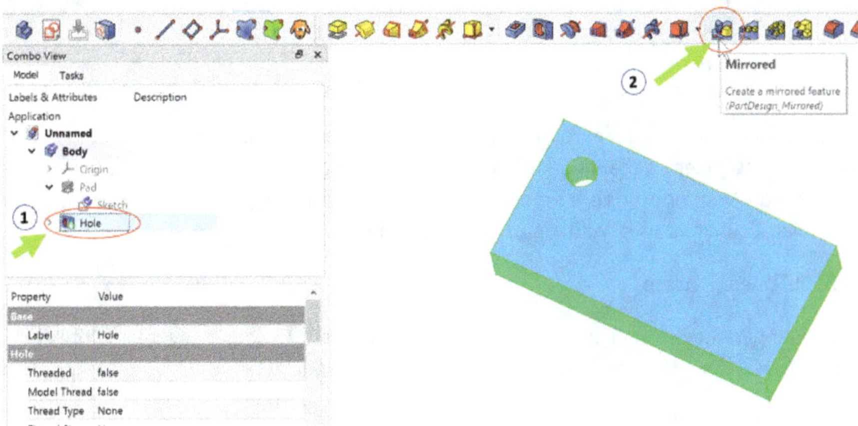

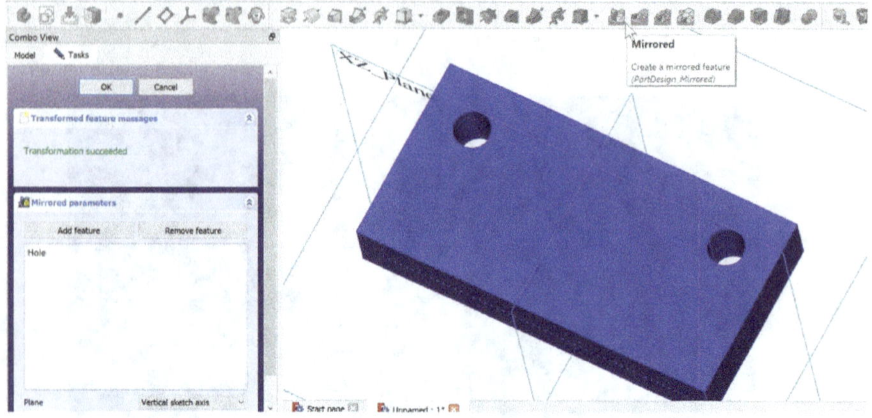

Comme nous pouvons le voir, le perçage a été inversé à l'aide du plan y-z. Si nous avons besoin d'une réflexion sur un autre plan, par exemple le plan x-z, nous pouvons le faire dans la vue combinée avec le paramètre "Plane".

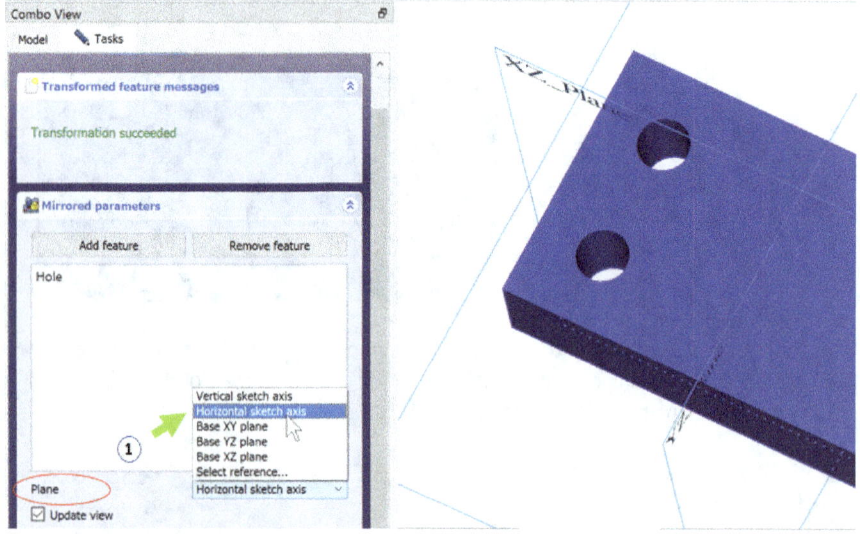

Si nous voulons mettre en miroir plusieurs objets - par exemple deux ou trois trous - il suffit de les sélectionner en maintenant la touche CTRL enfoncée avant de lancer la commande "Mirrored". Nous pouvons également sélectionner la commande "Mirrored" et ajouter tous les objets souhaités avec "Add feature" (vue combinée).

L'outil "Linear Pattern" :

Cet outil permet de créer un motif linéaire, c'est-à-dire que nous pouvons multiplier des objets avec une distance définie. Voyons comment cela fonctionne. Appliquons cette fonction au parallélépipède que nous venons de créer. Pour cela, supprimez le perçage en miroir en le sélectionnant dans l'arborescence et en appuyant sur le bouton Supprimer.

Ensuite, nous sélectionnons le premier trou dans l'arborescence et cliquons sur la commande "Linear Pattern".

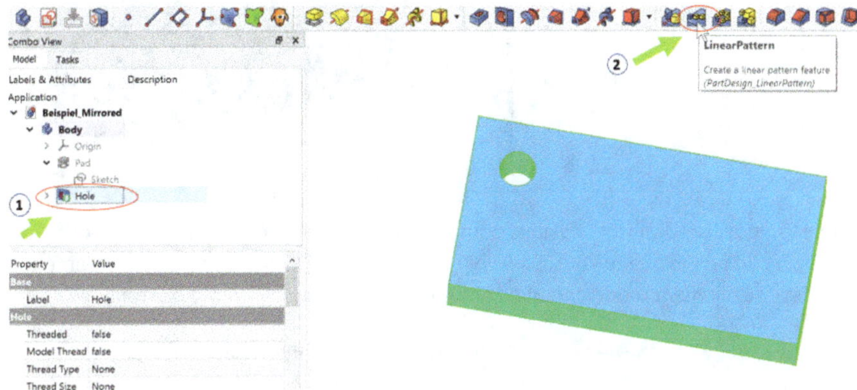

Nous devons maintenant remplir les paramètres "Direction", "Length" et "Occurrences", qui se trouvent dans la partie inférieure de la vue combinée, avec des valeurs significatives.

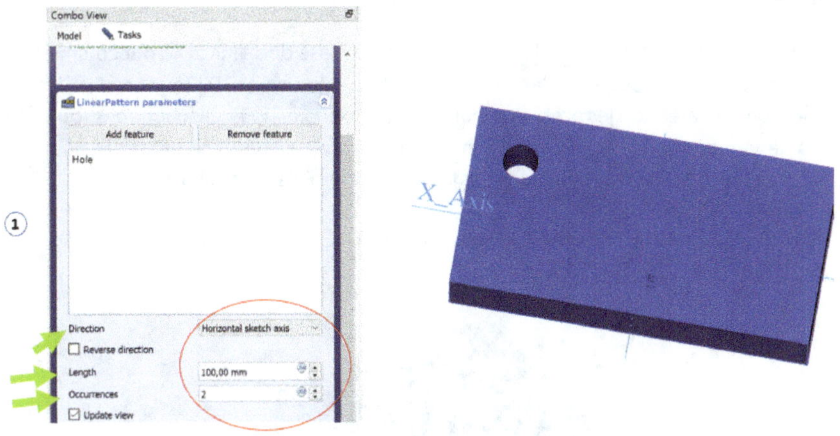

Le paramètre "Direction" permet de sélectionner la géométrie de référence sur laquelle le motif linéaire sera orienté. Par exemple, si nous choisissons ici l'axe x, le motif sera créé le long de cet axe.

Pour "Length", nous indiquons la distance qui doit exister entre les différents trous du motif, par exemple 43 mm. Et pour "Occurrences", nous indiquons le nombre de trous souhaités, par exemple quatre. Par ailleurs, si l'option "Update view" est cochée, les modifications sont affichées en direct sous forme de prévisualisation. C'est une excellente aide pour choisir l'espacement et le nombre.

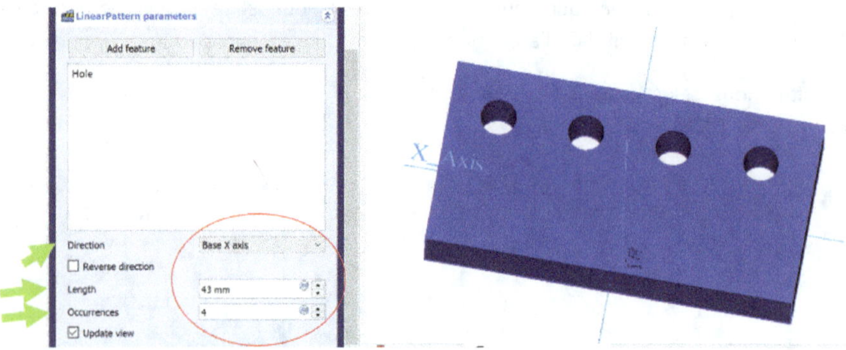

Comme pour l'outil "Mirrored", nous pouvons ici aussi changer la direction du motif. Pour ce faire, il suffit d'indiquer un autre axe, par exemple l'axe y, dans "Direction". Bien entendu, vous devez également modifier la distance entre les trous et le nombre de trous.

3.4.4 Outils de modélisation 3D avancée

Pour les trois derniers outils importants de l'espace de travail "Part Design", nous créons à nouveau un cube dont les arêtes mesurent 50 mm chacune.

L'outil "Fillet" :

Vous vous souvenez peut-être de la fonction "Fillet" dans le domaine 2D. Tout comme dans une esquisse 2D, il est possible d'arrondir des arêtes sur un objet 3D. Pour ce faire, il suffit de sélectionner l'arête ou les arêtes souhaitées. Par exemple, nous sélectionnons toutes les arêtes de la face supérieure du cube (en maintenant la touche CTRL enfoncée pour une sélection multiple), puis nous cliquons sur la commande "Fillet" de la barre d'outils.

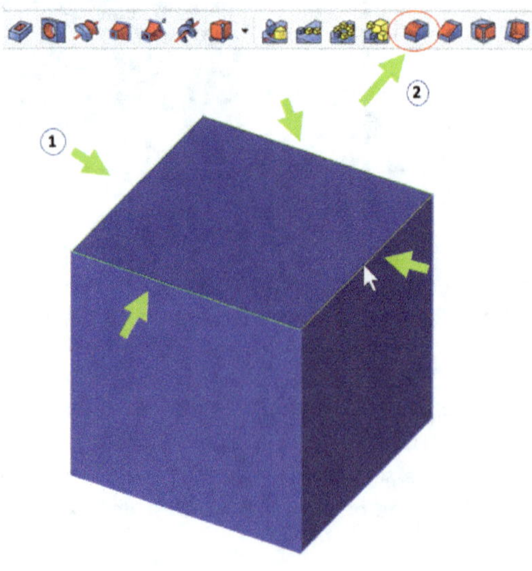

Dans la zone inférieure de la vue combinée, vous pouvez définir le rayon de courbure souhaité, par exemple 5 mm. Dans la zone supérieure, le bouton "Add" permet d'ajouter des arêtes supplémentaires si nécessaire. Avec "OK", les congés sont créés.

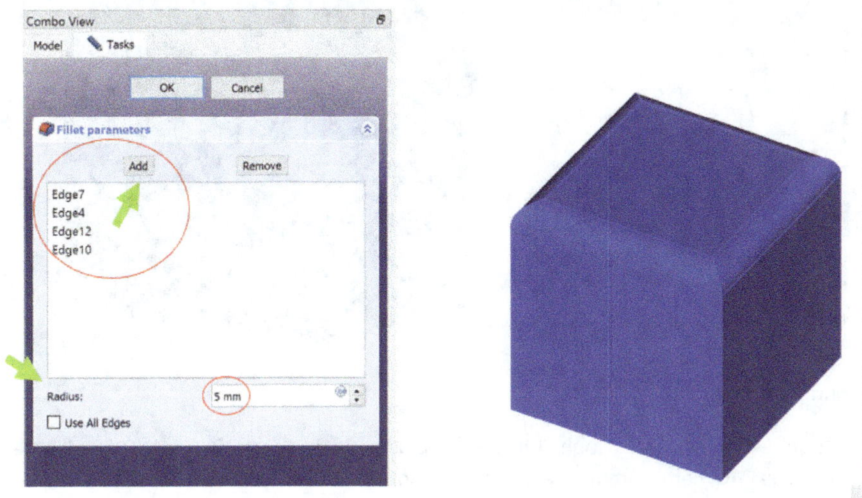

L'outil "Chamfer" :

Cet outil permet de chanfreiner une arête au lieu de l'arrondir. C'est la seule différence avec l'outil "Fillet". La procédure est identique. On sélectionne l'arête souhaitée, par exemple une arête de la face inférieure du cube, puis on clique sur la commande "Chamfer" dans la barre d'outils.

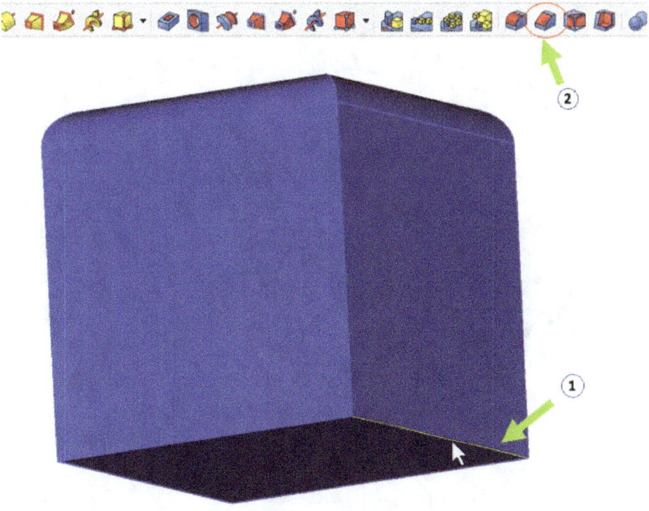

Vous pouvez ensuite effectuer les réglages souhaités dans la vue combinée.

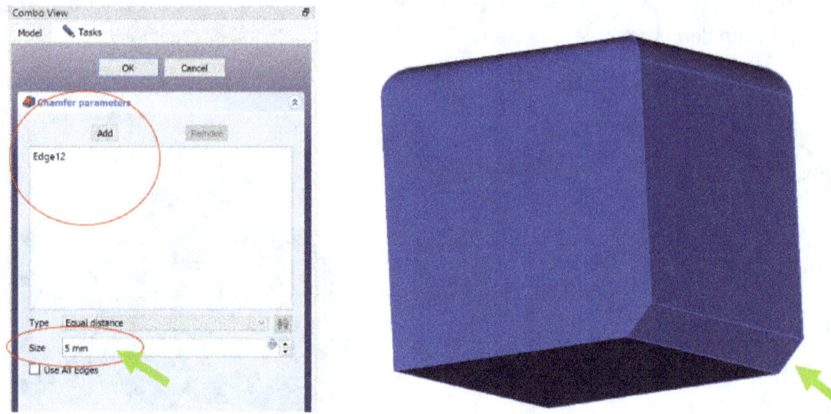

L'outil "Thickness" :

Cet outil est idéal si vous souhaitez créer rapidement un corps 3D évidé. Dans d'autres logiciels de CAO, cette commande est souvent appelée "Shell" ou paroi.

Nous supprimons d'abord les deux fonctions "Fillet" et "Chamfer", de sorte que nous ayons à nouveau notre cube comme objet de départ. Nous pouvons aussi en créer un nouveau.

Pour exécuter la commande, nous cliquons d'abord sur la face supérieure du cube et sélectionnons ensuite l'outil "Thickness" dans la barre d'outils.

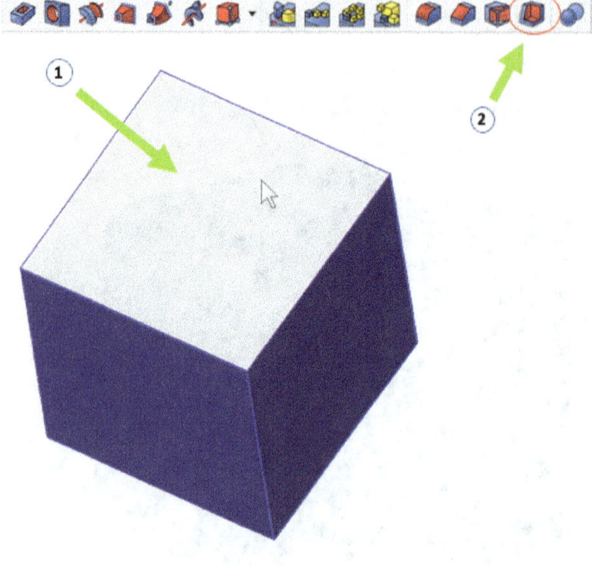

Un aperçu nous est ensuite présenté. Dans la vue combinée, nous pouvons effectuer les réglages souhaités, nous modifions l'option "Thickness" par exemple à 5 mm et nous sélectionnons "Skin" dans l'option "Mode". De plus, dans l'option "Join Type", nous choisissons "Intersection".

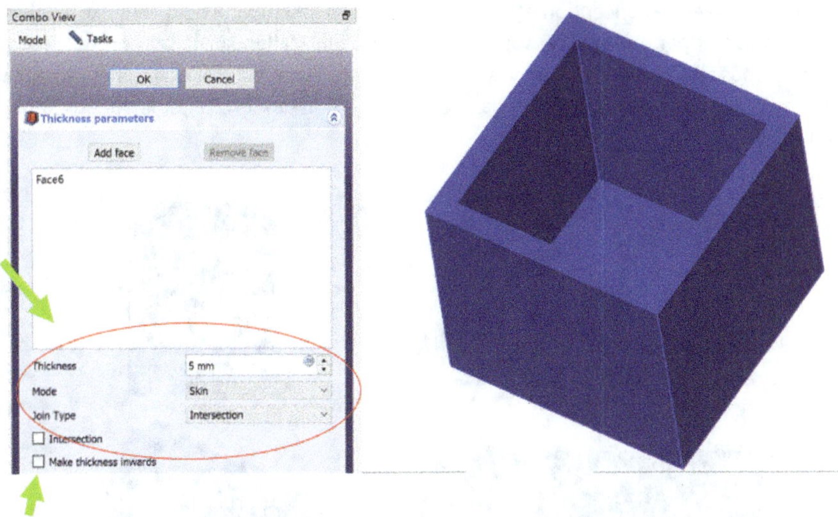

D'ailleurs, si vous activez l'option "Make thickness inwards" - que vous trouverez dans la section inférieure - la paroi ne sera pas ajoutée vers l'extérieur, mais vers l'intérieur. Essayez-le et vous verrez la différence.

4 Projets de conception

4.1 Premier projet : élément de fixation

Le premier objet de conception est une simple pièce de fixation. Il peut être fixé à l'aide de deux vis et sert par exemple de support à un axe. L'illustration suivante montre le modèle 3D final sous différentes perspectives. On y voit la face avant de la pièce (en haut à gauche), la vue de dessus (en bas à gauche), la vue de côté (en haut à droite) et la vue isométrique (en bas à droite).

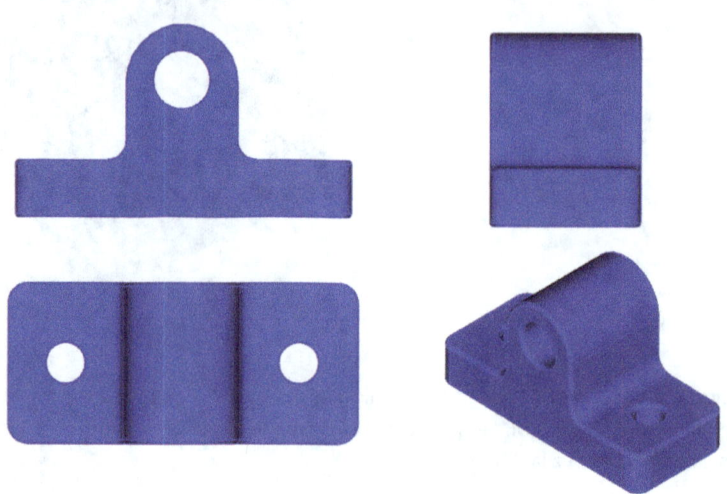

Pour cela, nous commençons un nouveau document et passons à l'espace de travail "Part Design", comme nous l'avons appris. Ensuite, après avoir créé un corps avec "Body", nous commençons une esquisse sur l'un des trois plans. Nous choisissons par exemple le plan x-z. Pourquoi le plan x-z ? Parce que c'est sur ce plan que nous allons dessiner la face avant de l'objet en tant qu'esquisse 2D, de sorte que la vue "Front" du programme corresponde également à cette face avant.

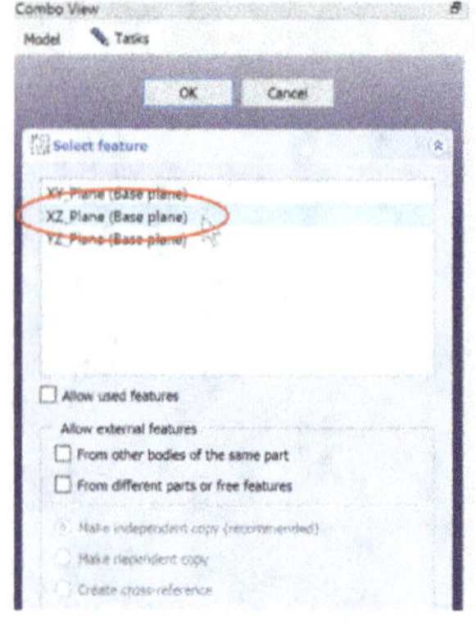

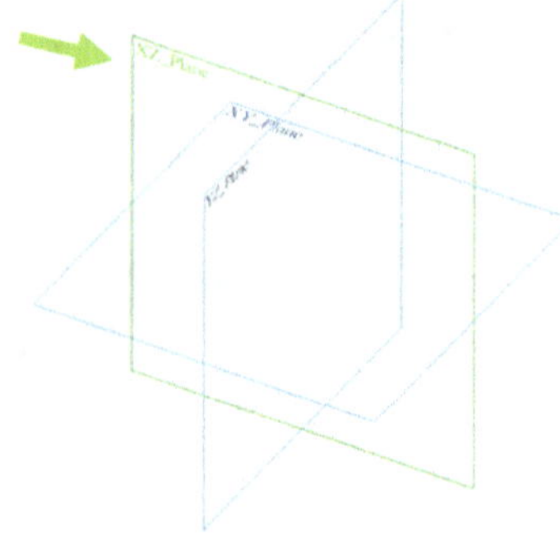

Nous allons maintenant dessiner une esquisse 2D de la géométrie que nous voyons lorsque nous regardons l'objet de face. Nous pouvons ensuite l'extruder en trois dimensions. Nous pouvons construire la géométrie 2D par blocs successifs.

Nous commençons par dessiner un rectangle ("Centered Rectangle") de 90 mm de large et 15 mm de haut, dont le centre doit se trouver à l'origine des coordonnées. Vous pouvez également ajouter les cotes ("Constrain vertical distance" et "Constrain horizontal distance"). Ensuite, nous supprimons la ligne supérieure du rectangle, car nous n'en avons pas besoin. Nous aurions aussi pu dessiner trois lignes.

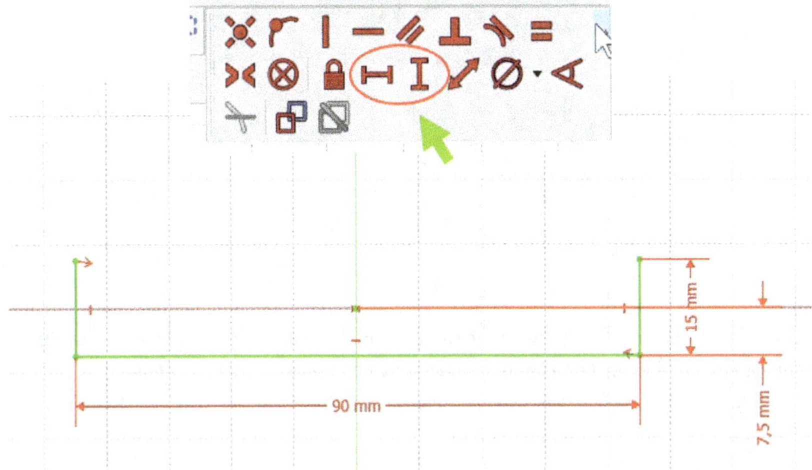

Nous ajoutons ensuite deux lignes horizontales et deux lignes verticales supplémentaires. Les lignes horizontales sont cotées à 30 mm et les lignes verticales à 20 mm.

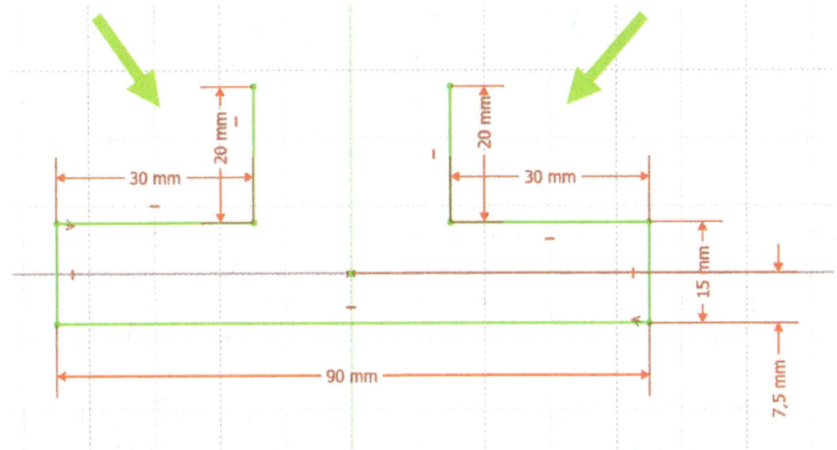

Le dernier segment de la surface de base est constitué d'un demi-cercle. Pour cela, nous sélectionnons un arc de cercle avec la commande "End points and rim point". Nous sélectionnons successivement les deux points d'angle des lignes verticales et enfin n'importe quel point de la zone supérieure pour créer l'arc. Ensuite, nous affectons un diamètre de 30 mm au cercle avec "Constrain arc or circle".

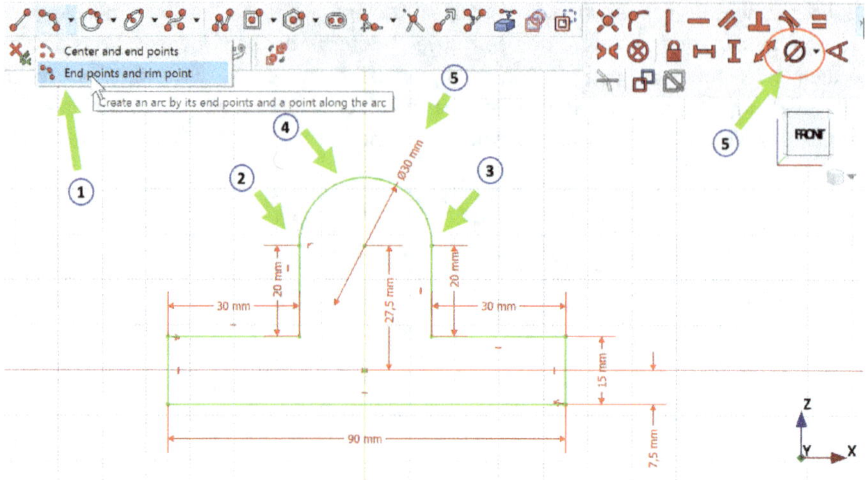

Pour que l'esquisse soit complètement définie, nous devons également coter la distance entre le centre de l'arc et l'origine des coordonnées. Cette distance doit être de 27,5 mm, ce que vous pouvez calculer à partir des mesures existantes.

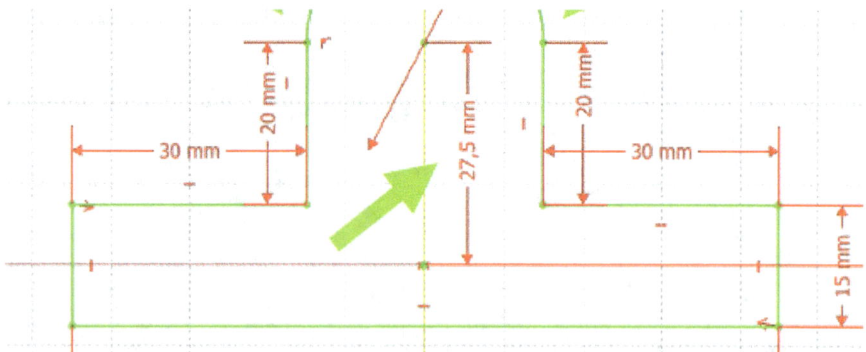

Remarque : Pour une extrusion tridimensionnelle, vous avez toujours besoin d'une surface unique et contiguë comme esquisse 2D. C'est ce que nous avons créé ici. Nous aurions également pu construire l'esquisse à partir de deux rectangles et d'un demi-cercle - pensez à des cubes de construction - mais nous aurions alors deux lignes divisant la surface en trois segments.

Nous pouvons maintenant fermer l'esquisse et créer la pièce 3D à l'aide de la fonction "Pad". Nous avons besoin d'une dimension de 40 mm, par exemple. Avec le paramètre "Type", nous pouvons laisser "Dimension", la pièce sera alors extrudée vers l'avant. Le plan x-z se trouve alors à l'arrière du composant.

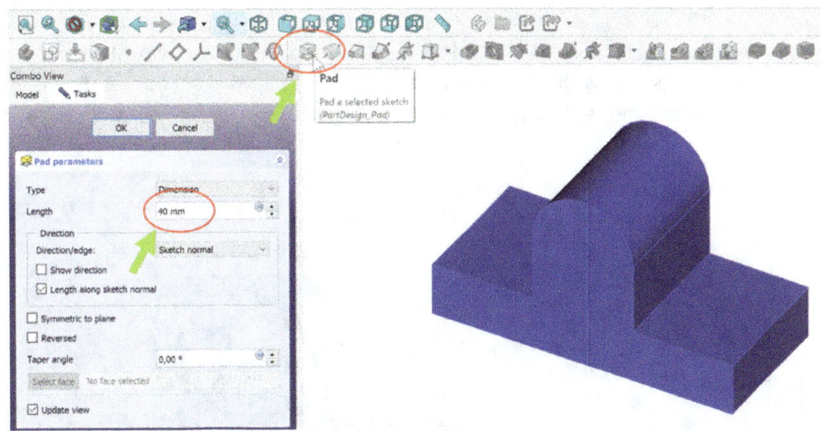

Nous pourrions également sélectionner l'option "Two dimensions" et saisir 20 mm de chaque côté, le plan x-z serait alors exactement au centre de la pièce.

L'étape suivante consiste à créer le perçage dans la partie supérieure du composant. Pour ce faire, nous devons commencer une nouvelle esquisse 2D sur la face avant - ou arrière - du composant. Créez ensuite un cercle de 15 mm de diamètre dont le centre doit se trouver sur l'axe z (ligne verticale). Pour une définition complète, nous avons besoin d'une cote dans la direction z, par exemple 28 mm du centre du cercle à l'origine des coordonnées.

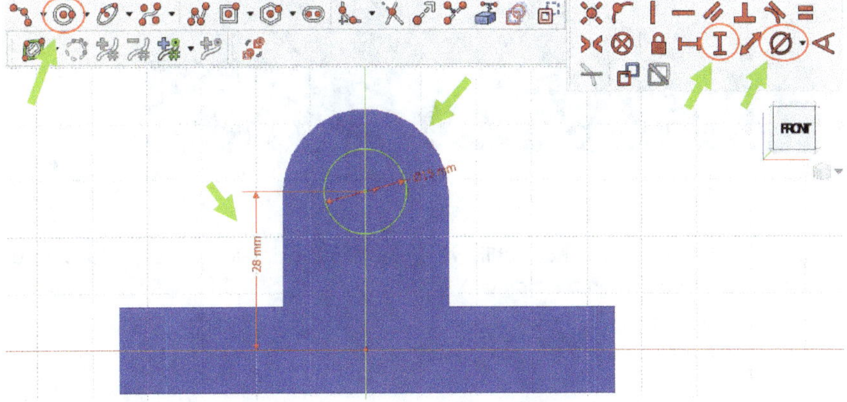

Vous remarquerez peut-être maintenant que nous aurions pu intégrer cette étape dans la première esquisse 2D. C'est en effet correct et cela nous aurait permis de gagner du temps.

Après avoir fermé l'esquisse, nous pouvons maintenant effectuer le perçage soit avec la commande "Pocket", soit avec la commande "Hole". Dans ce cas, les deux fonctions ont le même effet. Si nous choisissons la commande "Hole", nous devons indiquer le diamètre de 15 mm dans le paramètre "Diameter" et sélectionner "Through all" dans le paramètre "Depth".

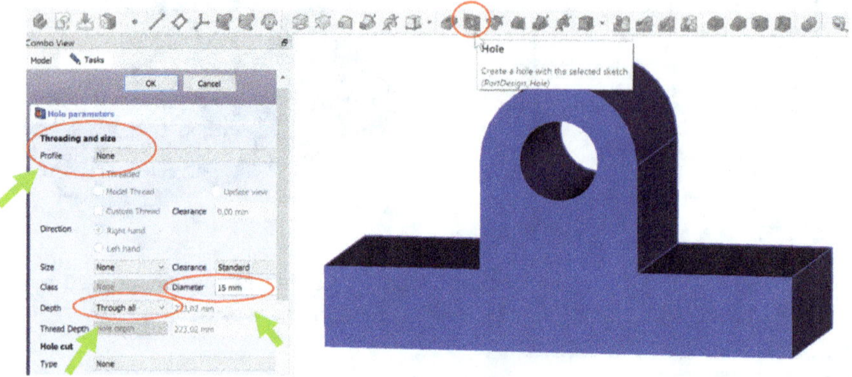

Pour les deux trous de fixation, nous commençons une esquisse sur la face inférieure de l'objet. Nous dessinons ici deux cercles de 10 mm de diamètre dont les centres doivent être situés sur l'axe x (horizontal). Nous cotons également ces deux cercles à 30 mm de l'origine des coordonnées.

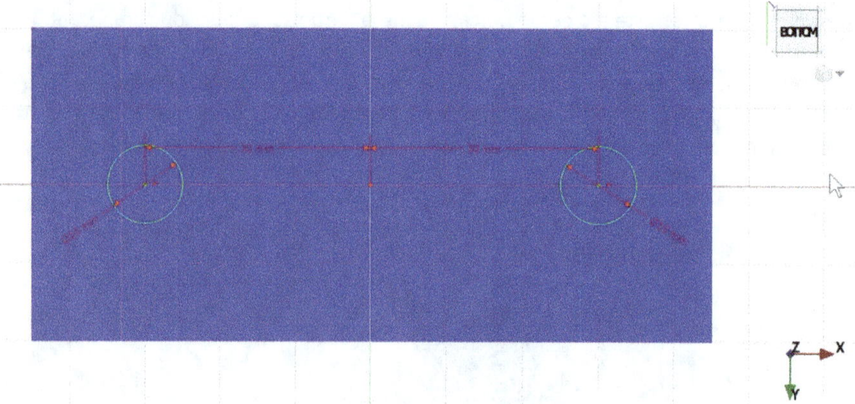

Après avoir fermé l'esquisse, nous utilisons à nouveau la commande "Hole". Nous devons sélectionner les options comme indiqué.

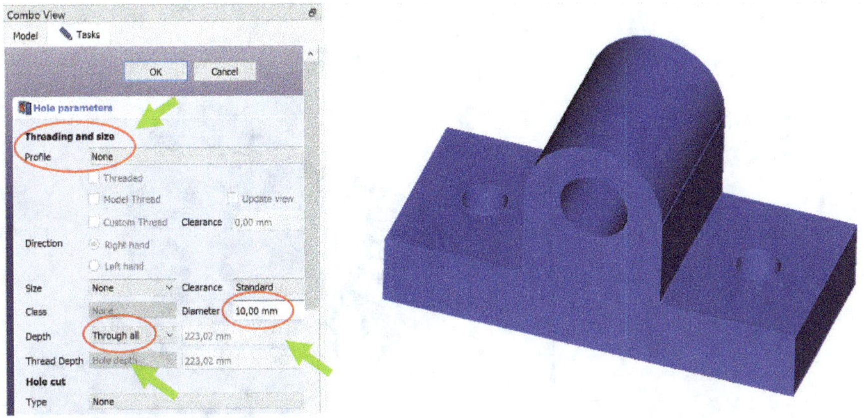

Notre premier objet 3D est maintenant pratiquement terminé. Pour finir, nous pouvons encore arrondir quelques arêtes à l'aide de la fonction "Fillet". N'hésitez pas à le faire de manière autonome, selon vos besoins.

Nous pourrions par exemple arrondir les arêtes suivantes de 5 mm chacune.

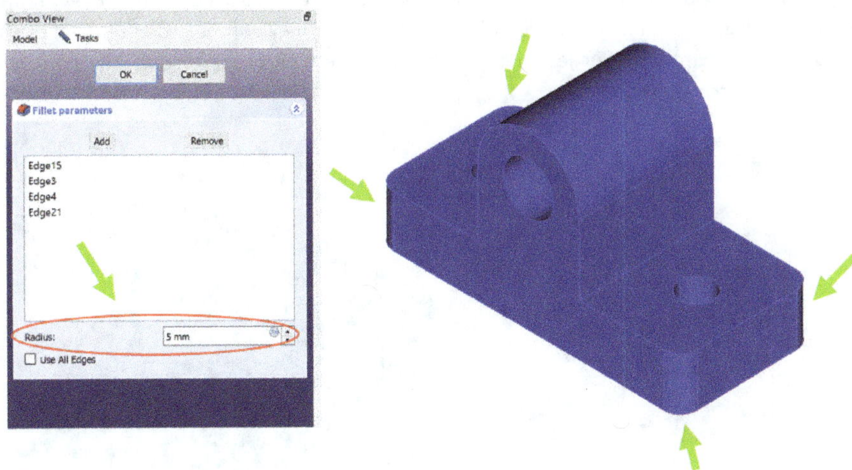

Nous pouvons également arrondir toutes les autres arêtes de 1 mm chacune. Pour ce faire, cliquez sur la face avant de la pièce, sélectionnez la commande "Fillet" et activez l'option "Select all Edges".

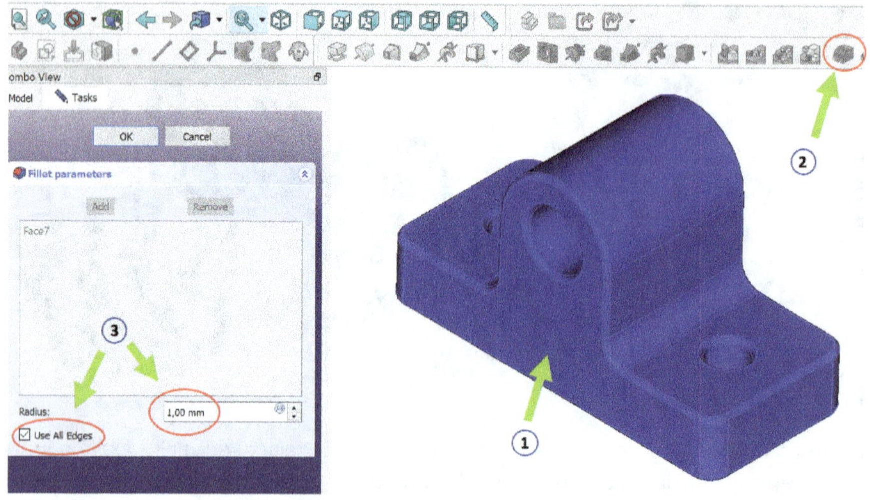

Si nous jetons maintenant un dernier coup d'œil à l'arborescence, nous y trouvons toutes les esquisses et commandes dont nous avons besoin ou que nous avons créées pour cet objet. En faisant un clic droit (ou un double clic) dessus et en sélectionnant "Edit", nous pouvons à nouveau modifier chaque élément. Pour une meilleure vue d'ensemble, nous pouvons également modifier les désignations, ce qui est particulièrement utile pour les constructions complexes.

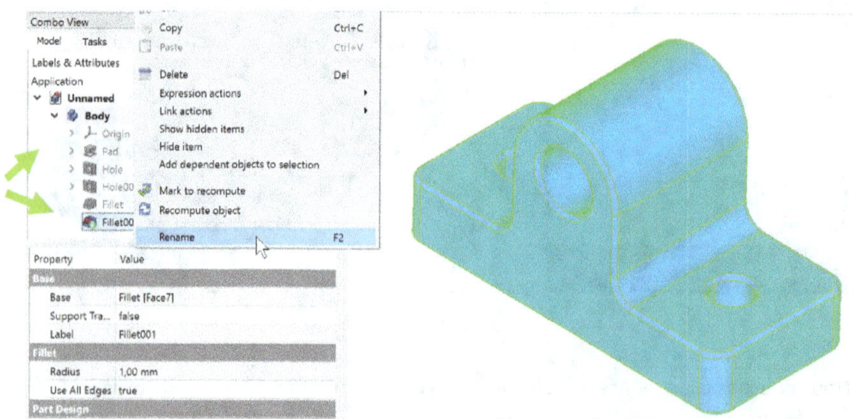

Important : Veuillez impérativement sauvegarder le composant, car nous aurons à nouveau besoin de cette pièce ultérieurement. Pour ce faire, cliquez simplement sur "Save as ..." dans la barre de menu sous "File".

4.2 Deuxième projet : vis à six pans creux

Dans ce deuxième projet de conception, nous voulons concevoir une vis à six pans creux M8 x 30 avec une longueur de filetage complète. Les dimensions sont disponibles sur Internet, dans un manuel de mécanique ou dans un catalogue de pièces normalisées.

Nous pouvons construire cette vis de deux manières. D'une part, à l'aide d'une ou plusieurs extrusions et, d'autre part, en tant que pièce tournée à l'aide de la fonction "Revolution". Nous utiliserons cette dernière méthode, car elle est plus rapide. Pour cela, nous avons tout d'abord besoin d'une moitié de la section de la vis. Vous pouvez imaginer que vous coupez la vis en deux. Nous devons dessiner une moitié du profil qui sera alors visible. Pour ce faire, nous allons d'abord créer un nouveau document, créer un corps, puis créer une esquisse sur le plan x-z. Nous allons ensuite créer une nouvelle section de la pièce.

Sur ce plan, nous traçons une ligne horizontale de 3,23 mm de long, dont le point de départ doit se trouver sur l'origine des coordonnées. Nous y ajoutons une ligne verticale de 30 mm.

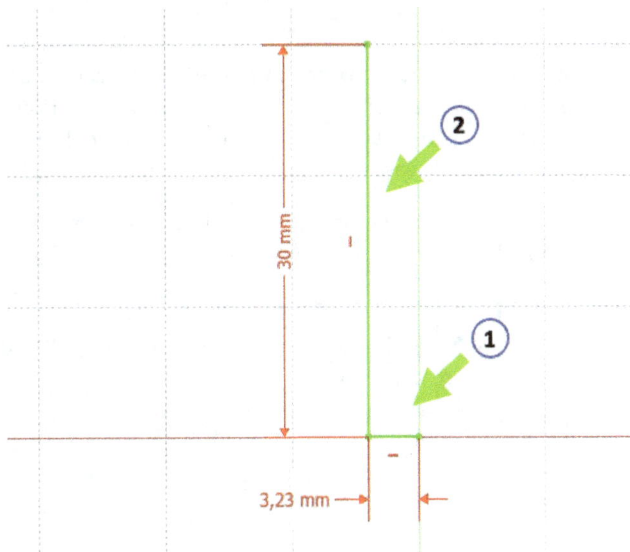

Pour la tête, nous avons besoin d'une ligne horizontale de 3,267 mm, d'une ligne verticale de 8 mm et d'une autre ligne horizontale de 6,5 mm. Enfin, nous relions le point le plus haut au point le plus bas à l'aide d'une ligne verticale, de sorte que le profil soit complètement fermé.

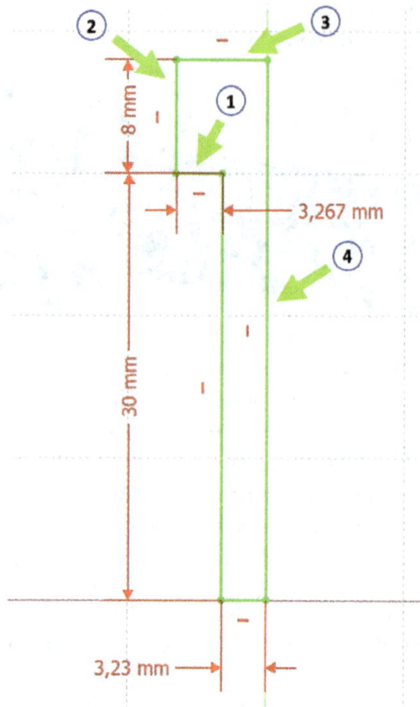

Comme vous pouvez le voir à la couleur verte, le profil est également entièrement défini. Faites toujours attention à cela. Ce profil représente maintenant la moitié de la section de la vis. Après avoir terminé l'esquisse, nous pouvons faire pivoter le profil autour d'un axe en mode 3D et créer ainsi le corps de base.

Pour ce faire, nous nous assurons que l'esquisse est sélectionnée dans l'arborescence et nous cliquons ensuite sur la fonction "Revolution".

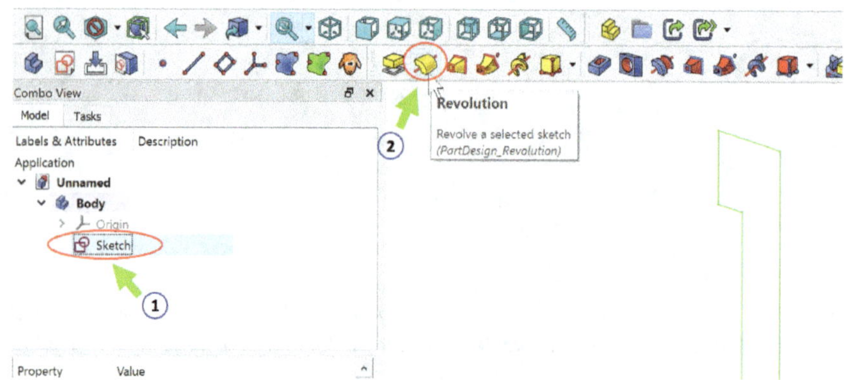

Le programme sélectionne automatiquement l'axe de rotation et nous donne un aperçu de l'objet 3D.

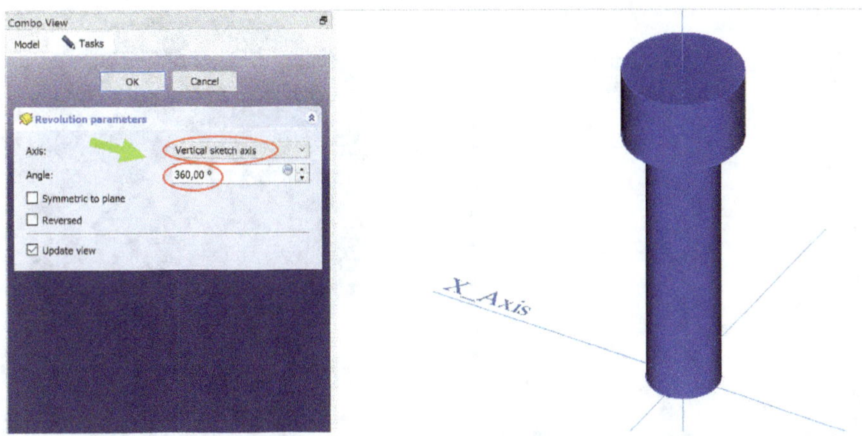

Cela a l'air bien ! Nous pouvons laisser "Vertical sketch axis" comme axe de rotation. Nous pouvons également choisir l'axe z.

Entre-temps, le corps de base de la vis a été créé. Il manque encore le filetage.

Avant de créer le filetage, nous ajoutons d'abord des congés ("Fillet"). Nous arrondissons les arêtes de la tête de 0,5 mm chacune. Pour cela, il suffit de sélectionner les faces supérieure et inférieure de la tête (en maintenant la touche CTRL enfoncée pour une sélection multiple), puis de cliquer sur la fonction "Fillet".

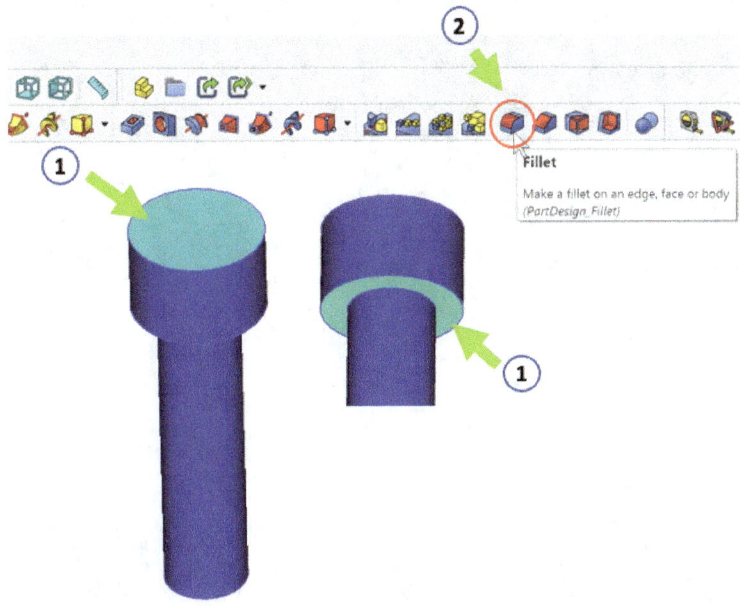

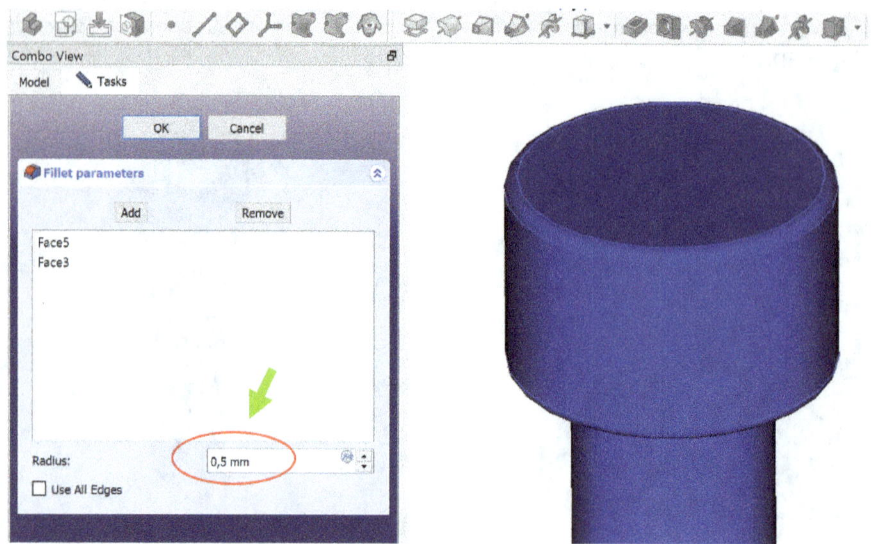

L'étape suivante est consacrée au filetage. Pour ne pas avoir à dessiner le profil du filetage nous-mêmes, nous installons un add-on appelé "ThreadProfile". Pour l'installer, nous devons cliquer sur "Addon Manager" dans le menu "Tools". Nous pouvons ensuite cliquer sur "OK" pour fermer la fenêtre suivante.

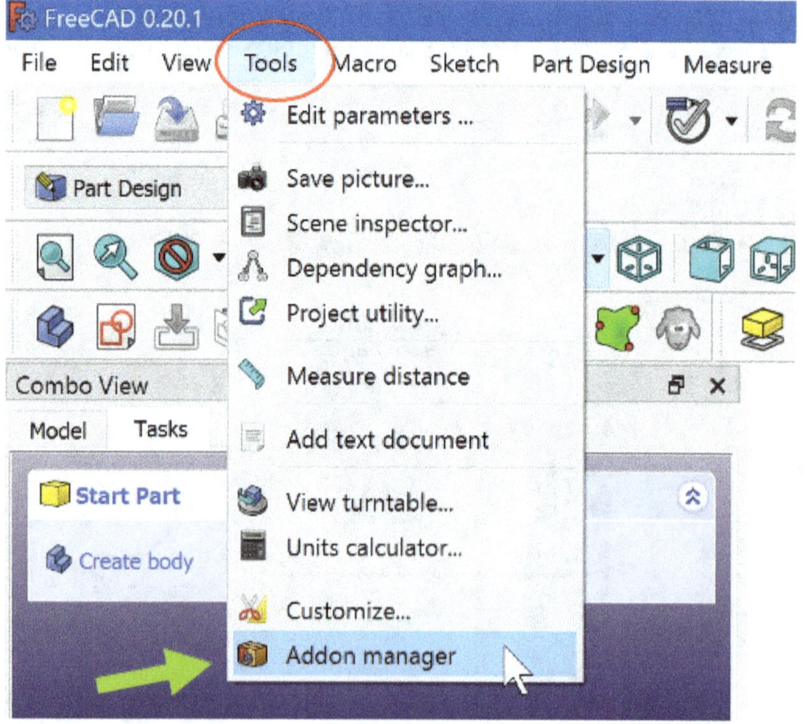

Nous nous trouvons alors dans le "Addon Manager", dans lequel nous recherchons "ThreadProfile".

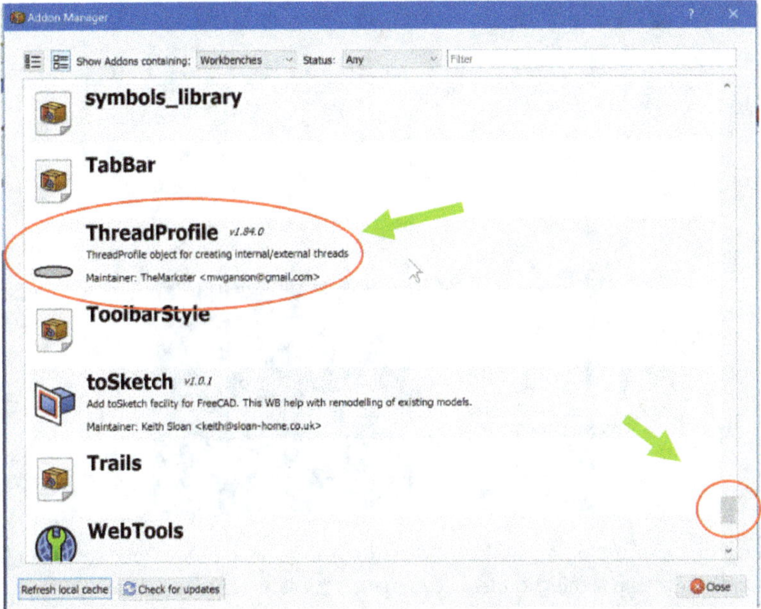

Après avoir cliqué sur le module complémentaire, nous pouvons l'installer dans la fenêtre suivante en cliquant sur "Install".

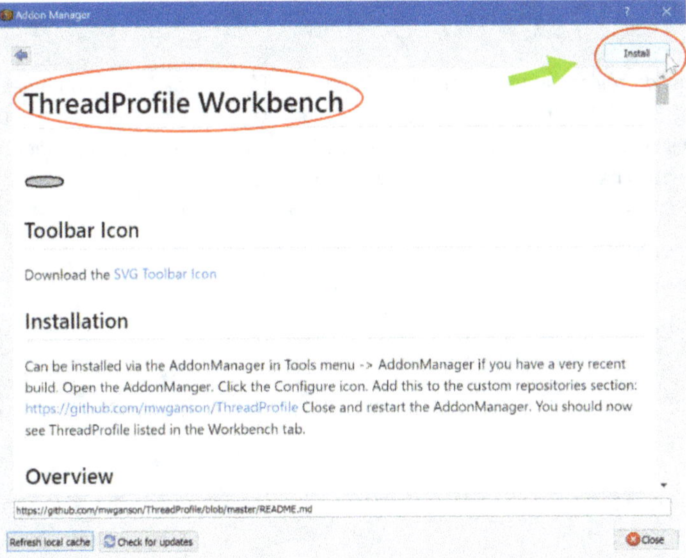

Nous pouvons ensuite fermer le "Addon Manager". Nous trouvons l'add-on installé dans le menu déroulant des espaces de travail. Nous sélectionnons "ThreadProfile".

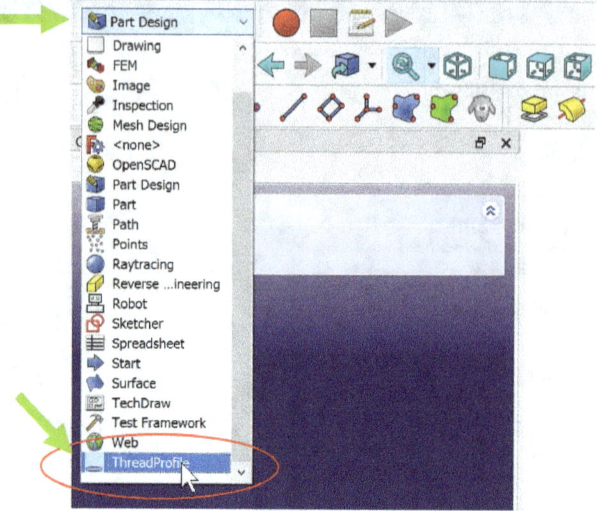

Les fonctions de l'add-on apparaissent alors dans la barre d'outils. Pour créer le filetage, nous commençons par sélectionner la commande "Create V thread profile".

Les options de réglage apparaissent dans la partie inférieure de la vue combinée. Ici, pour le réglage "Presets", nous pouvons sélectionner le filetage souhaité, par exemple un filetage M8 normal avec un pas de 1,25 ("M8 coarse 1.25"). Veillez à ne <u>pas</u> sélectionner un filetage fin (nous avons besoin de "coarse" au lieu de "fine").

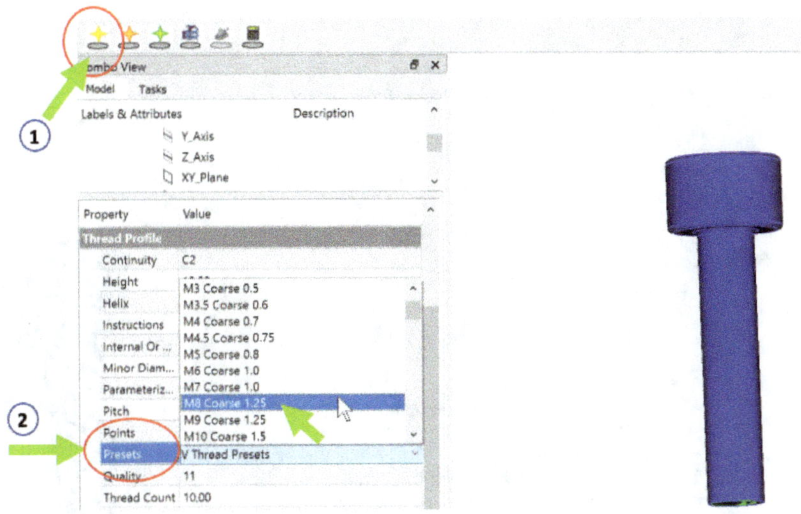

Toutes les valeurs requises ont maintenant été ajoutées automatiquement par ce module complémentaire. La seule valeur que nous devons encore modifier est la longueur du filetage. Nous le faisons dans le paramètre "Height". Nous avons besoin de 30 mm.

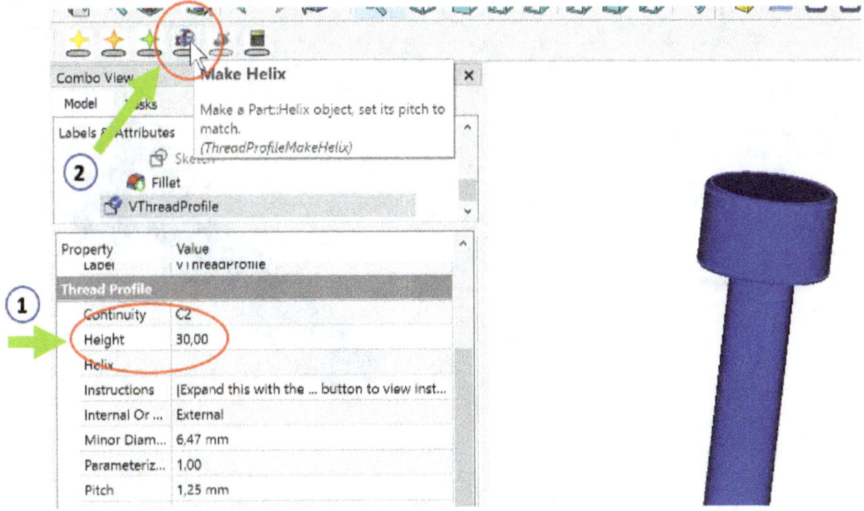

Nous pouvons maintenant créer le filetage en cliquant sur "Make Helix" pour créer d'abord le chemin en spirale pour le filetage.

Ensuite, dans l'arborescence, nous sélectionnons le profil "VThreadProfile" et la spirale "Helix" (touche CTRL), puis nous cliquons sur "Do Sweep".

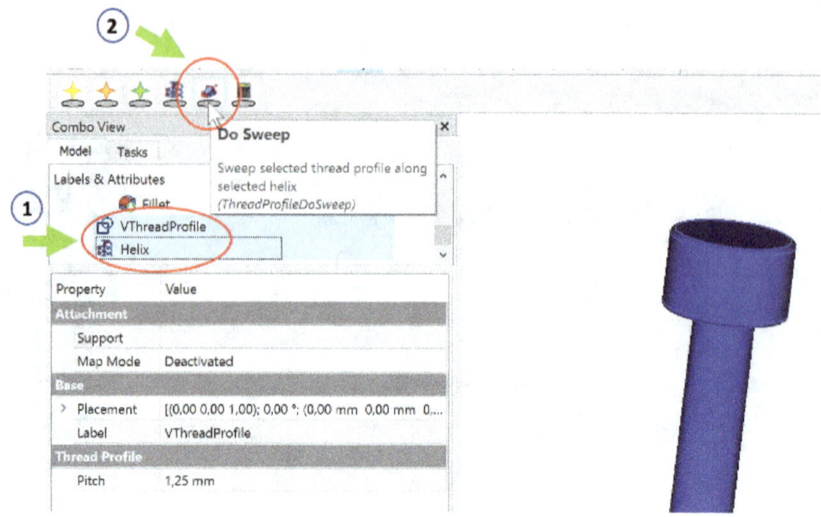

Ensuite, cela prend un peu de temps et, finalement, le filetage est créé. Parfait !

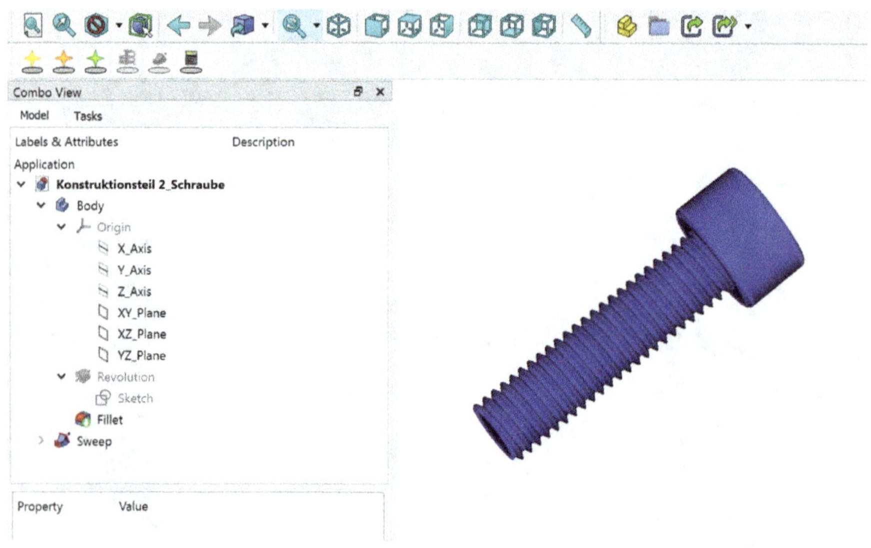

Maintenant, la vis est presque terminée ! Il ne nous manque plus que le profil à six pans creux dont nous avons besoin pour recevoir l'outil. Pour cela, nous devons d'abord retourner dans l'espace de travail "Part Design".

Ensuite, nous créons un perçage sur la face supérieure de la tête de vis en sélectionnant la face supérieure et la commande "Hole". Dans ce cas, nous n'avons pas besoin de faire une esquisse 2D, car le trou doit être parfaitement centré. Le programme peut le faire automatiquement.

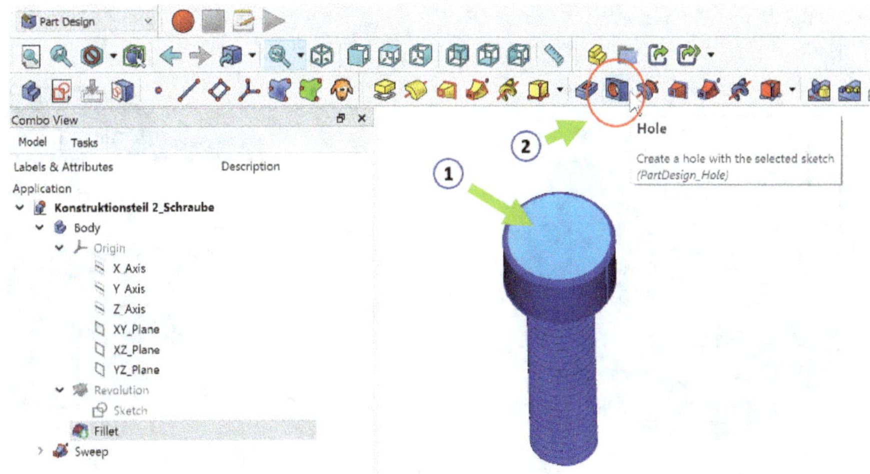

Le trou doit avoir une profondeur de 4 mm et un diamètre de 6 mm. Après avoir entré ces valeurs dans les paramètres, nous confirmons encore avec "OK".

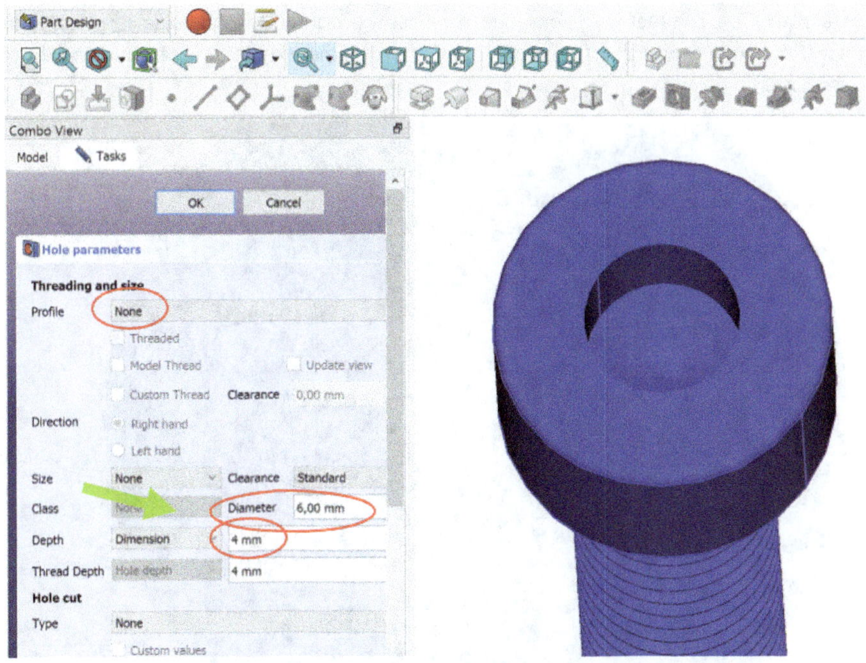

L'étape suivante consiste à créer le profil de la vis à six pans creux. Pour cela, nous créons une esquisse sur la face supérieure de la tête de vis. Nous dessinons un polygone pour le profil. Nous avons besoin de six côtés, car nous voulons dessiner un hexagone.

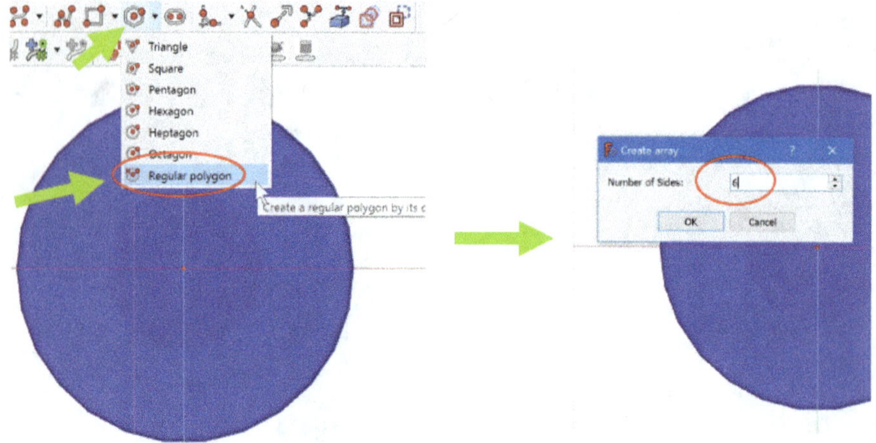

Nous plaçons le centre du polygone à l'origine des coordonnées. Ensuite, nous devons cliquer encore une fois dans le plan et le polygone est créé.

L'étape suivante consiste à coter le cercle extérieur du polygone d'un diamètre de 6,93 mm et à placer un sommet de l'hexagone sur l'axe horizontal x à l'aide de la commande "Constrain point onto object". Le profil est alors entièrement défini et nous pouvons fermer l'esquisse.

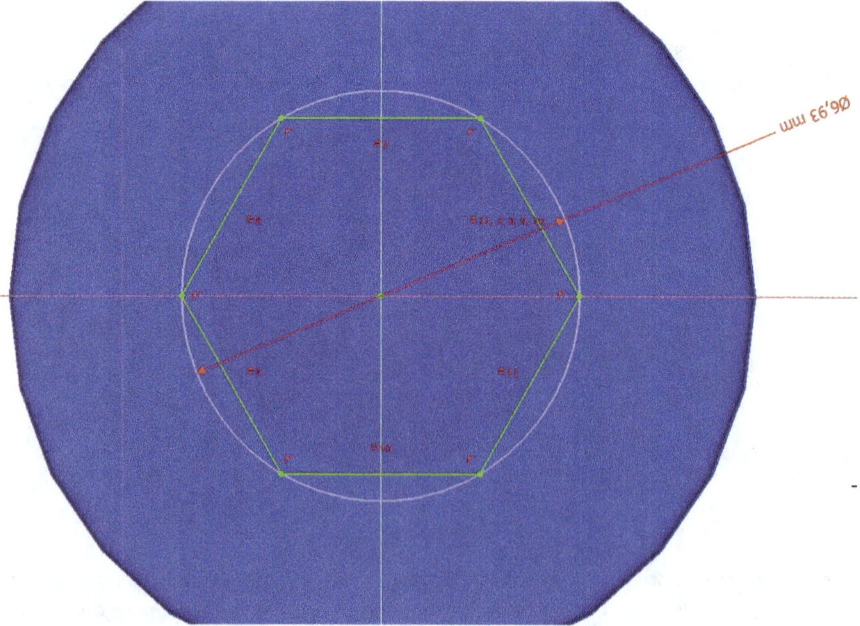

Ensuite, nous sélectionnons la fonction "Pocket" dans la section des commandes soustractives et créons une section de 4 mm de long.

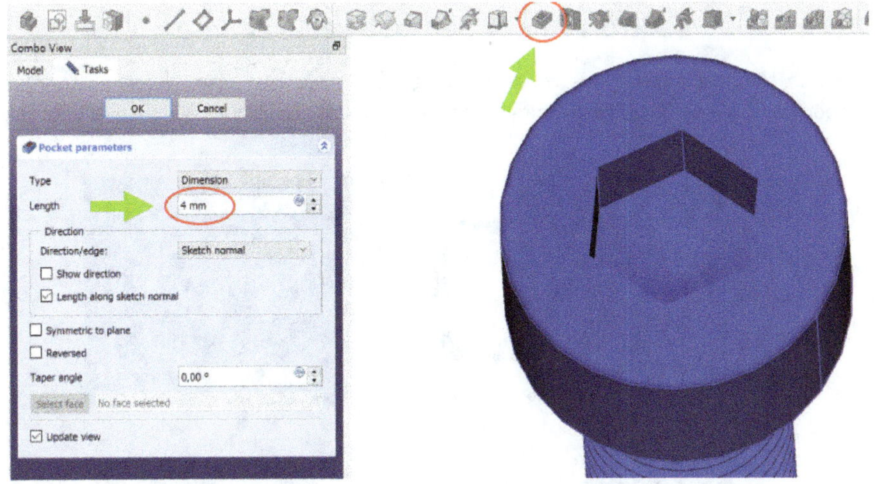

Parfaitement réalisé ! Maintenant, la vis à six pans creux est prête ! **N'oubliez pas de l'enregistrer, car nous aurons besoin de cette pièce plus tard.** C'est formidable que vous ayez déjà réussi à aller aussi loin. Nous allons tout de suite passer au projet suivant.

4.3 Troisième projet : gobelet avec anse

Dans ce chapitre, nous allons concevoir un gobelet avec une anse. Nous construirons d'abord la forme de base, c'est-à-dire le gobelet sans l'anse, puis nous ajouterons l'anse.

Tout d'abord, nous démarrons - dans un nouveau document - une esquisse sur le plan x-y et créons un cercle. Le diamètre du cercle peut être de 90 mm, par exemple, et son centre doit être situé sur l'origine du système de coordonnées afin que l'esquisse soit entièrement définie.

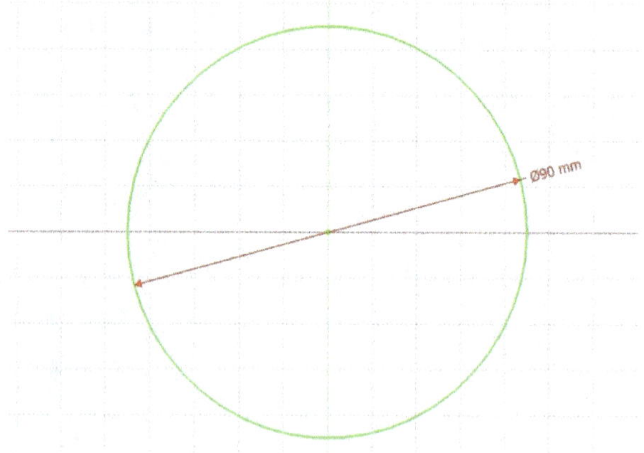

Après avoir fermé l'esquisse, nous pouvons créer un cylindre de 80 mm à partir de l'esquisse à l'aide de la fonction "Pad".

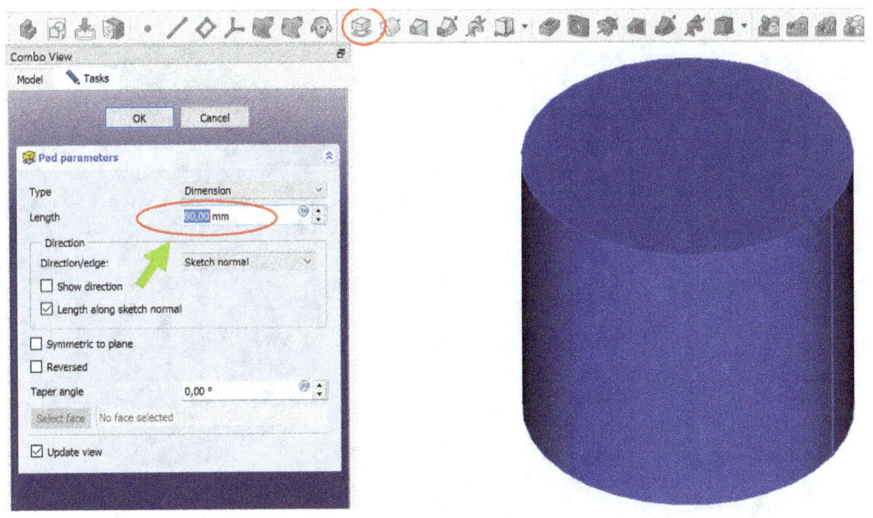

Pour créer un gobelet à partir du cylindre, nous utilisons la fonction "Thickness". Pour ce faire, nous cliquons d'abord sur la surface supérieure du cylindre, puis sur la fonction dans la barre d'outils.

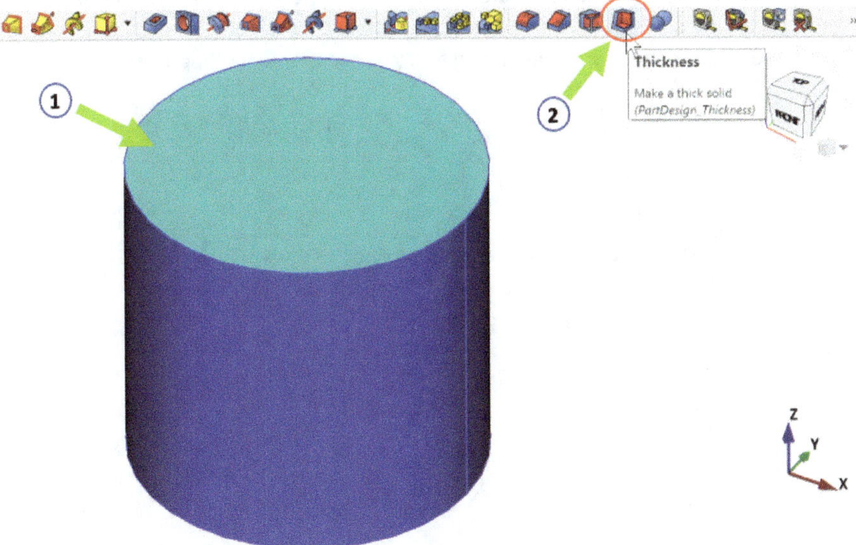

Dans les paramètres de la vue combinée, nous définissons l'épaisseur de la paroi, par exemple 5 mm. Nous changeons également le paramètre "Join Type" en "Intersection" et activons l'option "Make thickness inwards" pour que le diamètre de notre gobelet ne soit pas modifié. Si nous ne cochons pas cette option, la paroi sera ajoutée à l'extérieur et le gobelet sera plus grand. Ce n'est pas ce que nous souhaitons.

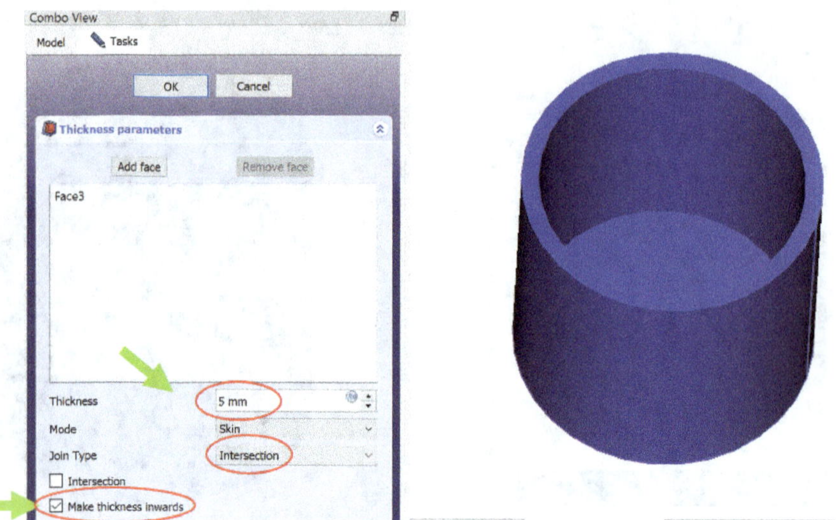

Dans l'arborescence (vue combinée et onglet "Model"), nous voyons d'ailleurs la progression de la construction avec les différentes fonctions. Comme nous le voyons ici, nous avons créé une esquisse pour la commande "Pad", puis nous avons appliqué cette commande. Le programme a donc automatiquement déplacé l'esquisse vers la commande "Pad". La commande "Thickness" suit ensuite. Lorsque nous sélectionnons une fonction dans l'arborescence, nous pouvons la modifier, la renommer ou la supprimer.

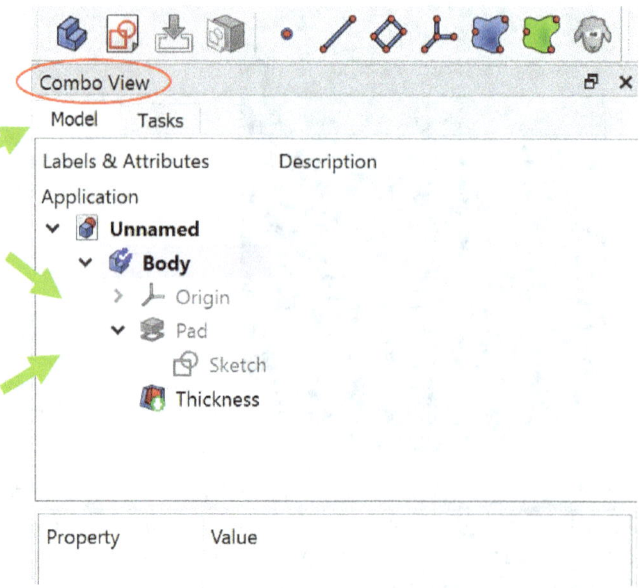

Nous avons donc maintenant la forme de base du gobelet. Pour l'anse, nous avons d'abord besoin d'un plan parallèle au bord du gobelet, afin que l'anse soit légèrement plus basse que le bord du gobelet. Nous créons un nouveau plan avec la commande "Create Datum Plane" de la barre d'outils.

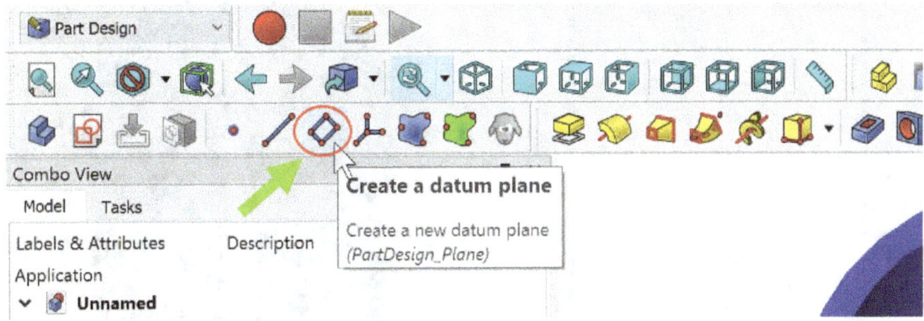

Nous cliquons sur la commande et devons ensuite choisir une référence pour le nouveau calque. Dans notre cas, cette référence est le bord supérieur du gobelet, car nous voulons créer un plan parallèle à cette surface.

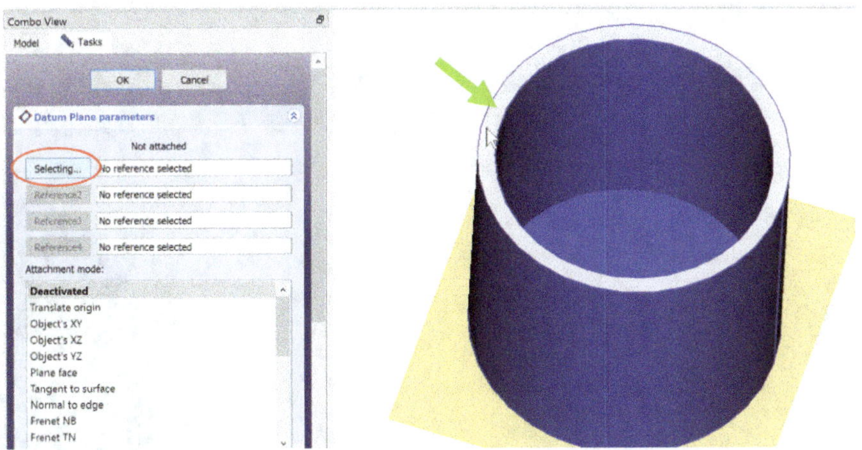

Dans la partie inférieure des paramètres de la vue combinée, nous pouvons ensuite saisir le décalage souhaité.

Nous avons besoin de -15 mm dans la direction z, car nous voulons créer le plan 15 mm en dessous du bord du gobelet.

Nous devons pour cela nous déplacer dans le sens négatif de l'axe z, d'où le signe moins. Nous confirmons ensuite avec "OK" et trouvons alors le plan parallèle dans l'arborescence.

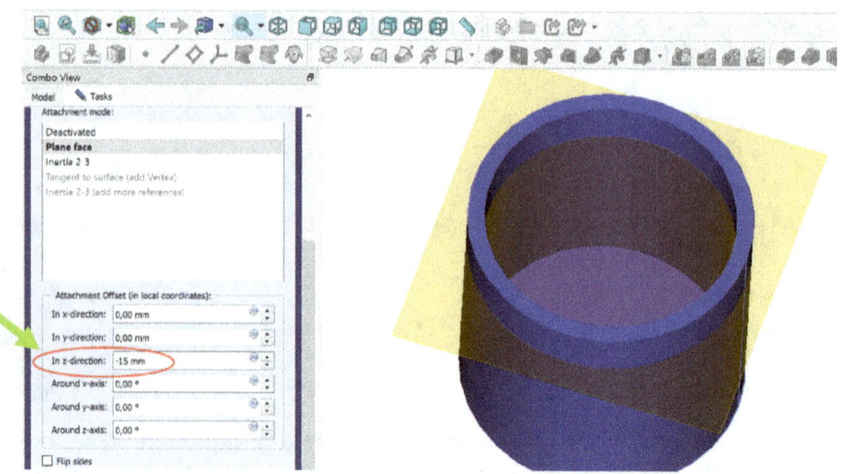

Créez ensuite une esquisse sur ce plan en le sélectionnant dans l'arborescence et en cliquant sur la commande "Create Sketch" comme d'habitude.

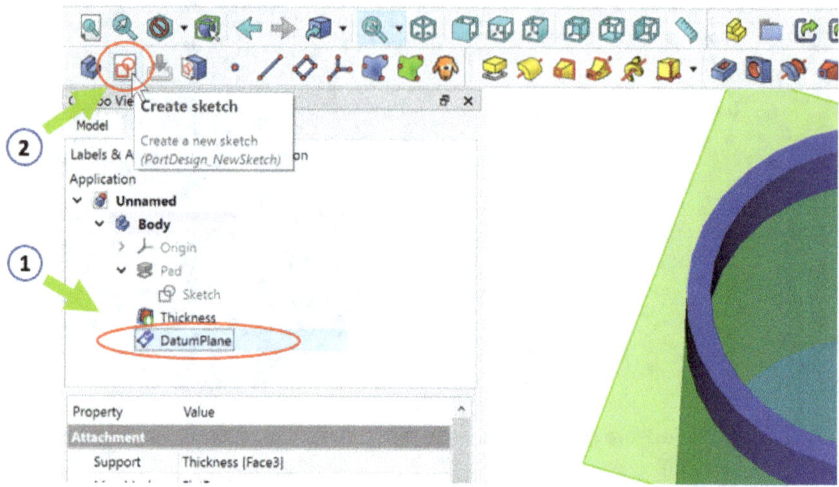

Sur ce plan, nous dessinons maintenant l'esquisse de notre anse. Pour cela, nous avons besoin d'un rectangle que nous dessinons à droite du gobelet.

Le rectangle doit mesurer 20 mm x 30 mm et être centré sur l'axe x. Nous cotons donc l'un des coins supérieurs ou inférieurs du rectangle à 10 mm de l'origine des coordonnées.

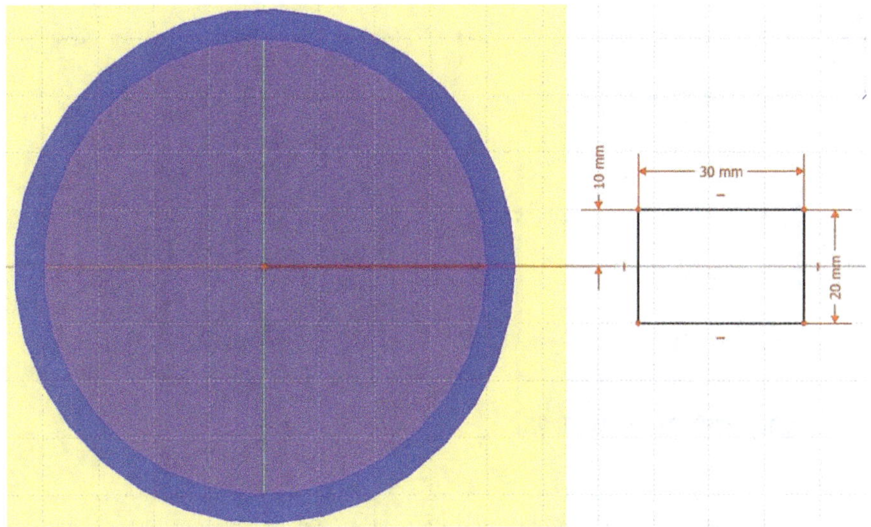

Pour placer correctement l'anse dans la direction x, nous ajoutons enfin une cote de 43,5 mm entre le rectangle et l'origine des coordonnées. Nous avons besoin de cette mesure pour que le rectangle soit un peu à l'intérieur du gobelet. C'est nécessaire, car sinon les bords de l'anse ne se fondent pas dans le bord du gobelet. Dans ce cas, l'élément est ajouté de manière additive à l'élément cylindrique de base, c'est-à-dire le gobelet.

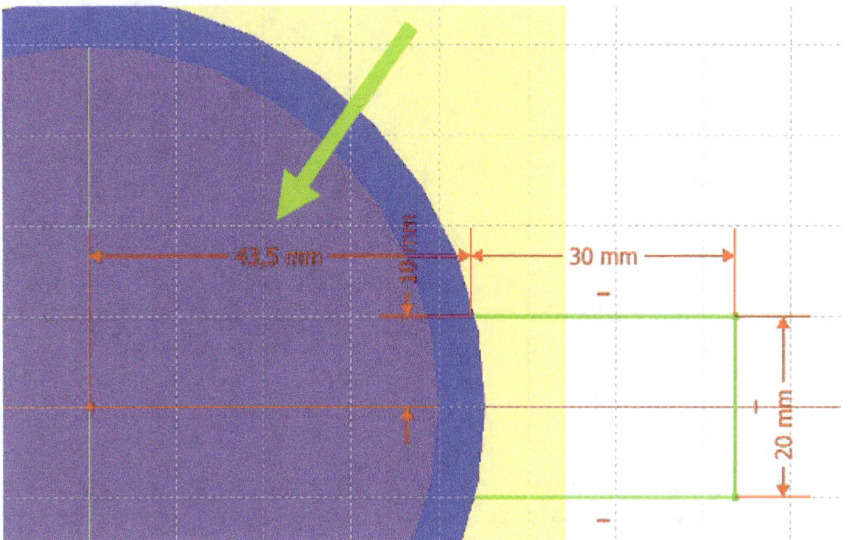

Nous pouvons maintenant fermer l'esquisse et extruder l'anse à l'aide de la fonction "Pad". Il est important d'activer l'option "Reversed" dans les paramètres afin que l'anse soit extrudée vers le bas (direction négative de l'axe z). La dimension peut être de 50 mm, par exemple.

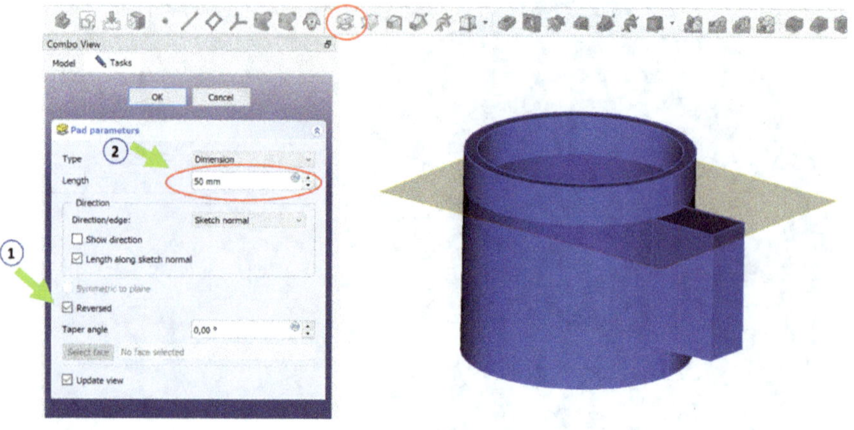

Nous avons maintenant besoin d'un trou de poignée. Pour cela, nous allons créer une nouvelle esquisse sur la face avant de l'anse. Cliquez sur la face et sélectionnez la commande "Create Sketch".

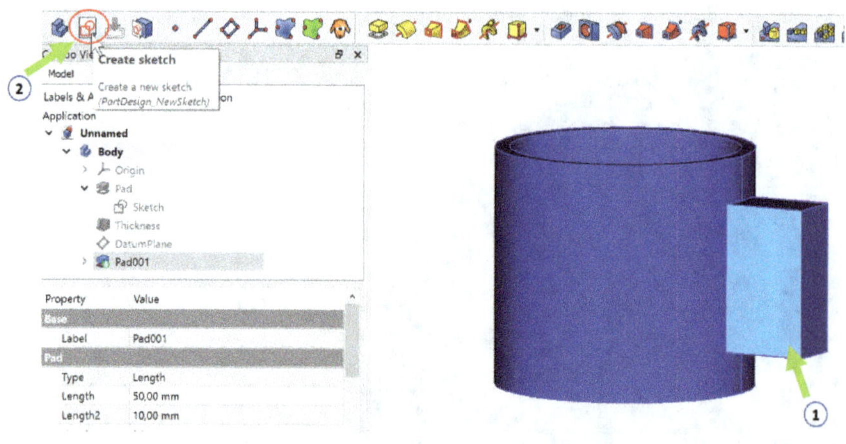

Dessinez ici, à droite de l'anse, un rectangle de 20 mm de large et 40 mm de haut à partir d'un point central ("Centered Rectangle") et ajoutez une cote de 40 mm entre le centre du rectangle et l'origine des coordonnées pour définir la position verticale du rectangle.

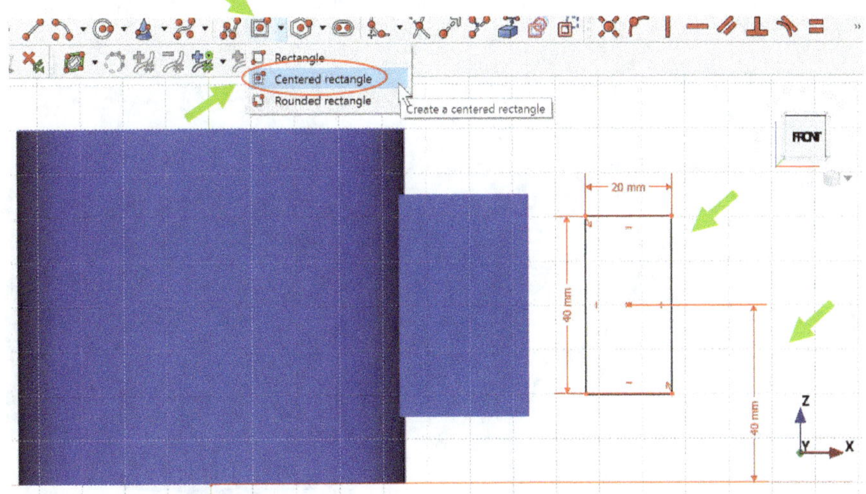

Nous ajoutons ensuite une cote de 59 mm dans le sens horizontal pour obtenir la position correcte du rectangle dans le sens x.

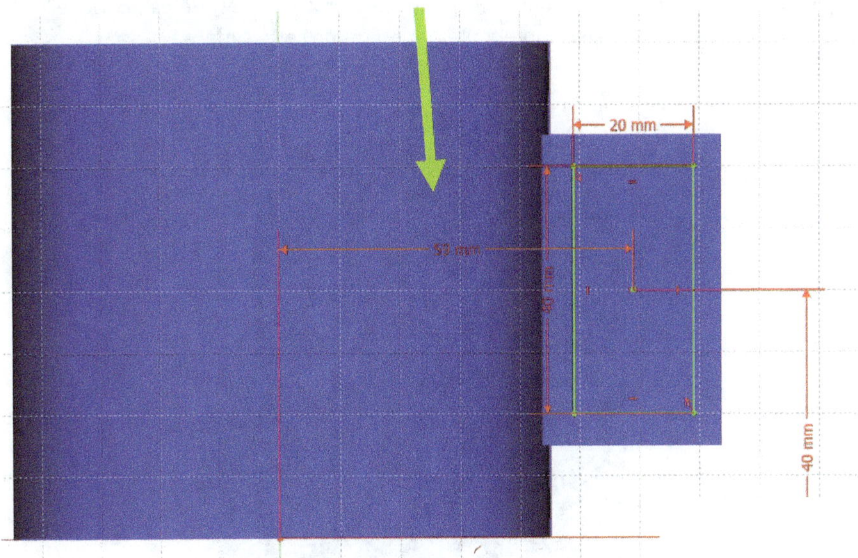

Par ailleurs, si vous ne savez pas pourquoi une esquisse n'est pas encore complètement définie (couleur verte), vous pouvez simplement tirer sur la géométrie esquissée pour voir dans quelle direction des mouvements sont encore possibles.

Nous pouvons alors fermer l'esquisse. Nous pouvons ensuite effectuer une découpe en mode 3D à l'aide de la fonction "Pocket". Pour une découpe traversant entièrement la matière, nous choisissons dans la vue combinée, pour le paramètre "Type", l'option "Through all".

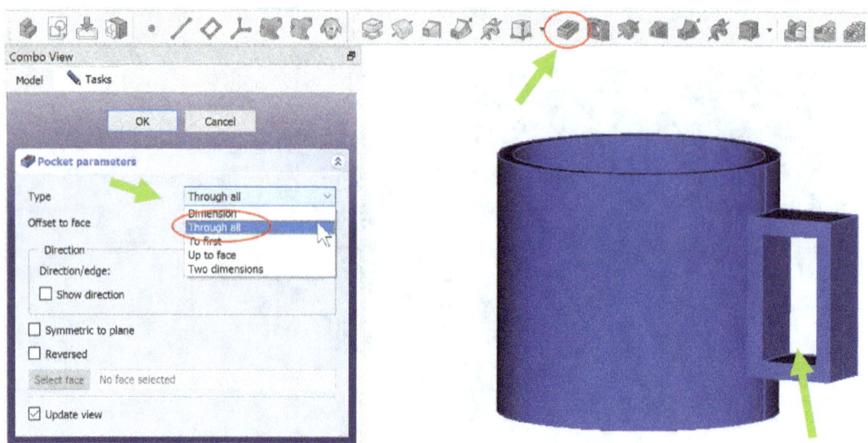

Enfin, nous arrondissons quelques bords de l'anse et du gobelet. N'hésitez pas à essayer de faire cela selon vos propres idées. Il s'agit ici d'une simple question de design et de goût. Vous pouvez également sélectionner une surface plutôt que des arêtes individuelles, le programme prendra alors en compte toutes les arêtes de cette surface.

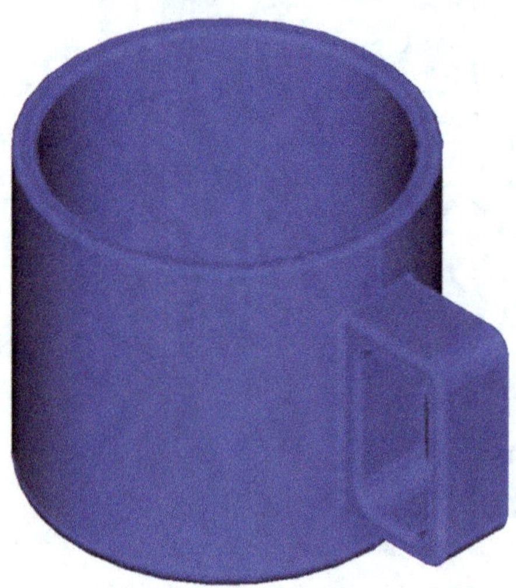

Comme dernier projet de conception, nous allons concevoir un tournevis. Ensuite, nous explorerons d'autres domaines de travail et fonctionnalités du logiciel "FreeCAD". Nous apprendrons notamment à assembler virtuellement des modèles 3D individuels pour former un assemblage et à créer des mises en plan techniques. Restez avec nous et continuez, cela en vaudra la peine !

4.4 Quatrième projet : Tournevis

Dans cette section, nous allons construire un tournevis plat avec manche. La construction sera plus facile si nous commençons par le manche du tournevis et si nous le créons comme pièce de révolution.

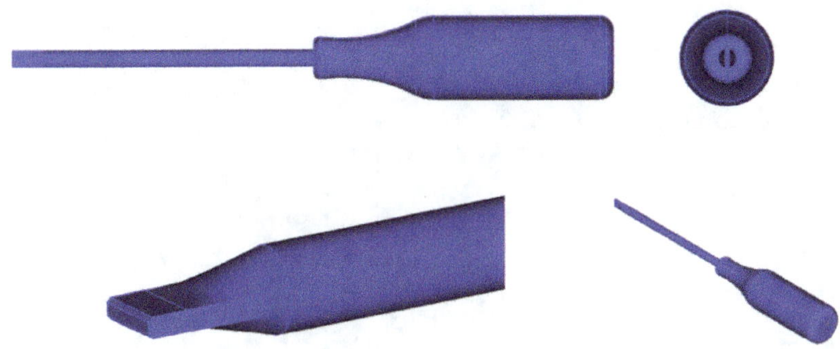

Comme pour tout modèle 3D, nous commençons par créer une esquisse 2D, par exemple sur le plan x-z, et dessinons la moitié de la section transversale de la poignée. Nous avons besoin pour cela d'une ligne horizontale de 110 mm de long, par exemple, que nous cotons à 55 mm de distance entre un point d'extrémité de la ligne et l'origine des coordonnées.

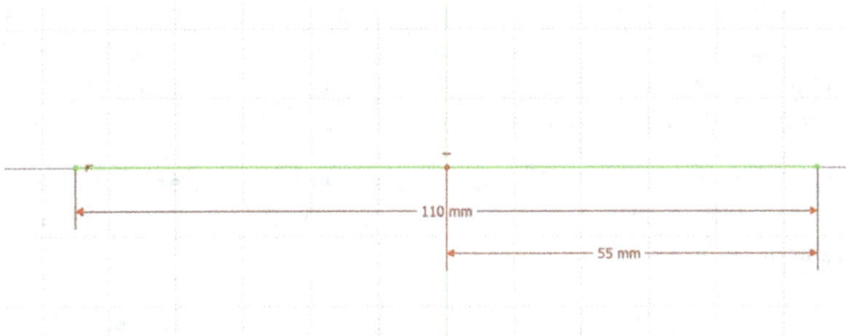

Nous traçons également une ligne verticale de 15 mm de long, suivie d'une ligne horizontale de 70 mm de long. Ces lignes représentent la première partie de la poignée du tournevis.

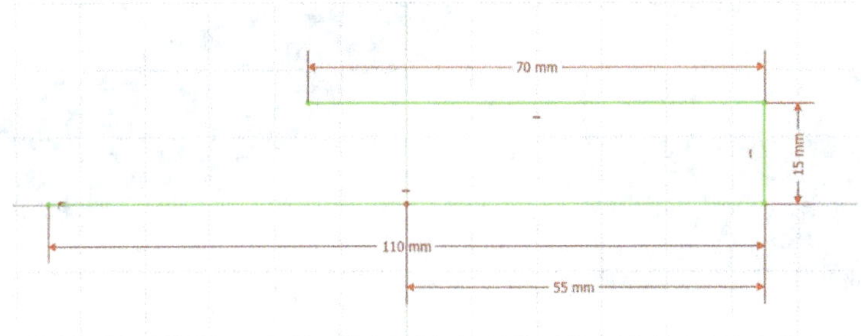

Pour la deuxième partie de la poignée, nous avons besoin d'une ligne verticale de 8 mm de long et d'un arc à 3 points qui relie le profil précédent. Pour l'arc, choisissez de préférence la commande "End points and rim point". Cliquez ensuite d'abord sur le point final de la ligne verticale, puis sur le point final de la ligne horizontale et enfin encore une fois dans la zone de dessin entre les deux. Complétez ensuite le diamètre. La feuille doit avoir un diamètre de 120 mm, par exemple.

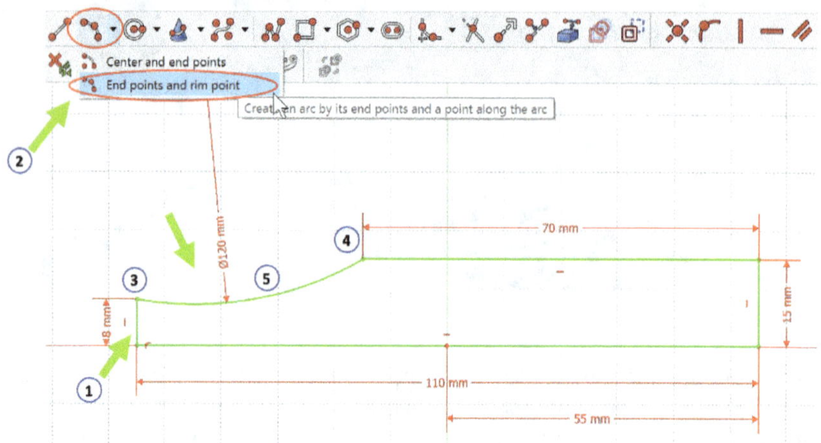

Le profil de la rotation est maintenant terminé. Le profil représente la moitié de la section transversale du manche. Nous ne dessinerons pas la lame et la pointe de la lame ou l'embout dans cette esquisse 2D. Si vous le souhaitez, vous pouvez ajouter la pointe de la lame (moitié de la section transversale) à cette esquisse, mais nous l'ajouterons tout de suite en tant que corps d'extrusion. Nous pouvons donc fermer l'esquisse.

En utilisant la fonction "Revolute", nous pouvons créer le profil avec une rotation de 360 degrés autour de l'axe x. Nous pouvons également créer le profil avec une rotation de 360 degrés autour de l'axe x.

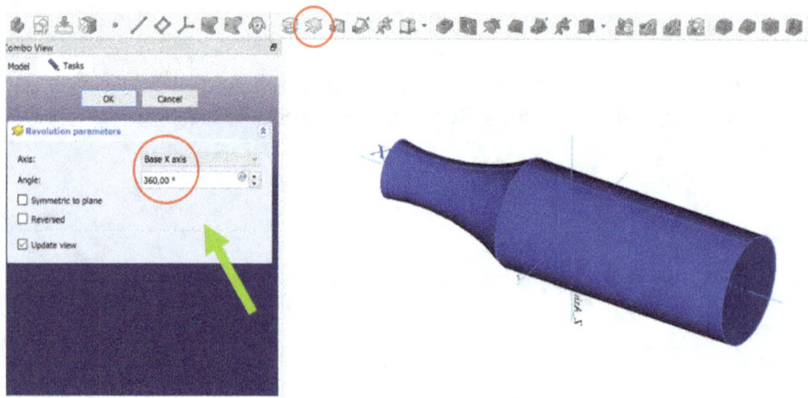

Si une erreur apparaît, vous devez sélectionner "Base X axis" dans le paramètre "Axis" de la vue combinée.

Pour affiner davantage le modèle de la poignée, nous pouvons réaliser des congés à l'aide de la commande "Fillet". Par exemple, nous pourrions choisir un rayon de 5 mm pour l'arête extérieure arrière du manche de tournevis et un rayon de 15 mm et 2 mm pour les transitions de la partie avant. Utilisez cette commande pour chaque arête, soit trois fois au total.

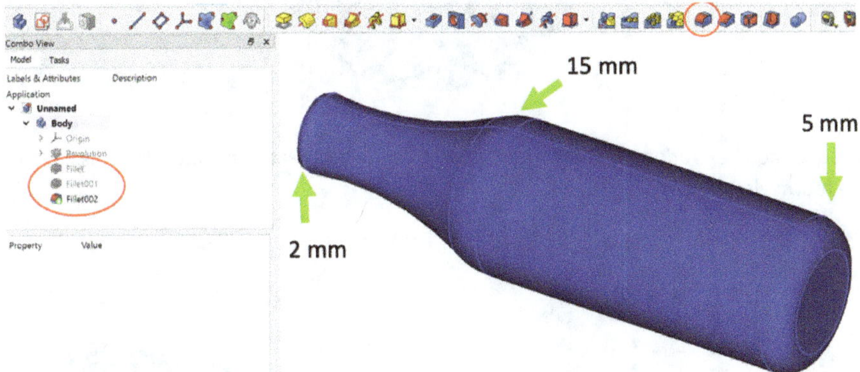

Comme indiqué précédemment, nous allons maintenant ajouter la lame du tournevis, que nous allons esquisser sur la face avant du manche. Nous allons créer une esquisse à cet effet.

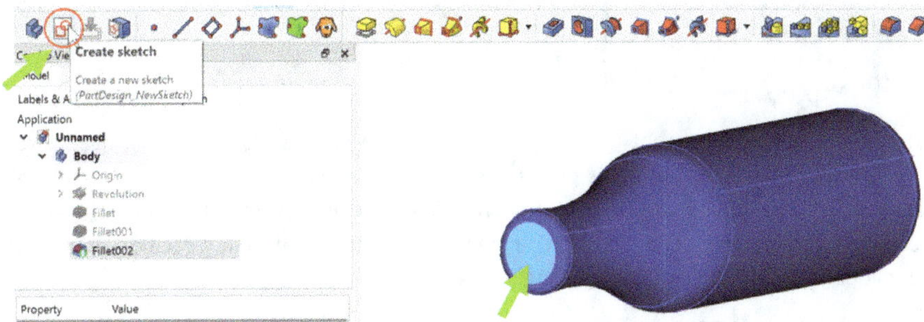

Pour l'extrusion linéaire ultérieure, nous avons simplement besoin d'un cercle dont le centre coïncide avec l'origine des coordonnées. Le diamètre doit être de 6 mm, par exemple.

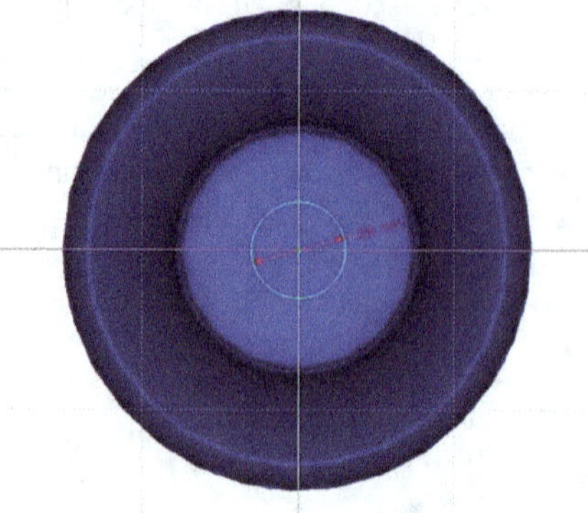

Ensuite, nous extrudons le profil de 100 mm (commande "Pad") et obtenons ainsi la lame de tournevis.

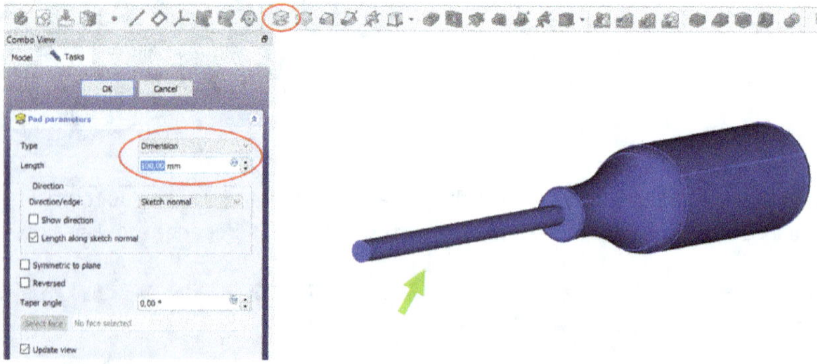

Il nous manque maintenant l'embout ou la pointe de la lame dans la partie avant. Nous voulons construire un tournevis plat, nous utiliserons donc la commande "Additive Loft" pour créer l'embout. De quoi avons-nous besoin pour cela ? Exactement, un plan parallèle et une esquisse. Nous créons d'abord le plan qui doit être parallèle à la face de la pointe en appliquant la commande "Create a datum plane".

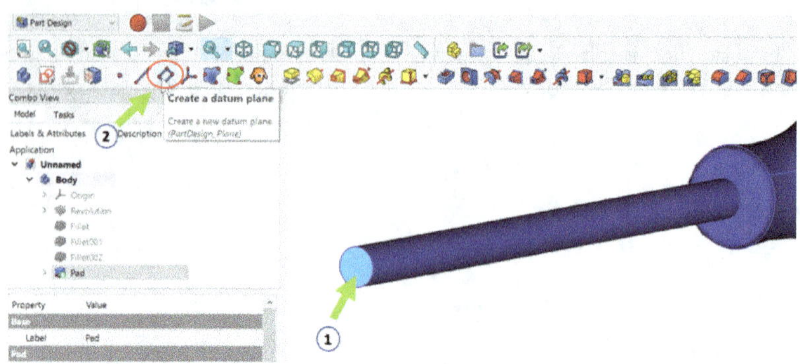

Nous avons besoin d'une distance de 8 mm dans la direction z.

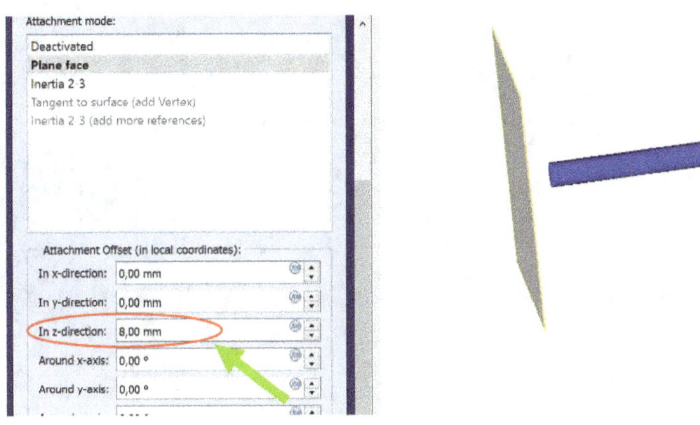

Sur ce plan, nous pouvons maintenant dessiner le profil rectangulaire du bit. Nous utilisons pour cela un rectangle dont le centre se trouve à l'origine des coordonnées. Nous cotons également le rectangle avec une longueur de 5,8 mm et une largeur de 1,5 mm.

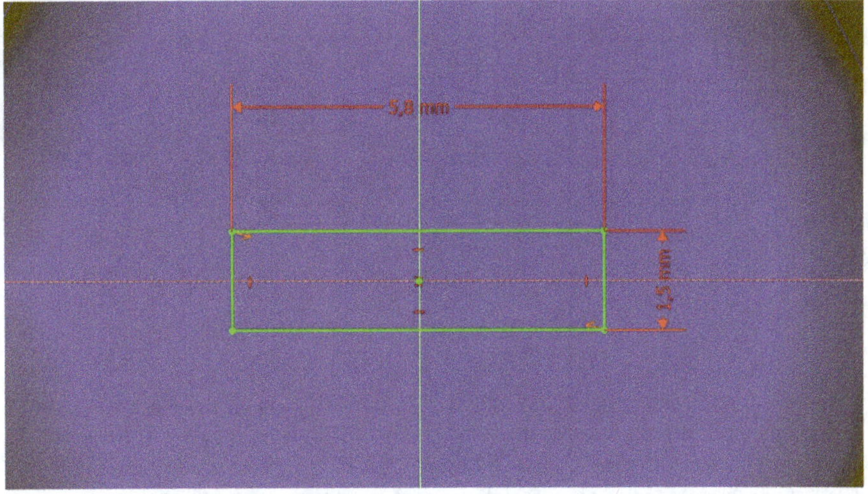

Après avoir fermé l'esquisse 2D et masqué le plan pour une meilleure visibilité du profil (sélectionner le plan dans l'arbre de structure et appuyer sur la barre d'espacement), nous pouvons utiliser la commande "Additive Loft" pour lier le profil esquissé à la géométrie circulaire de la lame de tournevis. Pour ce faire, nous sélectionnons l'esquisse dans l'arbre de structure et cliquons ensuite sur la face de la lame de tournevis en maintenant la touche CTRL enfoncée. Entre-temps, nous pouvons sélectionner la commande "Additive Loft" et le programme génère l'aperçu 3D. Nous pouvons confirmer avec "OK".

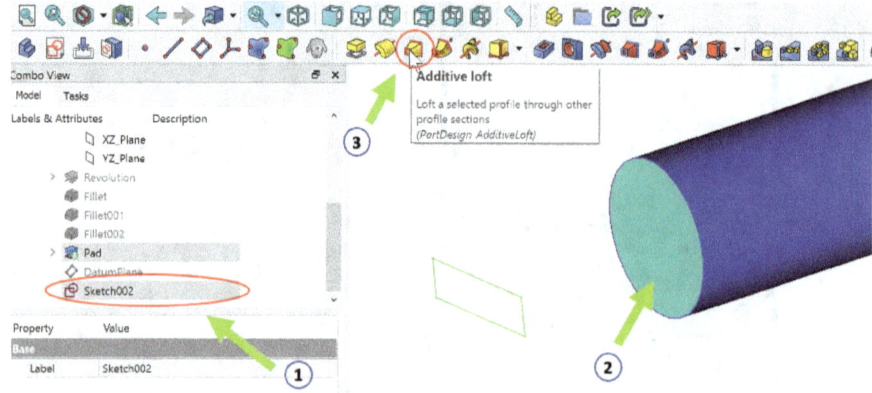

Nous obtenons ainsi une belle transition entre la lame et l'embout.

Comme la forme rectangulaire de l'embout est un peu trop petite à l'avant pour pouvoir être vissée, nous devons maintenant l'allonger un peu. Nous n'avons même pas besoin de faire une esquisse pour cela, il suffit de cliquer sur la face et de sélectionner la commande "Pad". Le programme sait alors automatiquement que nous voulons utiliser la géométrie de l'esquisse de cette face pour l'extrusion. Il suffit de modifier la longueur de l'extrusion à 3 mm.

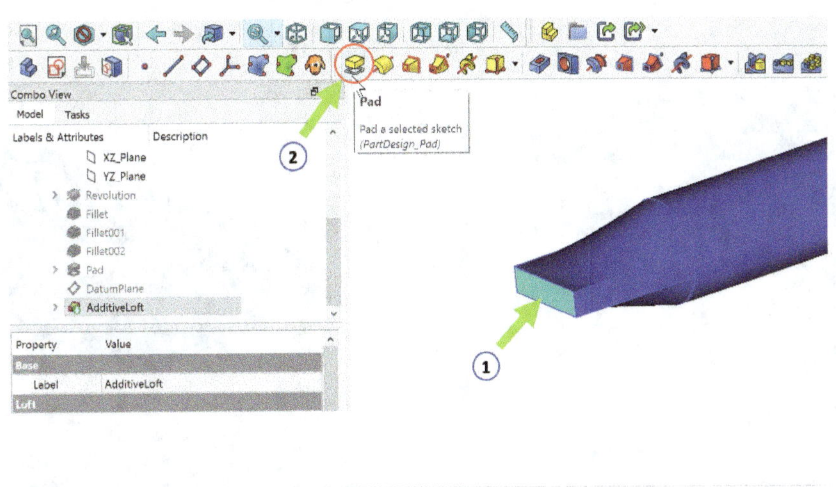

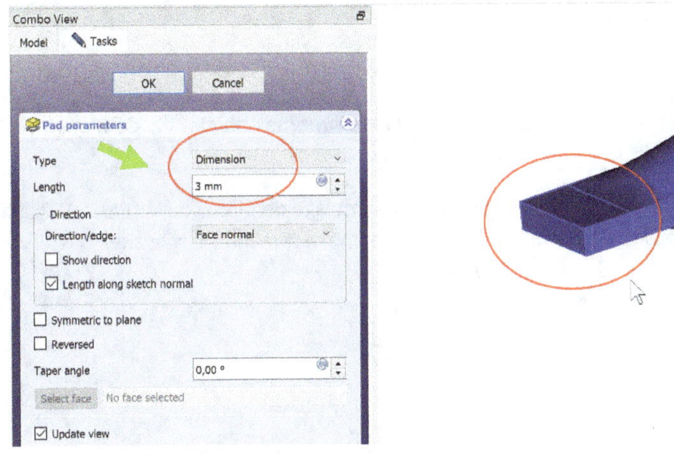

Le résultat est maintenant meilleur. Enfin, nous ajoutons un chanfrein de 0,3 mm à chacune des arêtes horizontales du bit à l'aide de la commande "Chamfer". Il se peut qu'un message d'erreur apparaisse, car le chanfrein de 1 mm présélectionné ne serait pas possible. Vous pouvez simplement cliquer sur le message d'erreur après avoir saisi la valeur 0,3 mm.

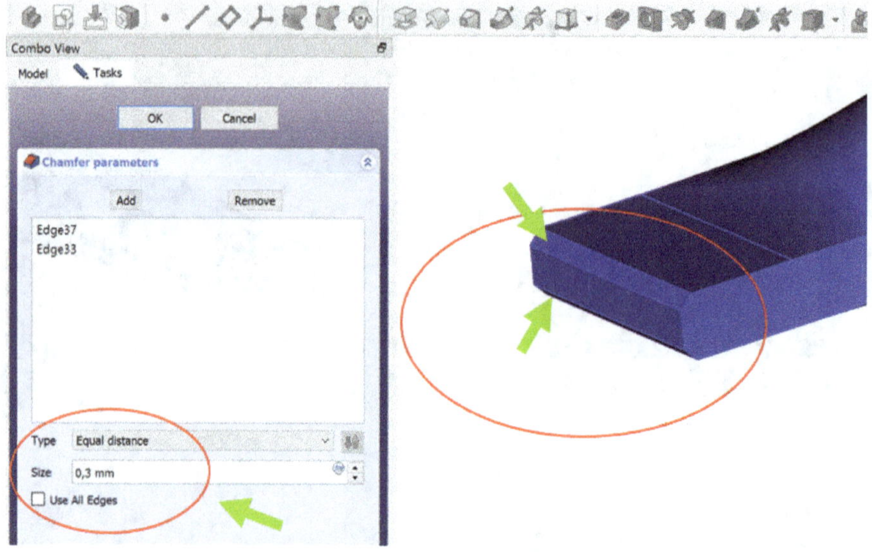

C'est parfait ! Nous avons maintenant construit de superbes objets 3D. Ce n'était pas si difficile, n'est-ce pas ?

Dans les chapitres suivants, nous aborderons l'assemblage de pièces dans "FreeCAD", ainsi que la création de dessins techniques. Nous y sommes presque ! N'hésitez pas à vous entraîner en réalisant quelques constructions.

5 Autres espaces de travail dans "FreeCAD"

5.1 L'espace de travail "Assembly (A2 Plus)"

Dans la plupart des logiciels de CAO, il existe un espace de travail dans lequel vous pouvez assembler des pièces pour former un assemblage. C'est également le cas dans "FreeCAD". Imaginez par exemple que vous achetiez un meuble. Celui-ci est composé de nombreuses pièces, comme des planches de bois et des vis, et doit généralement être assemblé à la livraison. Vous pourriez également concevoir les différentes planches de bois et les vis dans la CAO en tant que pièces individuelles indépendantes et les assembler ensuite - virtuellement en quelque sorte. Schématiquement, cela fonctionne de la même manière que dans le monde réel. Nous allons voir comment procéder dans ce chapitre.

Pourquoi se donner tant de mal ? L'assemblage virtuel joue un rôle important dans la conception des pièces. Il permet de vérifier que les pièces conçues peuvent être assemblées sans problème ni collision pour former un sous-ensemble.

Installation :

L'espace de travail "Assembly2Plus (A2plus)" n'est pas installé par défaut lors de l'installation du programme. Nous devons donc d'abord ajouter cet espace de travail dans "FreeCAD" dans "Addon Manager" (onglet "Tools"). Nous l'avons déjà utilisé auparavant. Cherchez "A2plus", cliquez dessus puis sur le bouton "Install". Ensuite, nous devons impérativement redémarrer "FreeCAD".

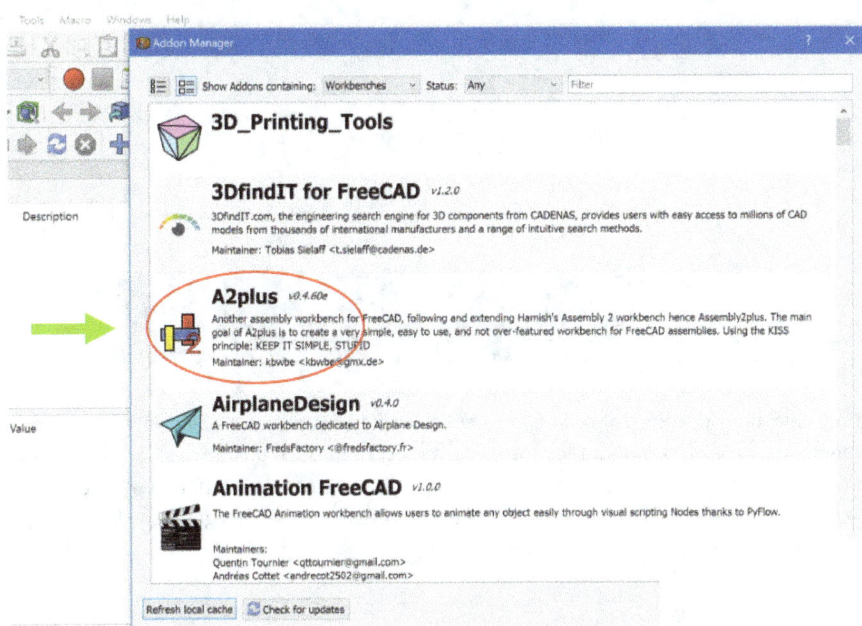

Nous trouvons ensuite le "A2plus Workbench" dans le menu déroulant des espaces de travail.

Pour apprendre à assembler des composants individuels, nous souhaitons utiliser notre premier projet de conception (composant de fixation) et notre deuxième projet (vis). Nous créons également une plaque de base sur laquelle nous assemblons les composants, ainsi qu'un arbre que nous voulons insérer entre deux composants de fixation. Le résultat final sera le suivant.

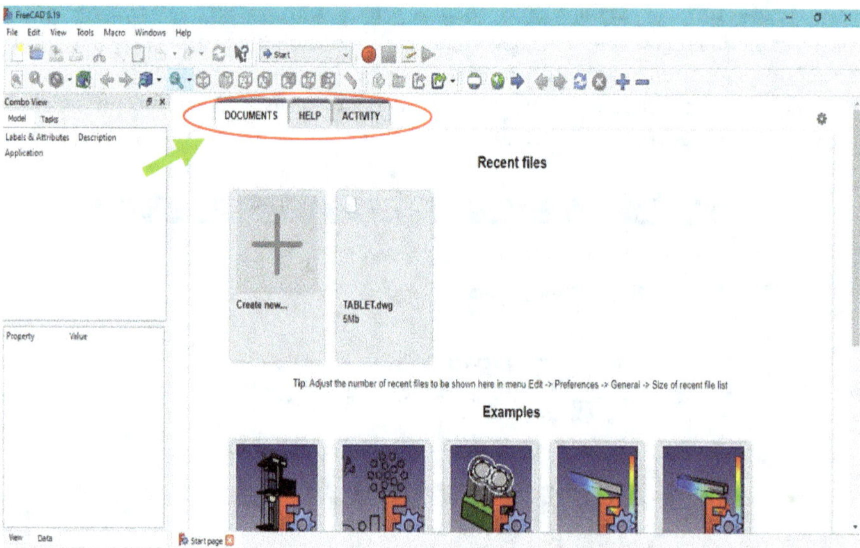

Pour cela, nous devons d'abord construire deux nouvelles pièces. Veuillez construire vous-même une plaque de montage rectangulaire composée d'une esquisse rectangulaire (longueur : 200 mm et largeur : 120 mm), d'arrondis d'arêtes (par ex. 10 mm pour les quatre arêtes verticales et 2 mm pour toutes les autres arêtes) et de 4 perçages. Pour les perçages, vous pouvez d'abord créer l'esquisse suivante.

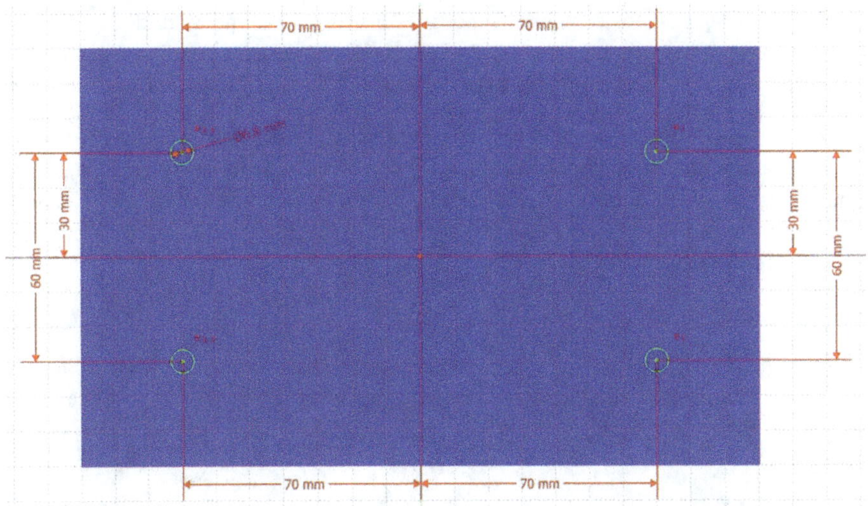

Ensuite, utilisez la commande "Hole" et choisissez un trou fileté M8 de 20 mm de profondeur. Important : Nous n'activons pas ici l'option "Model Thread", sinon nous aurions des problèmes lors de l'assemblage.

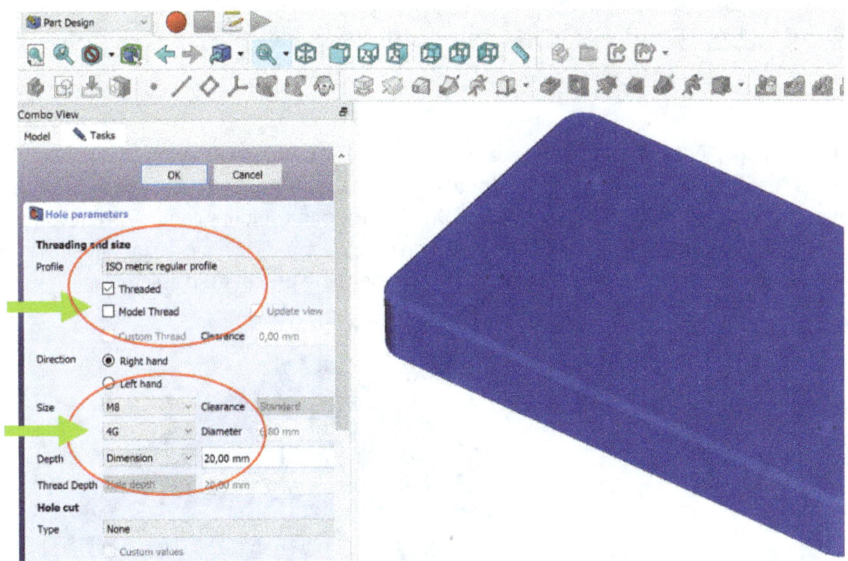

Nous avons également besoin d'un arbre, qui est simplement un élément cylindrique de 14,5 mm de diamètre et de 180 mm de longueur. Vous pouvez certainement le concevoir vous-même. Après avoir sauvegardé les deux pièces, nous pouvons passer à l'espace de travail "A2plus" et au montage.

Pour l'assemblage de nos composants, nous créons d'abord un nouveau document, puis nous passons à l'espace de travail "A2plus". Ce document sera notre assemblage. La première chose à faire est d'enregistrer ce document.

L'étape suivante consiste à importer nos pièces dans l'assemblage. Pour ce faire, nous utilisons la commande "Add a part from an external file", qui se trouve dans le coin supérieur gauche de la barre de menu. Nous cliquons sur cette commande, naviguons dans le répertoire où sont stockées nos pièces détachées et sélectionnons la plaque de montage comme première pièce.

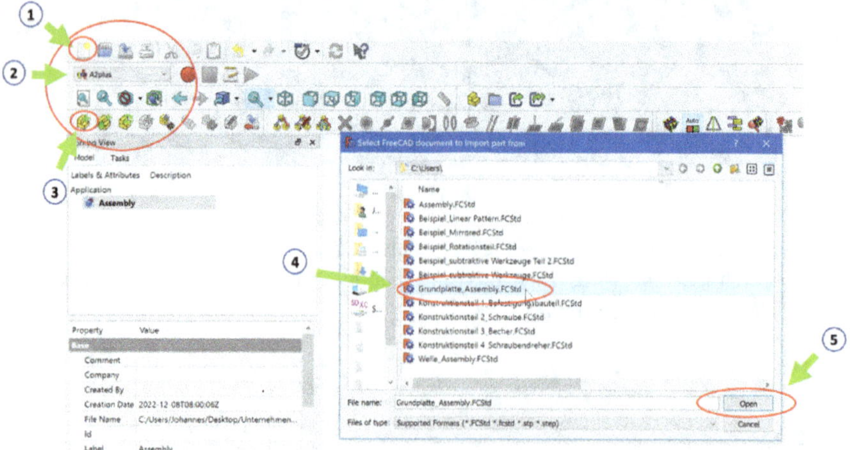

La première pièce que vous insérez dans un assemblage est toujours automatiquement fixée dans l'espace 3D par le programme, toutes les pièces suivantes sont libres de se déplacer et doivent être assemblées virtuellement. On choisit donc toujours comme première pièce celle qui serait la pièce de base dans le monde réel, c'est-à-dire la pièce sur laquelle repose l'ensemble de l'assemblage ou par laquelle commence le processus d'assemblage.

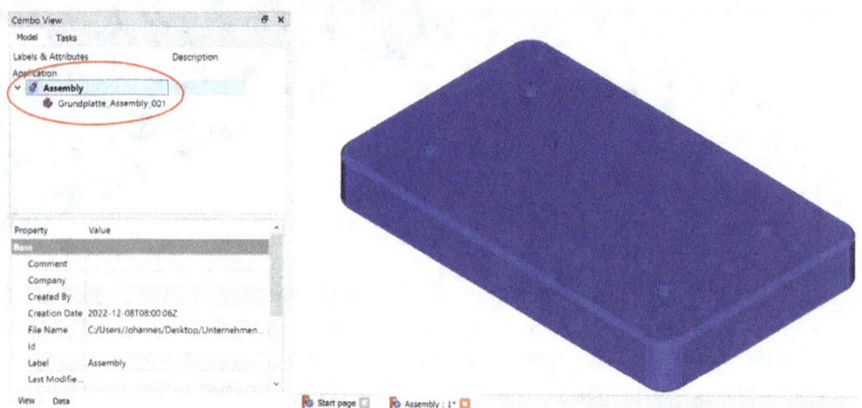

Nous ajoutons ensuite le composant de fixation en suivant une procédure identique. Après avoir sélectionné la pièce, nous pouvons la placer dans la zone de travail en cliquant dessus. L'endroit où nous plaçons la pièce n'a pas d'importance pour l'instant.

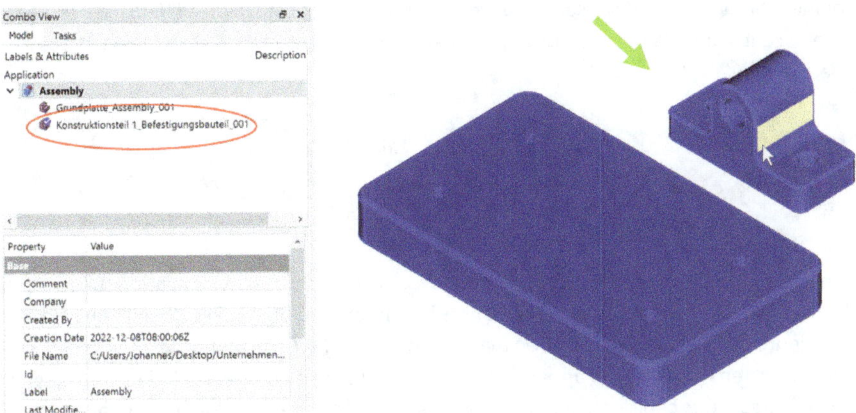

La commande "Move the selected part under constraints" nous permet de déplacer librement la pièce dans l'espace 3D. La commande "Move" nous permet de déplacer la pièce le long des axes de coordonnées et de la faire pivoter autour de ces axes.

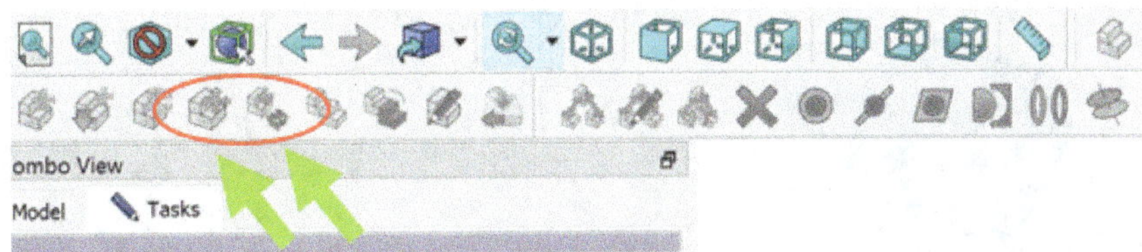

En fait, la pièce n'a encore aucune restriction ("Constraints") et peut donc être déplacée complètement librement.

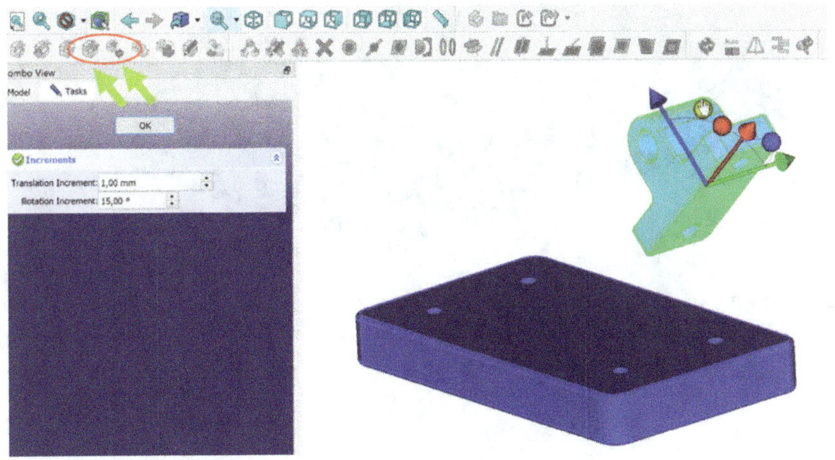

Nous changerons cela au cours du processus d'assemblage. Notre tâche consiste à fixer la pièce dans sa position finale à l'aide de contraintes ("Constraints"). Au sens large, ce processus est comparable à l'utilisation de "Constraints" pour une esquisse 2D.

Pour le montage, nous disposons pour cela de nombreuses contraintes ("Constraints") dans la zone centrale de la barre d'outils. Elles sont actuellement grisées et ne peuvent pas être sélectionnées.

La première étape de notre montage consiste à placer le composant de fixation sur la plaque de base. Pour ce faire, nous sélectionnons la face inférieure de la pièce de fixation et la face supérieure de la plaque de base (en maintenant la touche CTRL enfoncée). Les contraintes qui ont un sens dans ce cas apparaissent ensuite. Nous voulons que les deux faces soient congruentes, nous choisissons donc la commande "Add planeCoincident constraint".

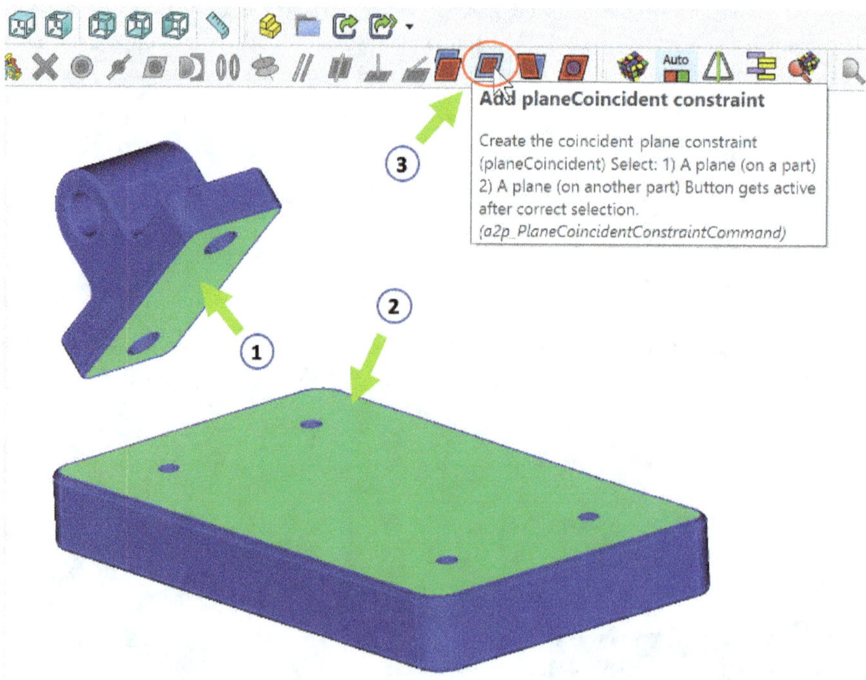

La pièce est alors placée sur la plaque de base et une fenêtre apparaît dans laquelle vous pouvez définir les propriétés de la contrainte. Lorsque vous êtes satisfait de l'alignement, il vous suffit de cliquer sur le bouton "Accept".

Vous pouvez également changer l'orientation en cliquant sur le bouton "Flip direction".

Les faces sont toujours alignées, mais la pièce a simplement été retournée. Vous pouvez également entrer un décalage si la pièce doit être montée à une certaine distance de la plaque de base. Nous n'en avons pas besoin ici.

Après avoir cliqué sur le bouton "Accept", nous pouvons essayer de déplacer la pièce avec la commande "Move the selected parts under constraints". Nous remarquons que nous pouvons déplacer la pièce, mais qu'elle reste toujours sur la surface sur laquelle nous venons de la fixer. Nous avons donc créé la première contrainte ("Constraint"). Celle-ci nous est également indiquée dans l'arborescence à côté des deux pièces et peut être modifiée ou supprimée ici.

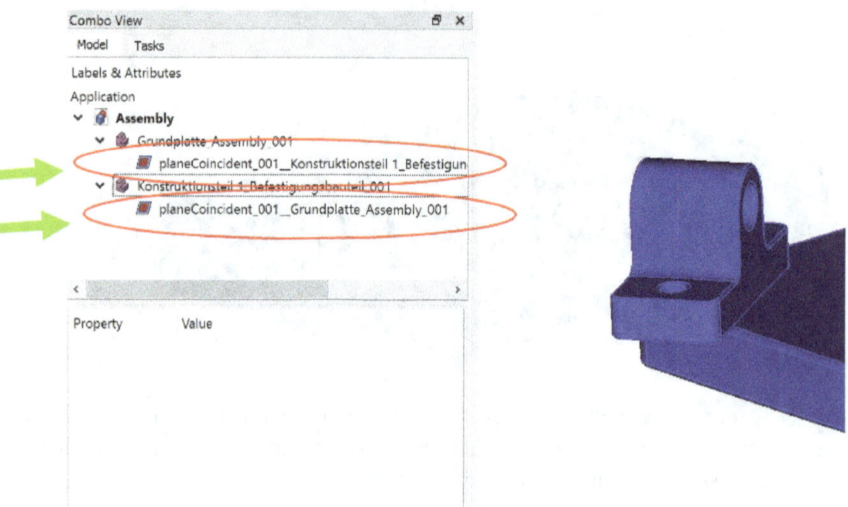

Nous souhaitons maintenant aligner notre composant de fixation sur les trous afin de pouvoir le fixer ensuite avec deux vis. Pour ce faire, nous sélectionnons un trou de la pièce de fixation et le trou de la plaque de base correctement positionné (en maintenant la touche CTRL enfoncée).

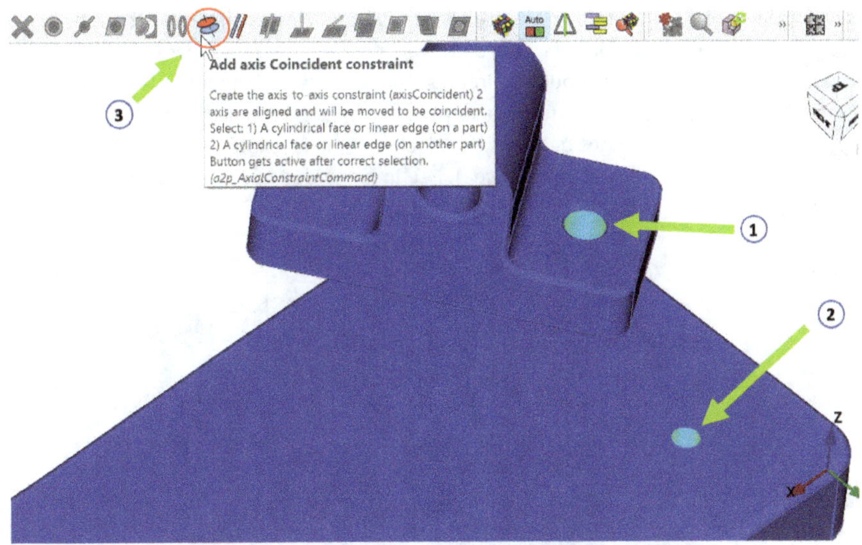

Seules deux contraintes sont possibles pour cette combinaison. Nous souhaitons que les axes des perçages soient coïncidents et choisissons donc la commande "Add axis Coincident constraint".

Les trous sont alignés les uns par rapport aux autres en déplaçant la pièce de fixation vers le trou de la plaque de base. De plus, la fenêtre avec les paramètres de la contrainte apparaît à nouveau. Si tout est correct, nous pouvons cliquer sur le bouton "Accept".

Maintenant, nous ne pouvons plus déplacer la pièce, nous pouvons seulement la faire pivoter. Pour obtenir la bonne position, nous devons également faire coïncider les deux autres trous. Cela fonctionne de la même manière.

Si les dimensions sont correctes, aucune erreur n'apparaîtra, si les trous sont espacés différemment, un message d'erreur apparaîtra et nous pourrons ainsi constater que nous avons mal conçu. La première pièce de fixation est maintenant correctement placée. Nous devons maintenant ajouter deux vis.

L'insertion de la vis fonctionne de la même manière que l'insertion des deux autres pièces. Après avoir placé une vis dans la zone de travail, nous commençons par faire coïncider les axes de la vis et du perçage. Pour ce faire, nous pouvons sélectionner soit la tige de la vis et l'intérieur du perçage, soit la tête de la vis et le perçage. Comme le filetage peut poser des problèmes de sélection, nous décidons de sélectionner la face latérale de la tête de la vis et l'intérieur du trou (touche CTRL enfoncée). Peu importe que nous choisissions la tête ou le filetage, car il ne s'agit ici que de l'axe de la vis.

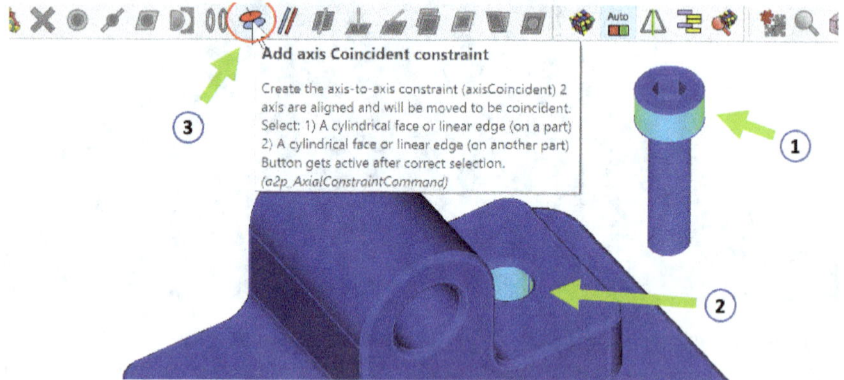

Après avoir cliqué sur "Accept", la vis flotte au-dessus du trou. Il nous reste maintenant à monter la partie inférieure de la tête de la vis sur la face de la pièce de fixation. Pour cela, nous sélectionnons la contrainte "Add planeCoincident constraint".

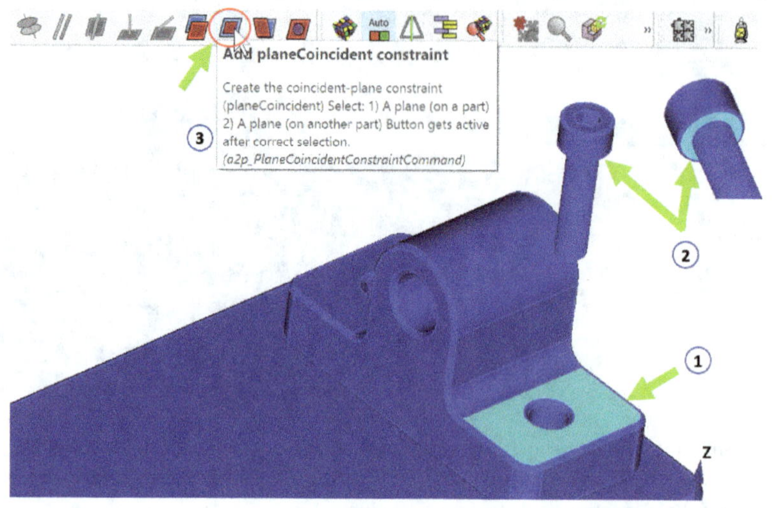

138

Nous aurions d'ailleurs pu commencer par relier la tête de vis, puis les axes. Mais nous aurions alors eu du mal à choisir les deux axes. N'hésitez pas à faire un essai. Il est donc judicieux de réfléchir à l'avance à la manière la plus simple de réaliser la liaison.

La vis est maintenant entièrement placée. Nous n'avons plus besoin de créer un lien avec la plaque de montage, car la pièce de fixation est déjà solidement fixée à celle-ci. Les liens sont donc interdépendants.

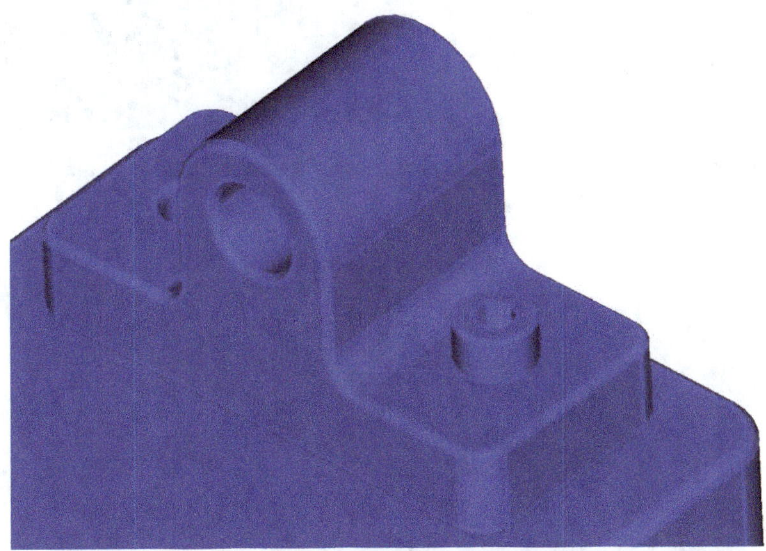

Nous avons besoin d'une autre vis, que nous associons de manière identique au perçage opposé. Comme il y a déjà une vis dans notre assemblage, nous pouvons simplement la dupliquer au lieu de l'insérer à nouveau. Pour ce faire, nous sélectionnons la pièce souhaitée dans l'arborescence et cliquons sur la commande "Create duplicate of a part". Cela prend quelques secondes et nous obtenons une autre vis que nous pouvons ensuite placer.

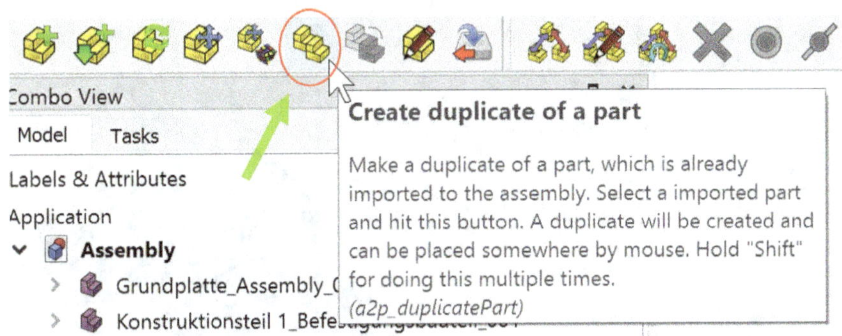

Nous associons la deuxième vis de la même manière que la première et obtenons alors la pièce de fixation assemblée.

De l'autre côté de la plaque de montage, nous devons répéter cette procédure. Nous dupliquons et associons d'abord la pièce de fixation.

Ensuite, nous dupliquons et relions encore deux vis.

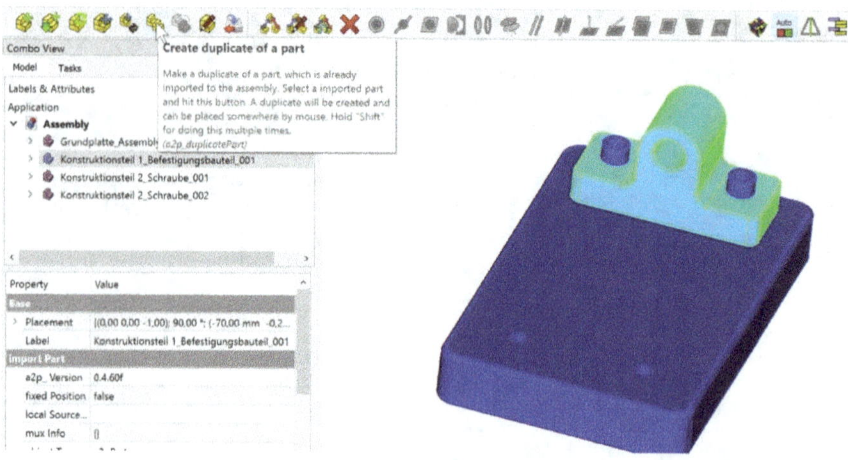

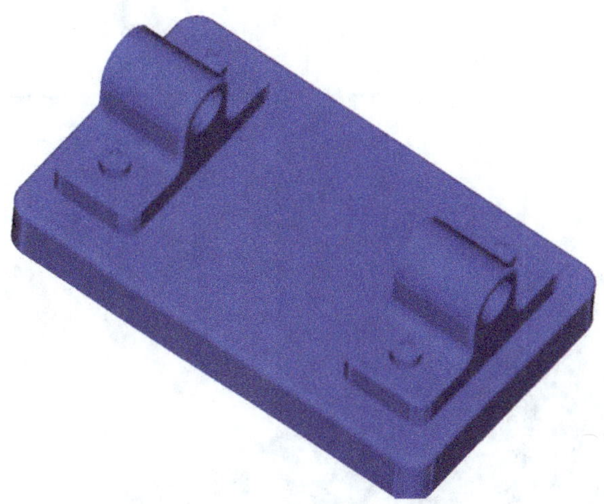

Parfait, il ne manque plus que notre arbre, que nous souhaitons monter entre les deux pièces de fixation. N'hésitez pas à essayer de le faire vous-même dans un premier temps. Nous allons maintenant vous donner la solution.

Tout d'abord, nous importons l'arbre et le plaçons d'un simple clic n'importe où dans l'espace de travail. Ensuite, nous sélectionnons la face latérale cylindrique de l'arbre et la face interne du trou d'axe de l'une des deux pièces de fixation. Ensuite, nous cliquons sur "Add axis Coincident constraint".

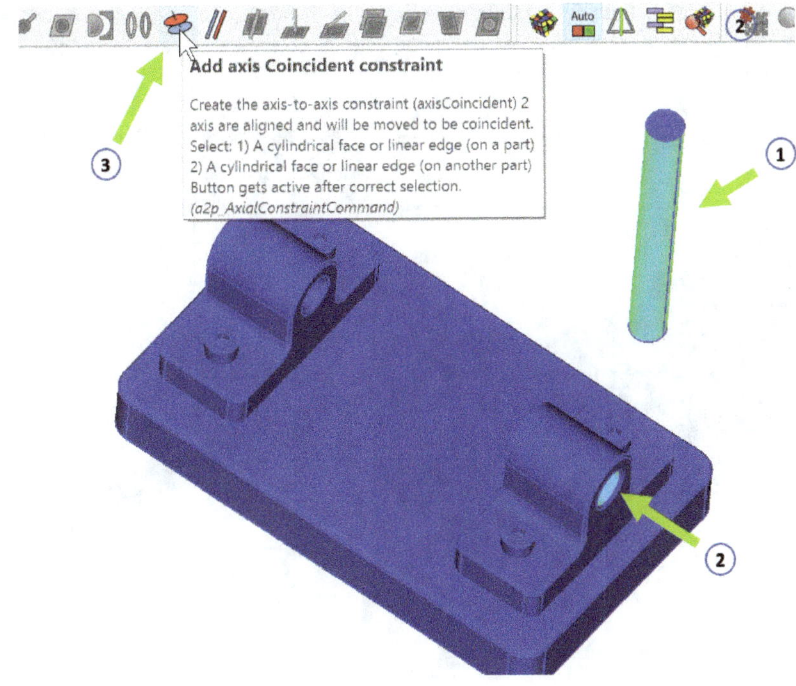

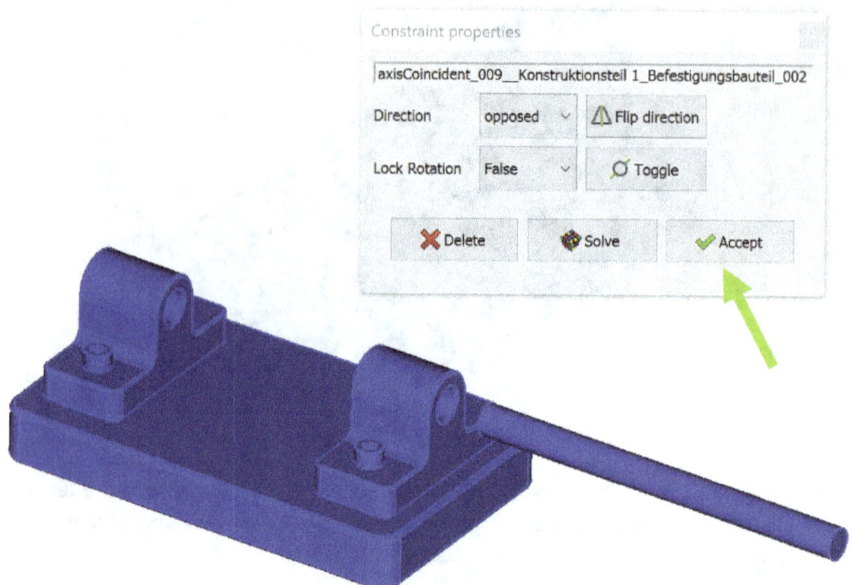

D'ailleurs, dans ce cas, nous n'avons besoin d'associer l'arbre qu'à l'une des deux pièces de fixation, car les axes des deux pièces de fixation coïncident.

Il nous manque cependant encore une contrainte qui nous permette d'obtenir la position horizontale correcte. Pour cela, il suffit de sélectionner la face circulaire de l'arbre et la face latérale de la pièce de fixation et de cliquer sur la commande "Add planeCoincident constraint".

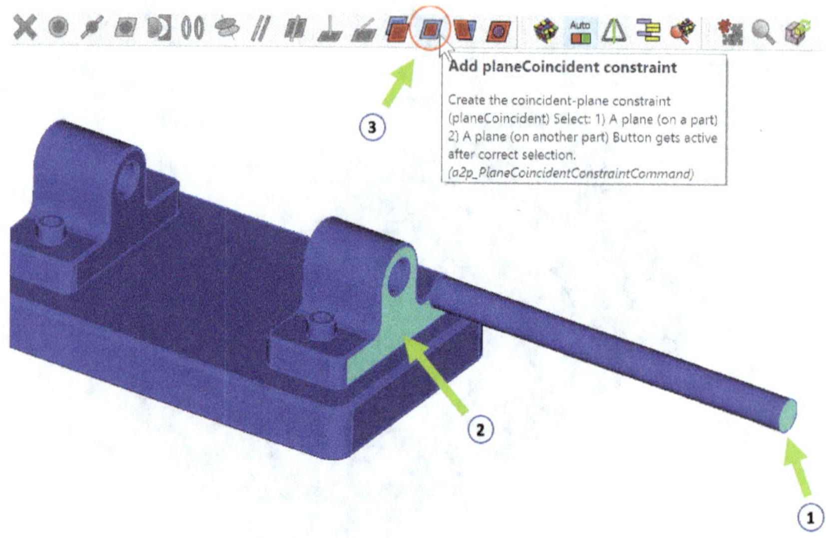

L'arbre est maintenant correctement placé et notre assemblage est terminé. Super, nous avons bien fait !

Les deux contraintes que nous avons utilisées pour cet assemblage sont probablement les deux types de contraintes les plus importants. Il existe cependant quelques autres contraintes. Bien qu'elles soient relativement évidentes, nous allons tout de même y jeter un coup d'œil.

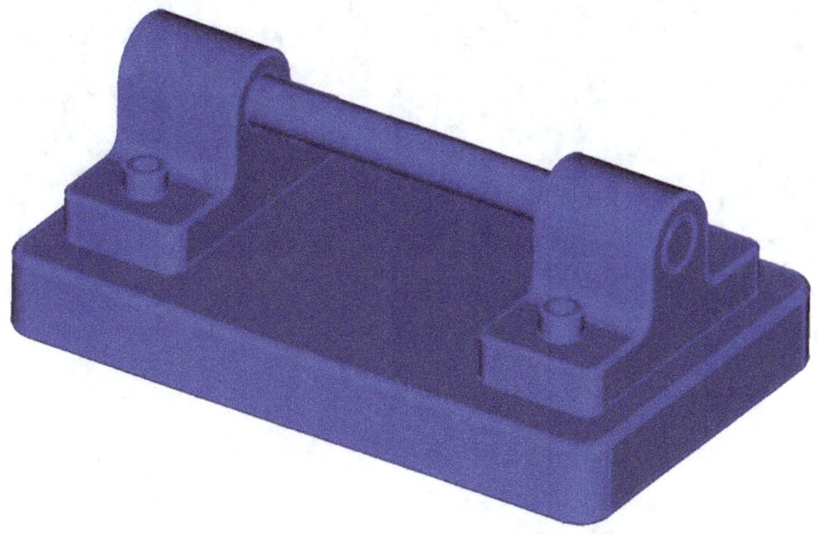

5.1.1 La contrainte "centerOfMass"

Cette contrainte est utilisée pour relier le milieu des faces de deux pièces. Pour cela, sélectionnez la première face puis la seconde (touche CTRL enfoncée). Ensuite, sélectionnez la commande "Add centerOfMass constraint".

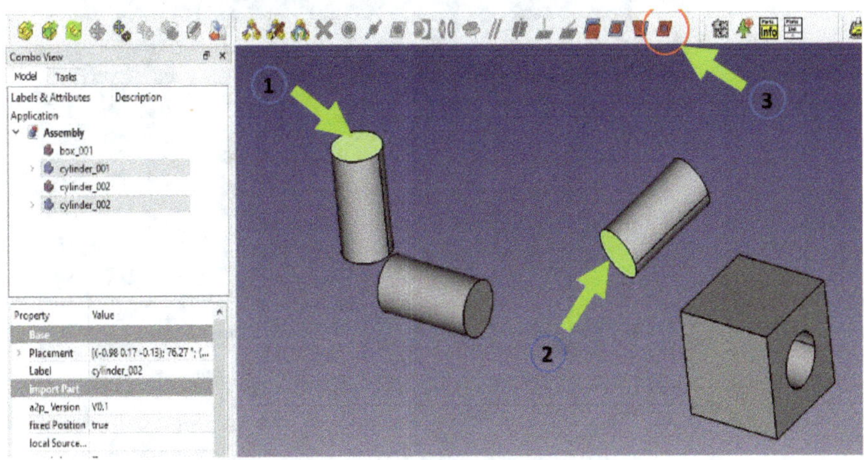

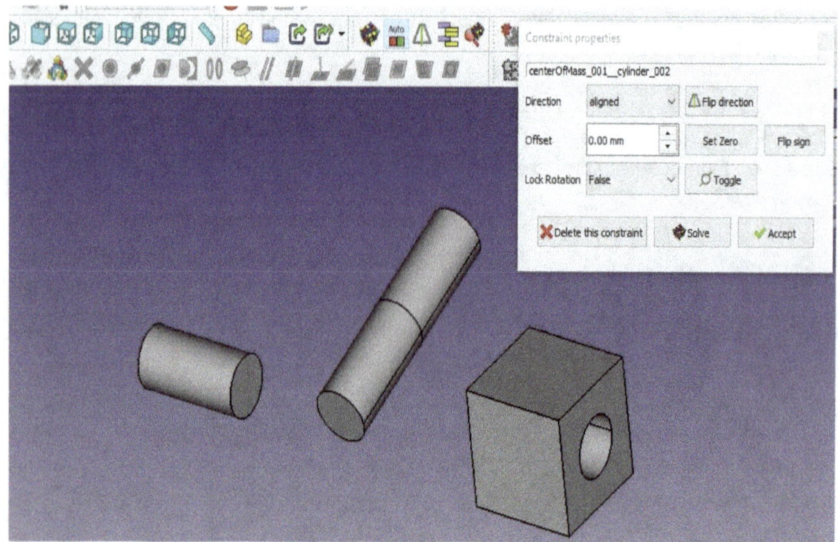

Dans les paramètres, vous pouvez définir une distance dans l'option "Offset".

5.1.2 La contrainte "pointIdentity"

Cette contrainte est utilisée, par exemple, pour faire coïncider les centres de deux géométries.

Sélectionnez une géométrie de la première pièce, puis une géométrie de la deuxième pièce (touche CTRL enfoncée), puis la commande "Add pointIdentity constraint".

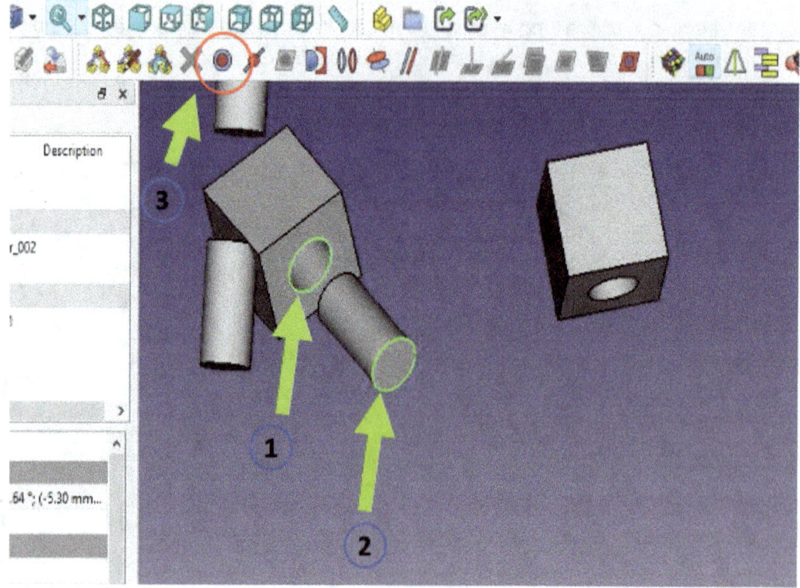

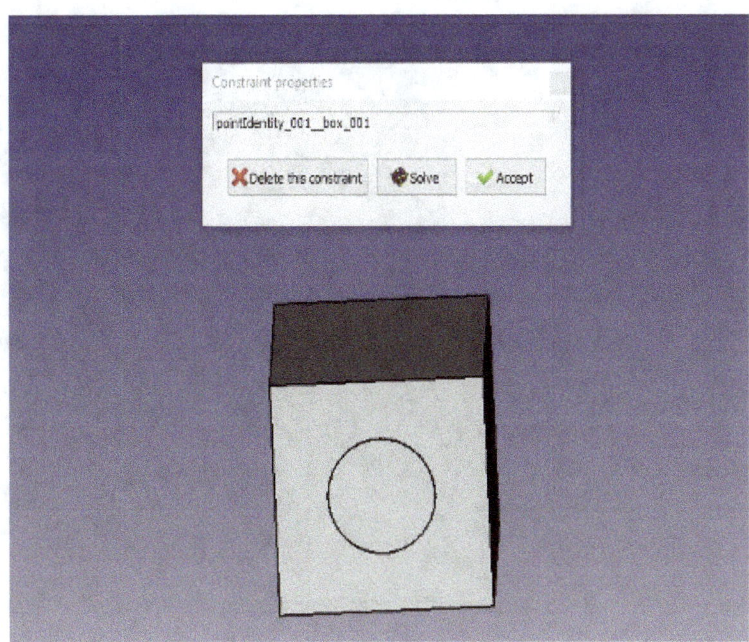

5.1.3 La contrainte "circularEdge"

Comme alternative à la contrainte précédente, vous pouvez également utiliser la commande "Add circularEdge constraint" pour une contrainte similaire.

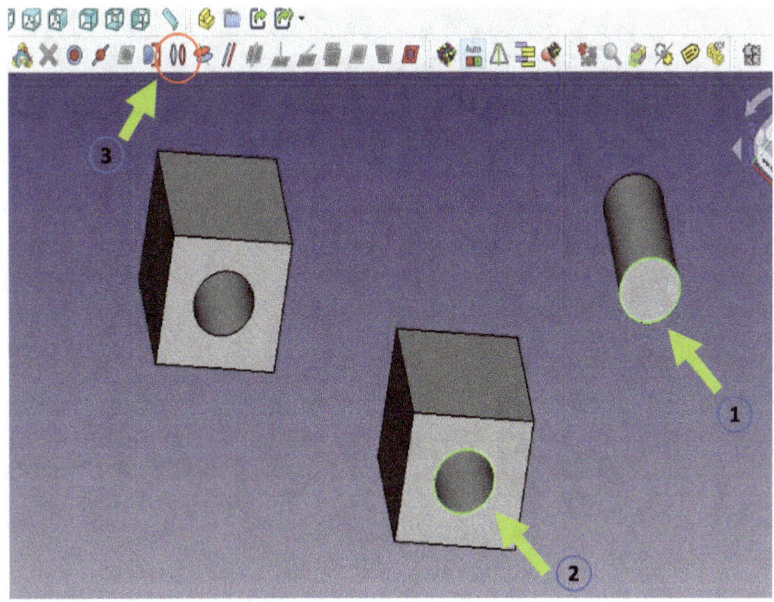

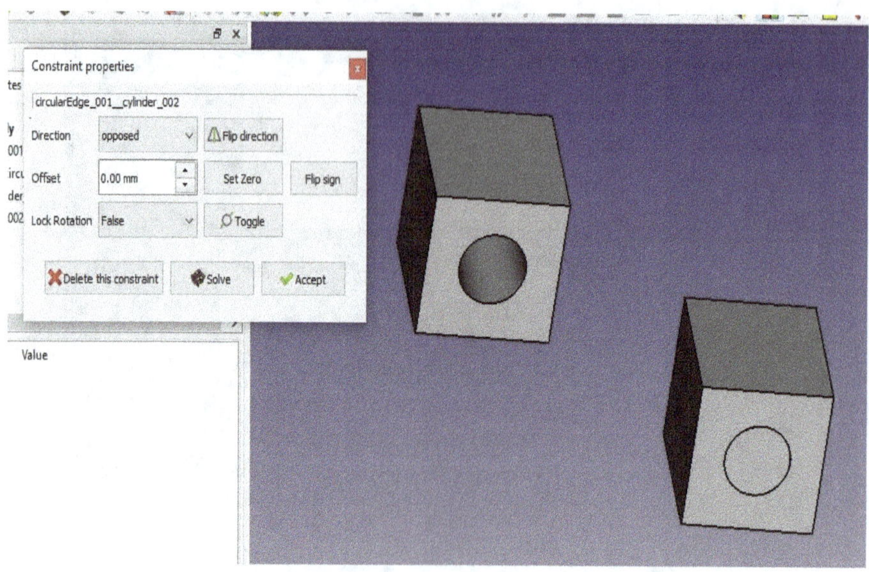

5.1.4 La contrainte "pointOnLine"

Cette contrainte est utilisée pour relier un point (par exemple : coin) d'un composant à une arête (ligne) d'un autre composant.

Pour ce faire, sélectionnez le coin d'un composant, puis le bord d'un autre composant (touche CTRL enfoncée), puis la commande "Add pointOnLine constraint".

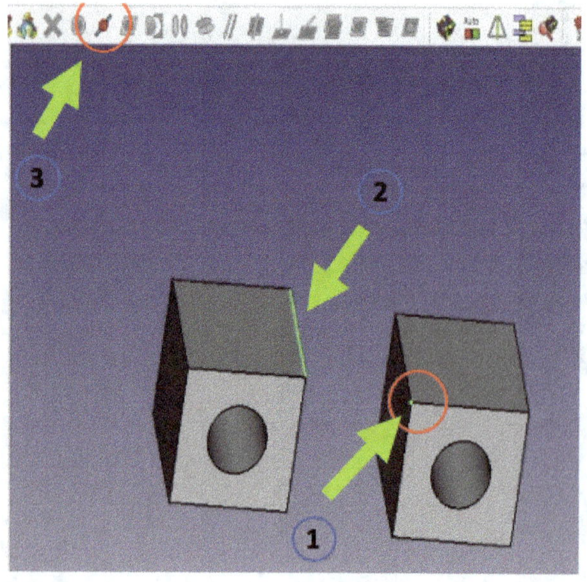

5.1.5 La contrainte "angledPlanes"

Cette contrainte est utilisée pour faire pivoter (avec un angle) une face ou un plan d'un solide par rapport à une face ou un plan d'un autre solide.

Sélectionnez la première sous-surface (surface de référence) puis la deuxième surface (pivotée) en maintenant la touche CTRL enfoncée. Ensuite, sélectionnez la commande "Add angledPlanes constraint" et définissez l'angle de rotation souhaité dans les paramètres.

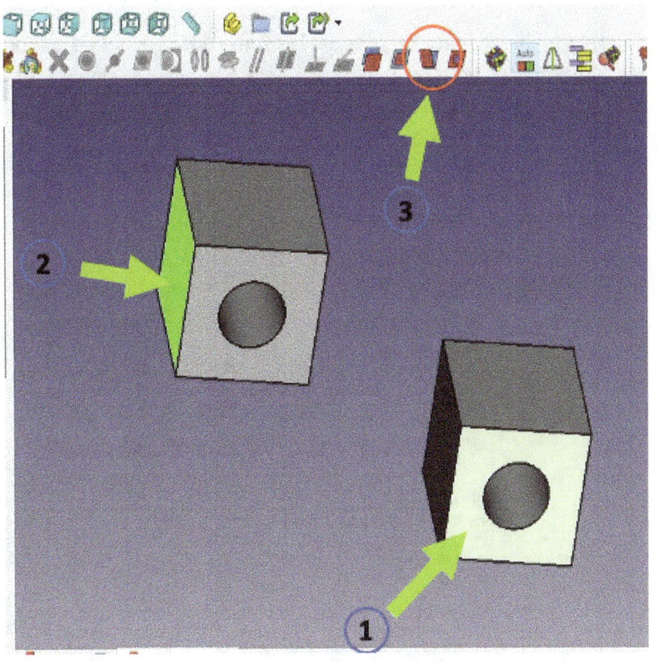

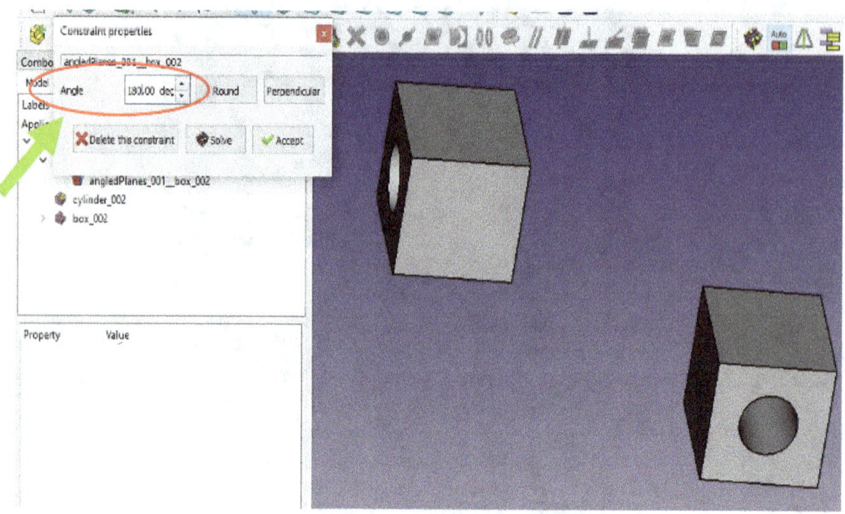

Parfait ! C'était les principales contraintes de l'espace de travail "A2plus". N'hésitez pas à explorer les autres contraintes ou à relier d'autres composants entre eux. Nous arrivons maintenant au dernier chapitre du cours pour débutants. Nous allons maintenant nous pencher sur l'espace de travail "TechDraw", dont nous avons besoin pour créer des dessins techniques.

5.2 L'espace de travail "TechDraw"

Bienvenue dans le dernier chapitre de ce cours ! Comme nous l'avons déjà évoqué dans l'un des chapitres précédents, nous pouvons également créer un dessin technique dans "FreeCAD" afin de pouvoir faire fabriquer la pièce par une entreprise. Nous allons voir cela avec l'exemple de la pièce de fixation.

Pour créer un dessin technique, nous ouvrons d'abord le composant de fixation, puis nous allons dans l'espace de travail "Techdraw".

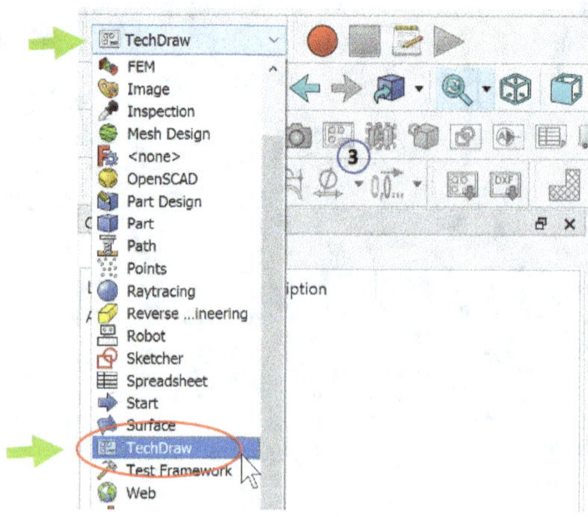

Nous devons maintenant créer une feuille de mise en plan sur laquelle nous représenterons et dimensionnerons notre composant sous différentes perspectives dans un dessin 2D. Pour ce faire, cliquez sur la commande "Insert Default Page" afin d'insérer une feuille de mise en plan standard. Nous pouvons également sélectionner un modèle à l'aide de la commande "Insert Page using Template".

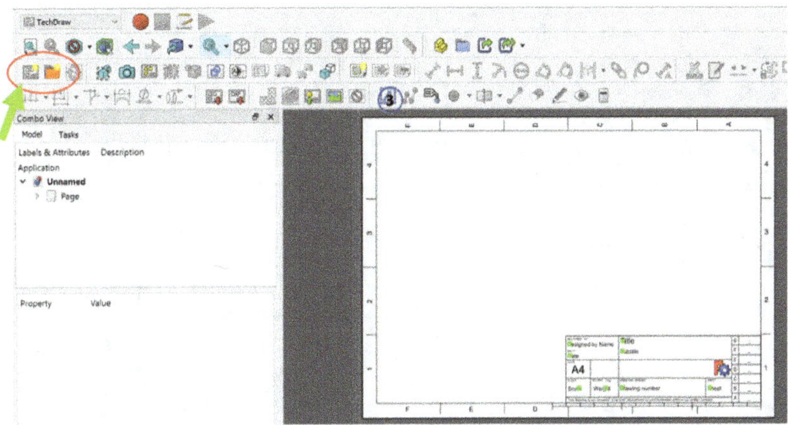

Nous obtenons alors une feuille de dessin avec une zone d'écriture (zone en bas à droite). Nous pouvons y ajouter le titre du dessin, le numéro de dessin, le concepteur et d'autres informations. Vous pouvez modifier les champs en cliquant sur la marque verte.

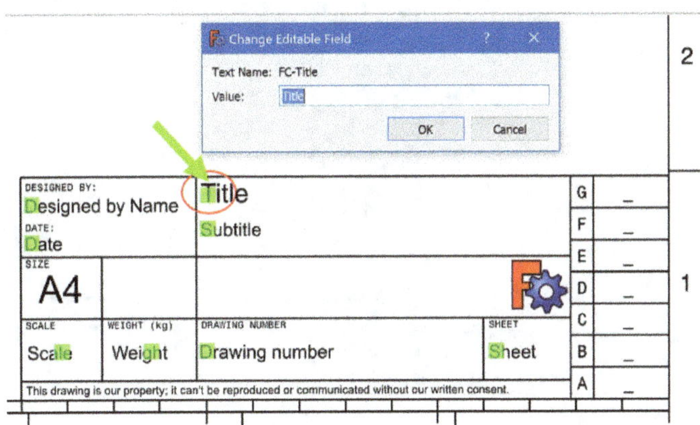

Ensuite, nous devons placer une vue de notre composant sur la feuille de dessin. Pour ce faire, nous devons d'abord placer le composant de la manière dont nous souhaitons l'insérer sur la feuille de dessin. Par exemple, nous voulons obtenir la vue avant. Nous sélectionnons ensuite le composant dans l'arborescence et insérons la vue en cliquant sur la commande "Insert View".

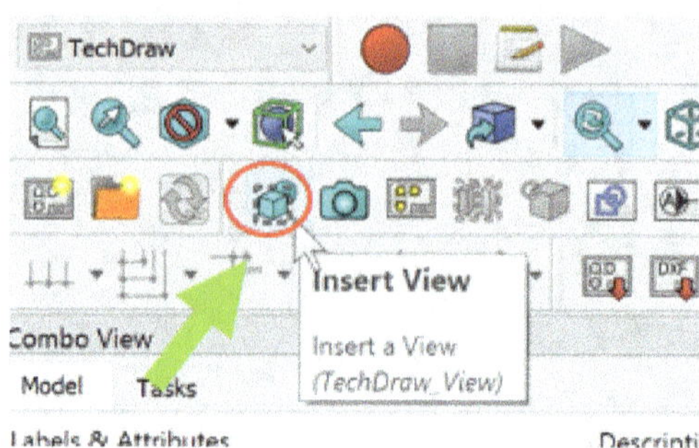

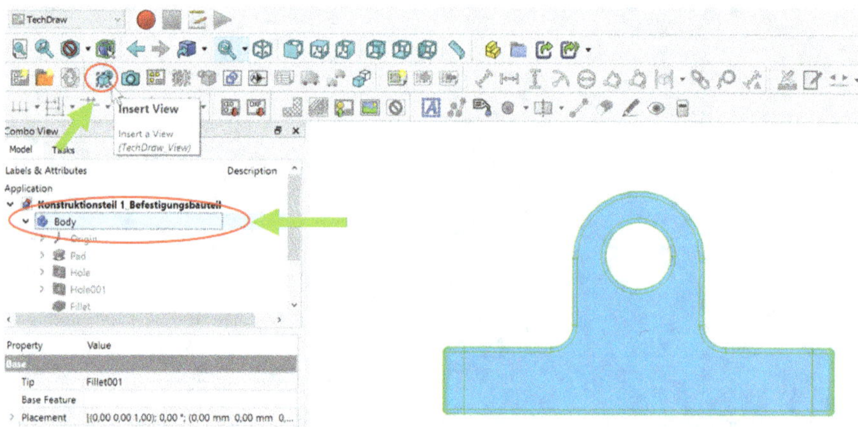

Après avoir cliqué, nous devons à nouveau sélectionner la feuille de mise en plan dans l'arborescence et nous voyons la vue insérée du composant. Nous pouvons maintenant la placer et la coter comme nous le souhaitons.

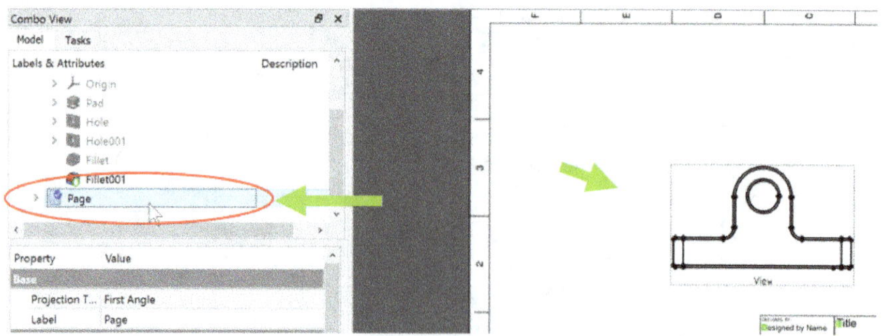

Avant de commencer à coter, nous ajoutons d'autres vues. Par exemple, il est utile d'ajouter une vue en plan et une vue isométrique. Nous le faisons de manière identique.

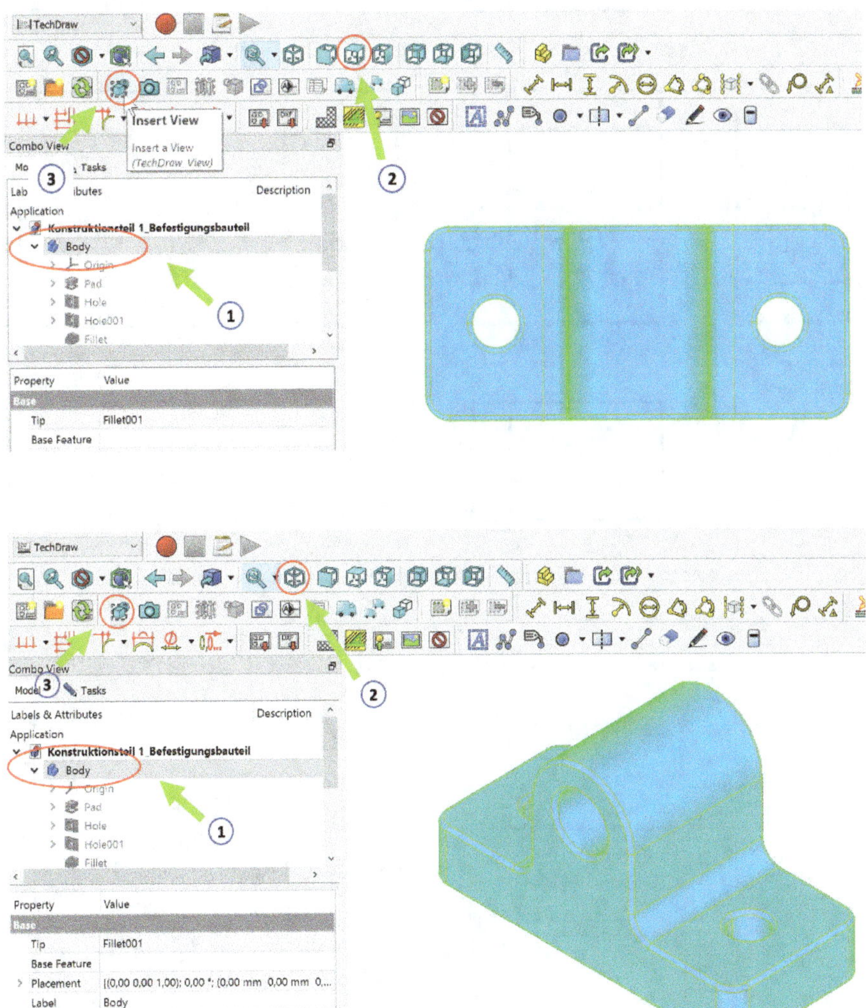

La vue isométrique permet de mieux visualiser l'espace, n'est <u>pas</u> cotée et est généralement placée en bas à droite, au-dessus du champ de saisie.

Les autres vues sont placées en fonction du type de projection. En Europe, les vues sont généralement placées de la manière suivante.

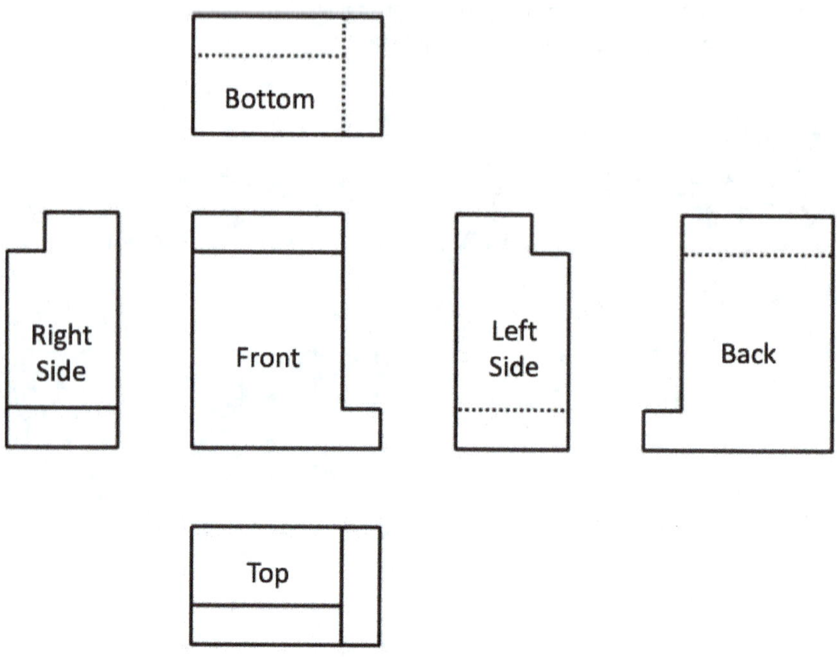

Pour les vues de notre objet, cela signifie la disposition suivante des vues.

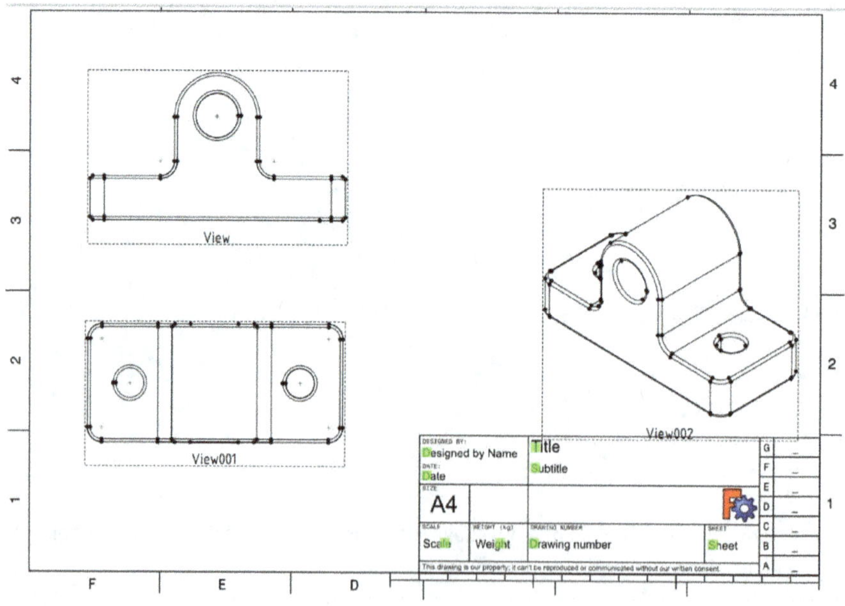

En cliquant sur la commande "Turn view frames On/Off", nous pouvons ensuite désactiver l'affichage des cadres de vue.

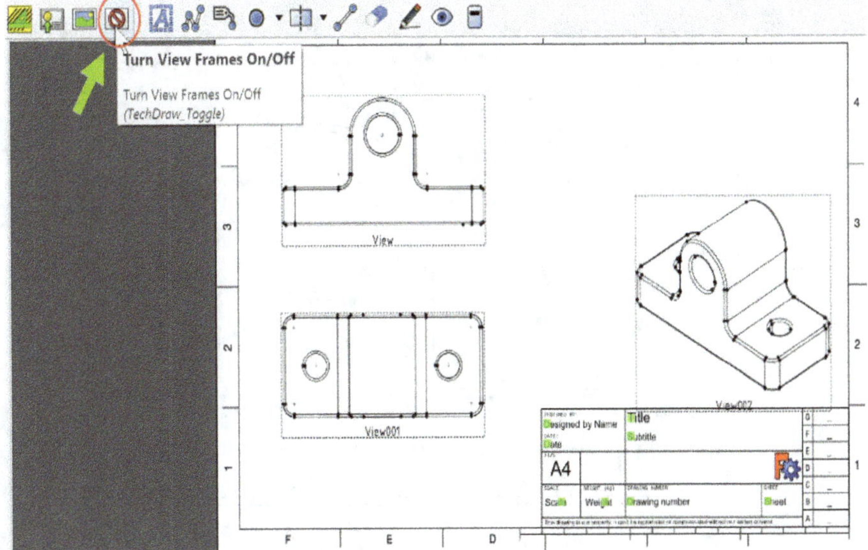

Nous devons maintenant coter les vues de notre pièce de manière à ce que toutes les dimensions et informations pertinentes pour la fabrication de la pièce soient dessinées une seule fois sur la feuille de mise en plan. Cela signifie que nous n'avons <u>pas</u> besoin de coter toutes les vues, mais que nous pouvons décider quelle dimension coter sur quelle vue, de sorte que toutes les informations soient visibles en un coup d'œil sur la feuille de mise en plan. Pour ce faire, nous pouvons utiliser les outils de cotation situés dans la partie centrale supérieure de la barre d'outils. Cela fonctionne de la même manière que pour une esquisse 2D.

Nous commençons par la vue de face de notre composant. Ici, nous pouvons par exemple créer toutes les données de hauteur pour le composant. Pour ce faire, nous cliquons d'abord sur deux lignes dont nous voulons mesurer la distance (touche CTRL enfoncée), puis nous sélectionnons la commande "Insert Vertical Dimension".

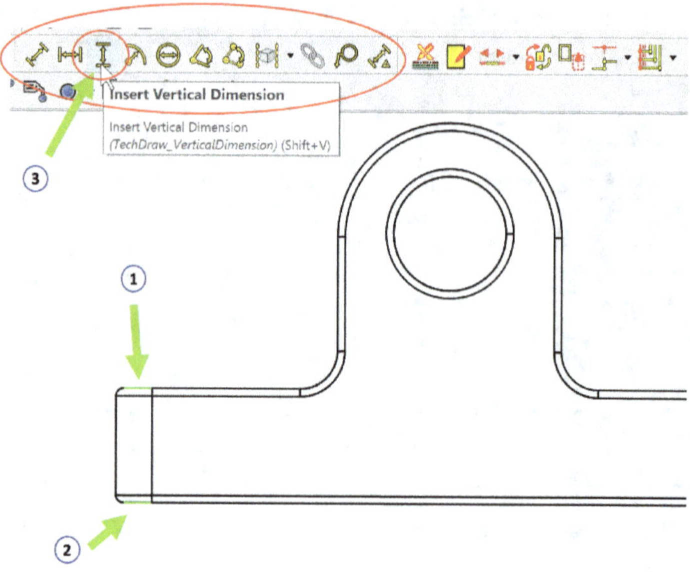

De plus, dans cette vue, nous pouvons coter l'arrondi et le perçage en utilisant la commande "Insert Diameter Dimension".

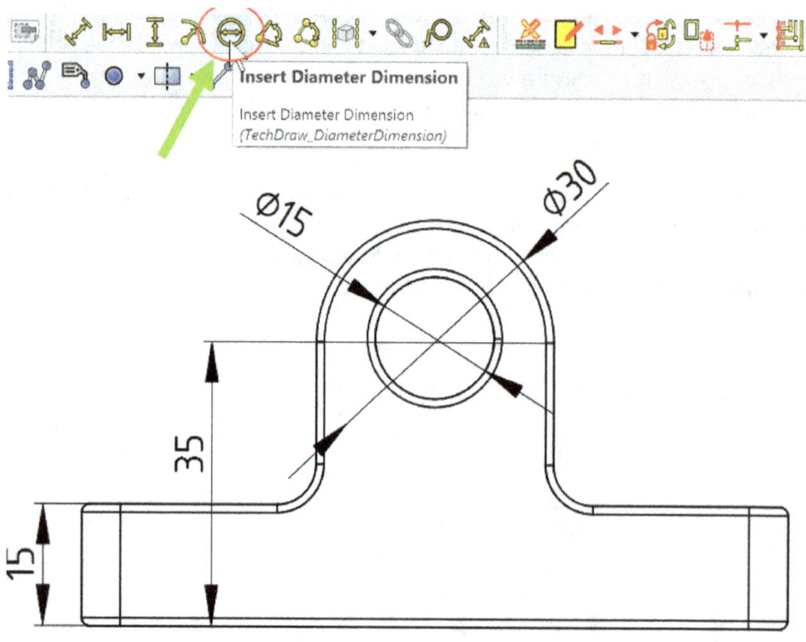

Avec la commande "Insert Radius Dimension", nous pouvons en outre coter les deux congés dans la zone de transition.

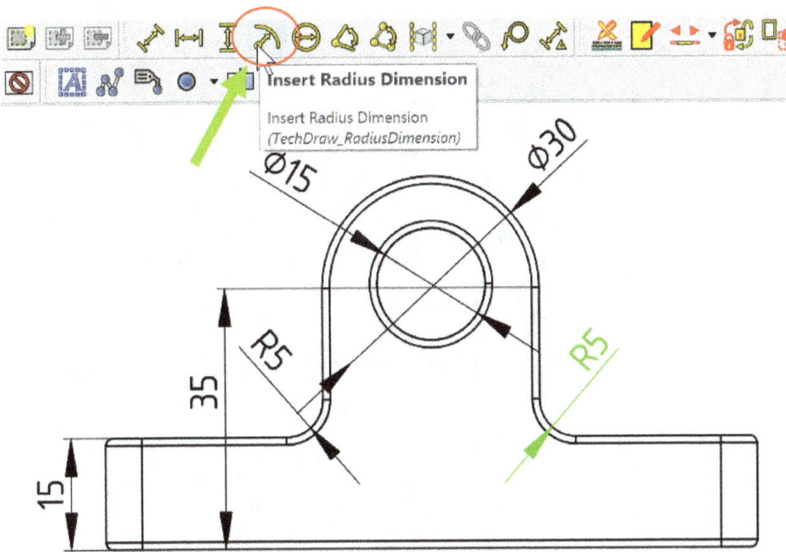

Nous mesurons la longueur et la largeur de la pièce, ainsi que le diamètre des trous et leur espacement, en vue de dessus, car nous avons une meilleure vue.

Afin de mesurer correctement la distance entre les trous, nous devons insérer des lignes de centrage qui ressemblent à un réticule. Pour ce faire, sélectionnez les deux perçages et choisissez la commande "Add centerlines" dans la barre d'outils.

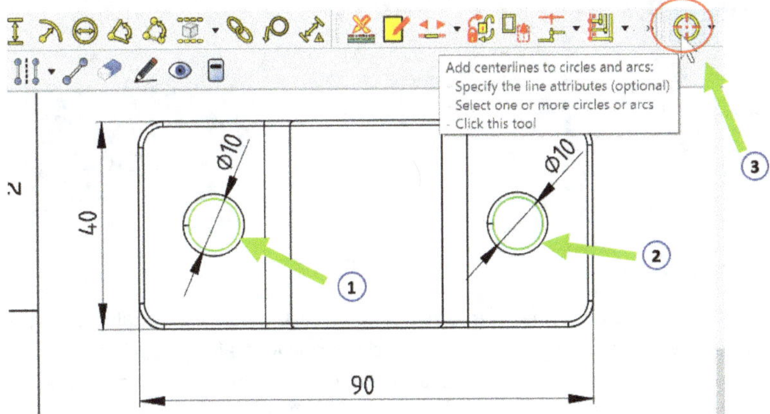

Nous pouvons également ajouter des lignes de symétrie à ce composant, ce qui nous permet d'économiser quelques cotes, car nous ne devons coter qu'un seul côté à la fois pour une pièce symétrique. Nous le faisons en sélectionnant les deux arêtes verticales extérieures d'une vue, puis en cliquant sur la commande "Add Centerline between 2 Lines".

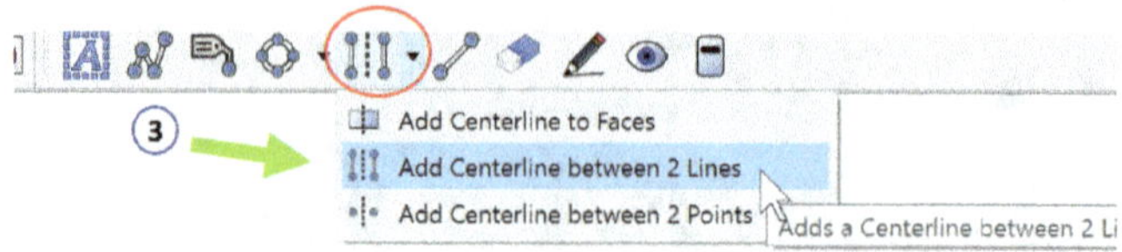

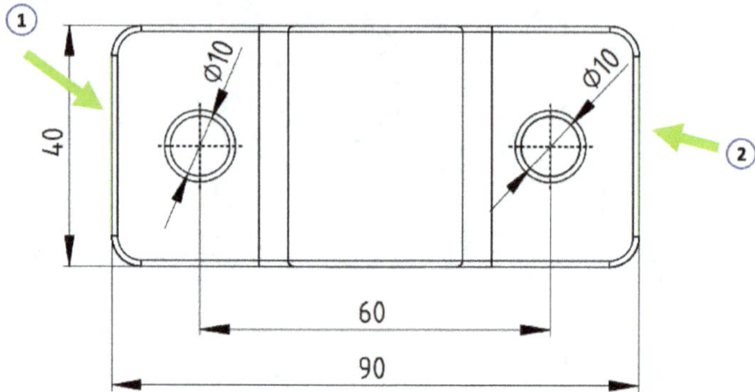

Dans les paramètres de la vue Combinaison, nous pouvons ensuite définir la longueur de cette ligne et le style qu'elle doit avoir.

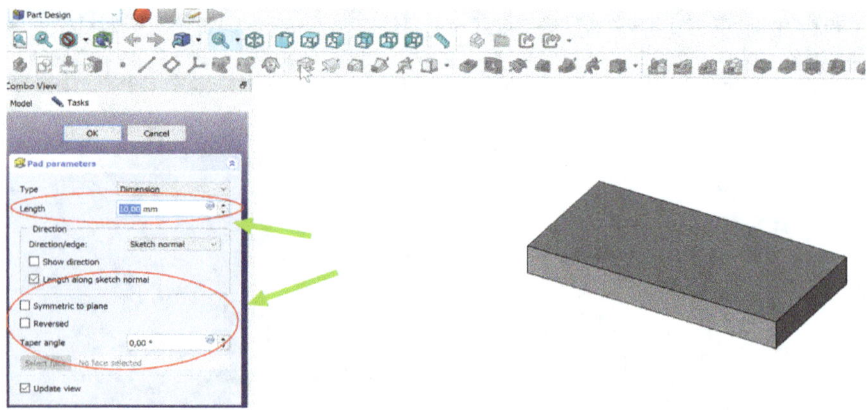

Nous ajoutons également une telle ligne centrale dans la vue horizontale, car la pièce est symétrique des deux côtés dans cette vue. Nous pouvons ainsi supprimer l'un des deux diamètres de cercle. Après avoir ajouté un rayon pour l'arrondi des bords extérieurs, cette vue est cotée.

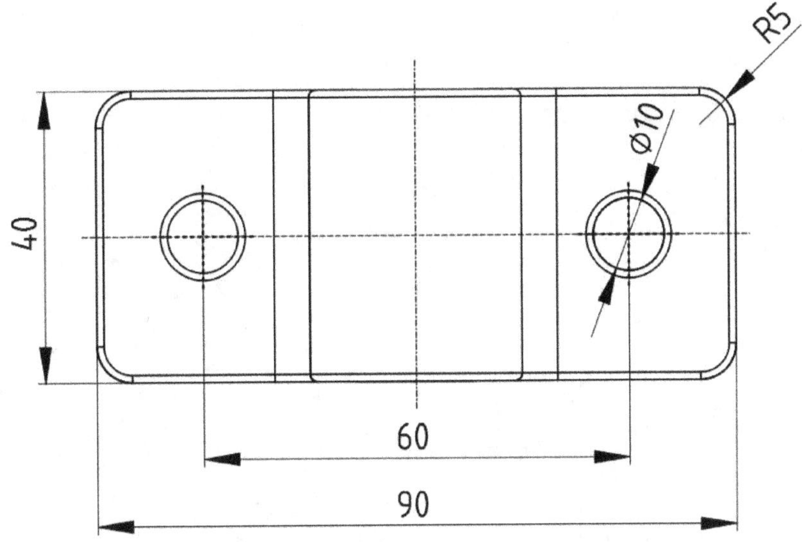

Nous passons à nouveau à la vue de face et ajoutons ici aussi une ligne de symétrie (verticale) et un centre de cercle.

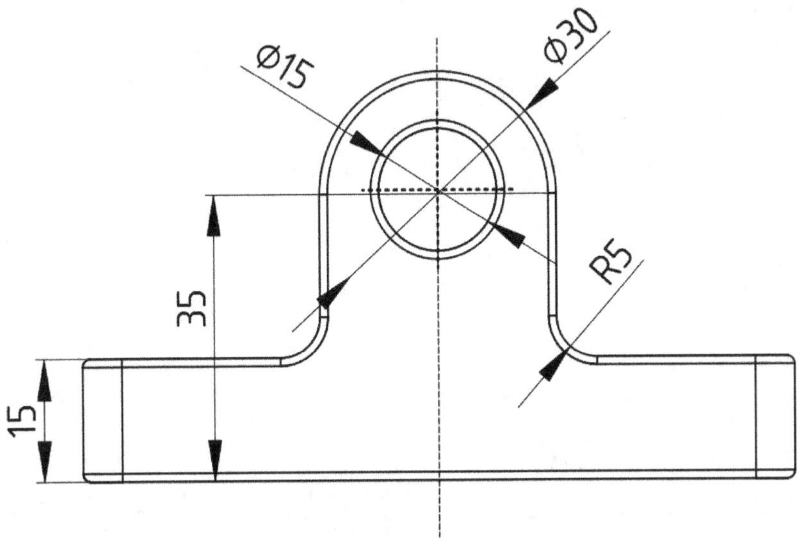

Enfin, nous ajoutons une annotation globale qui s'applique à l'ensemble de la pièce. Nous plaçons cette annotation dans la zone de la police. Nous créons l'annotation à l'aide de la commande "Insert Annotation" et, après avoir activé la commande "Turn View Frames On/Off", nous pouvons modifier le texte en un clic et indiquer, par exemple, que toutes les arêtes non cotées doivent être arrondies avec un rayon de 1 mm.

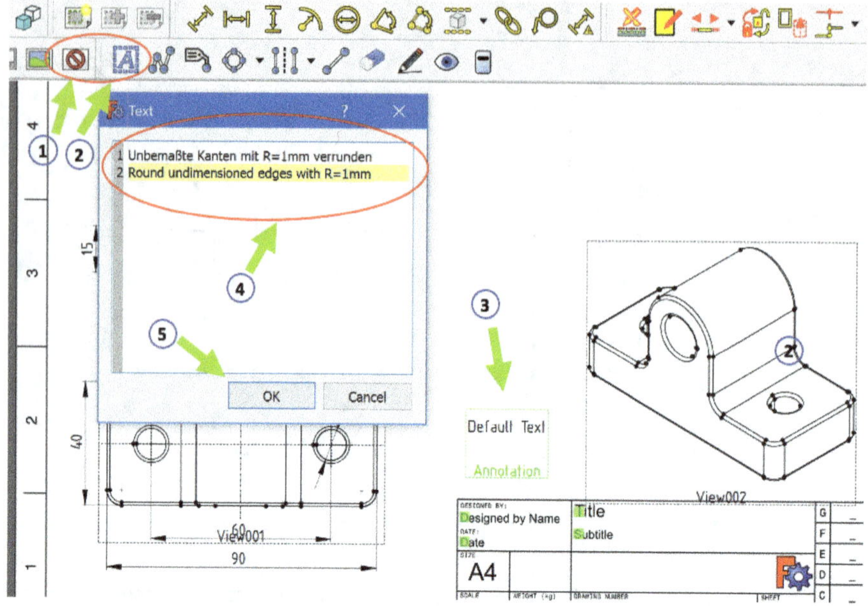

Toutes les dimensions pertinentes sont maintenant incluses dans la mise en plan ou peuvent être calculées à l'aide des éléments géométriques et des cotes existants. Cela suffit pour que la pièce puisse être fabriquée.

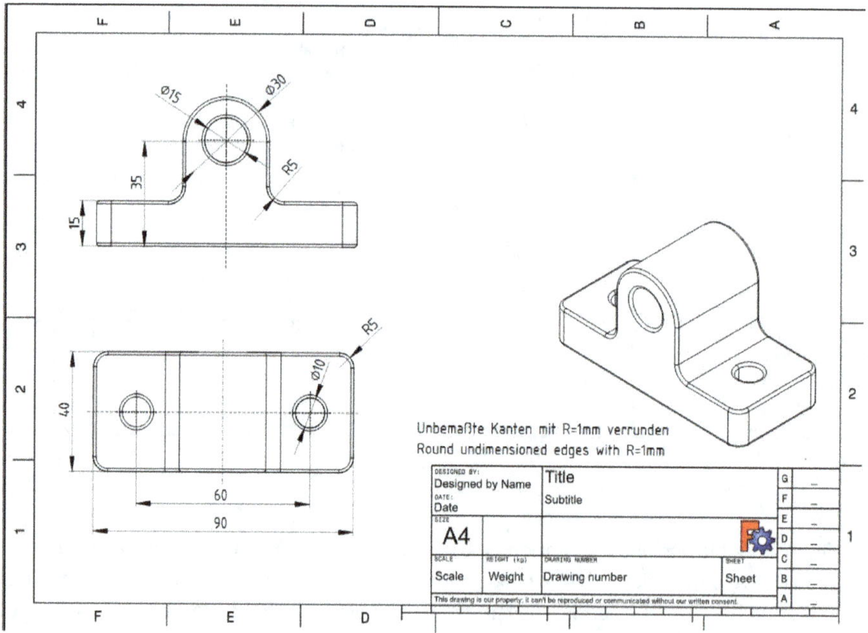

Vous pouvez également enregistrer le dessin en tant que fichier ".pdf". On peut le choisir dans l'onglet "File".

Très bien, c'est tout ce que vous avez besoin de savoir sur "TechDraw" et sur le dessin technique. Si vous souhaitez obtenir davantage d'informations, nous vous conseillons d'acheter un livre sur le dessin technique, car ce sujet est suffisamment complexe pour faire l'objet d'un livre complet et indépendant.

À l'heure de l'impression 3D et de la fabrication mécanique à commande numérique, les dessins techniques perdent de plus en plus de leur importance et ne servent que de documentation et de référence. Pour la fabrication par impression 3D ou CNC, les modèles 3D sont généralement utilisés directement pour la planification de la fabrication.

Il faut pour cela un fichier au format ".stl" ou ".step". On peut enregistrer son modèle dans "FreeCAD" dans ces formats en cliquant sur l'option "Export" dans l'onglet "File" lorsque la pièce est ouverte et sélectionnée.

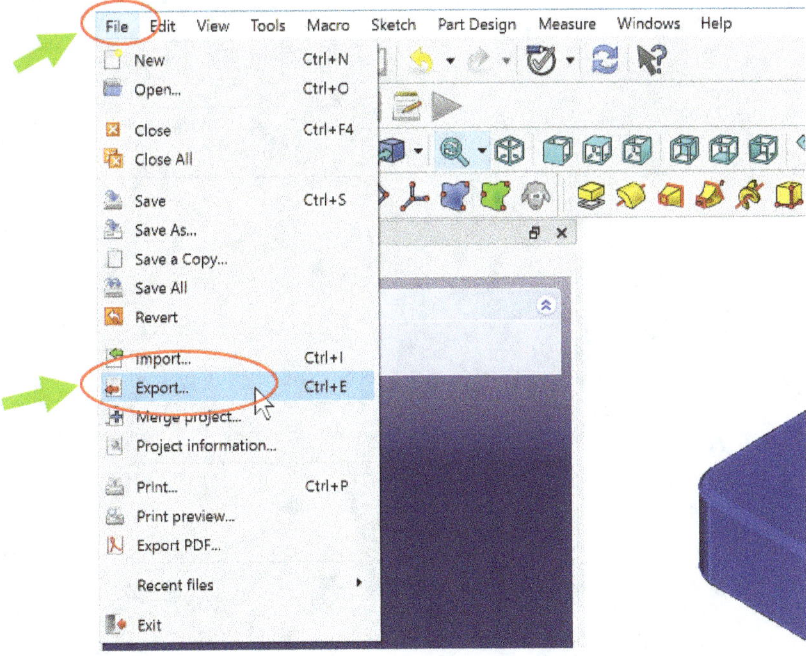

Vous pouvez ensuite sélectionner le format souhaité dans une longue liste dans le menu déroulant.

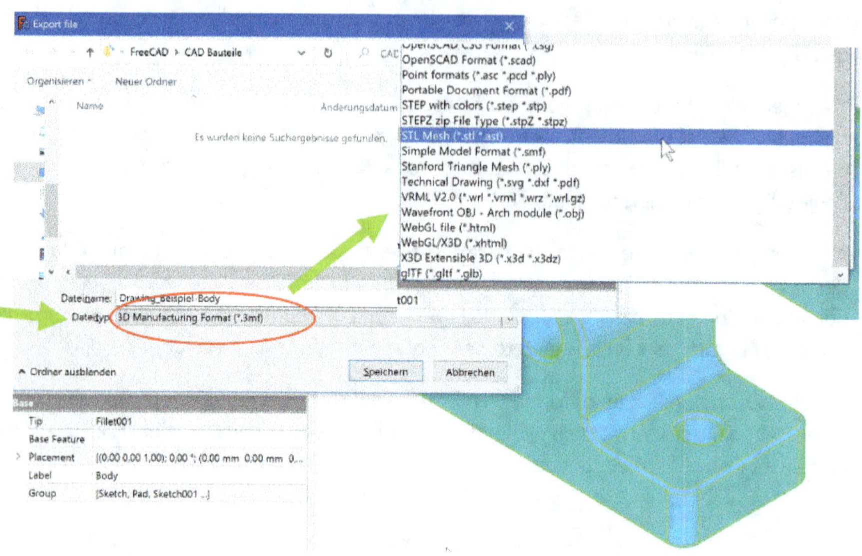

Export file
FreeCAD > CAD Bauteile
Organisieren   Neuer Ordner
Name
Änderungsdatum
Es wurden keine Suchergebnisse gefunden.
OpenSCAD CSG Format (*.csg)
OpenSCAD Format (*.scad)
Point formats (*.asc *.pcd *.ply)
Portable Document Format (*.pdf)
STEP with colors (*.step *.stp)
STEPZ zip File Type (*.stpZ *.stpz)
STL Mesh (*.stl *.ast)
Simple Model Format (*.smf)
Stanford Triangle Mesh (*.ply)
Technical Drawing (*.svg *.dxf *.pdf)
VRML V2.0 (*.wrl *.vrml *.wrz *.wrl.gz)
Wavefront OBJ - Arch module (*.obj)
WebGL file (*.html)
WebGL/X3D (*.xhtml)
X3D Extensible 3D (*.x3d *.x3dz)
glTF (*.gltf *.glb)
Dateiname: Drawing_Beispiel-Body
Dateityp: 3D Manufacturing Format (*.3mf)
Ordner ausblenden
Speichern   Abbrechen
Tip   Fillet001
Base Feature
Placement   [(0.00 0.00 1.00); 0.00 °; (0.00 mm 0.00 mm 0...
Label   Body
Group   [Sketch, Pad, Sketch001 ...]

6 Mot de la fin

Excellent ! Vous avez réussi, avec ce chapitre nous terminons le cours d'initiation au logiciel de CAO "FreeCAD" !

C'est maintenant à votre tour d'approfondir et surtout d'appliquer ce que vous avez appris. Vous devriez maintenant maîtriser les principales fonctions de "FreeCAD" et vous pouvez vous lancer dans de nouveaux projets et de nouvelles conceptions CAO en toute responsabilité ! Félicitations !

Vous avez appris toutes les opérations et fonctionnalités pertinentes au cours de cette formation. Cela vous permet de concevoir et de faire fabriquer vos propres fichiers CAO de manière simple et rapide. Ensemble, nous avons fait du chemin dans ce cours ! Vous pouvez être fier de vous si vous êtes arrivé jusqu'à cette leçon !

Si vous souhaitez concevoir d'autres objets en suivant mes instructions, recherchez le livre de suivi, dont la sortie est prévue prochainement et qui s'intitulera "FreeCAD - Projets de conception" ou un titre similaire.

Et comme mentionné à la fin du cours, vous jetez également un coup d'œil à l'impression 3D. C'est extrêmement amusant et utile de pouvoir matérialiser ses propres constructions.

Vous pourrez ainsi créer vos propres pièces et trouver une solution pour toutes les pièces de rechange ou autres qui ne sont plus disponibles, mais dont vous avez besoin. Pour cela, vous pouvez utiliser mon livre déjà disponible : "L'impression 3D - étape par étape". Jetez un coup d'œil au livre en ligne et obtenez votre exemplaire !

Si vous êtes également intéressé par un autre logiciel de conception, comme "Fusion 360" d'Autodesk, vous trouverez également un livre de moi à ce sujet. Vous trouverez un aperçu de tous mes livres sur les pages suivantes. Jetez-y un coup d'œil et obtenez vos exemplaires!

Si vous avez apprécié le cours, je serais très heureux que vous me laissiez une évaluation et un bref commentaire, et que vous recommandiez le livre à d'autres ! Merci beaucoup !

Livres sur des sujets que vous pourriez également apprécier

Tous les livres sont disponibles en ligne sur les principales plateformes de vente. Il est préférable de rechercher le titre ou de visiter ma page d'auteur. Certains livres peuvent ne pas encore être publiés et ne seront pas disponibles avant un certain temps. Jetez un coup d'œil aux livres de votre choix et recevez-les chez vous sous forme de livre électronique ou de livre de poche !

Impression 3D :

CAO, FEM, FAO (Création d'objets 3D, Conception, Simulation) :

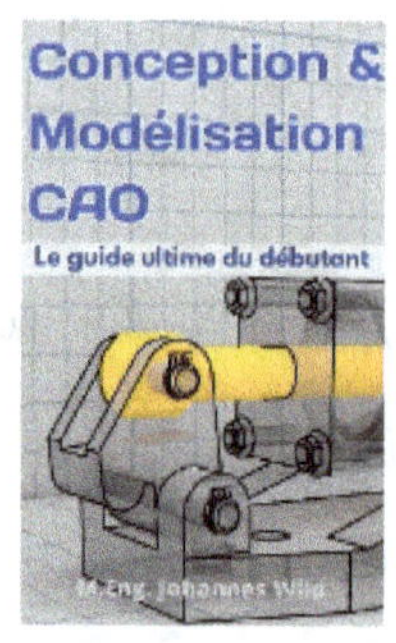

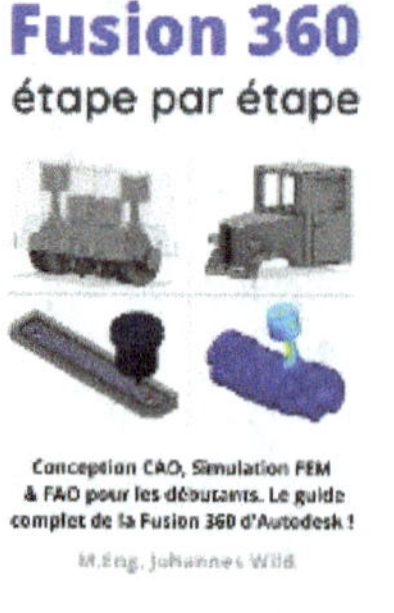

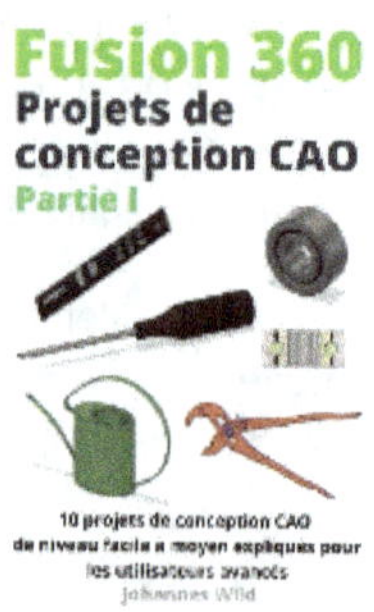

Ingénierie électrique :

Programmation et autres logiciels :

Des cours vidéo identiques sont également disponibles pour certains de ces livres :

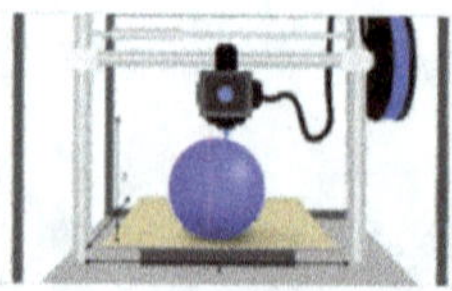

L'impression 3D | Un guide étape par étape
Le guide pratique pour les débutants créé par un ingénieur! Conçu pour une entrée immédiate dans l'impression 3D!
M.Eng. Johannes Wild
4,1 ★★★★☆ (32)
1.5 total hours • 20 lectures • All Levels
Highest rated

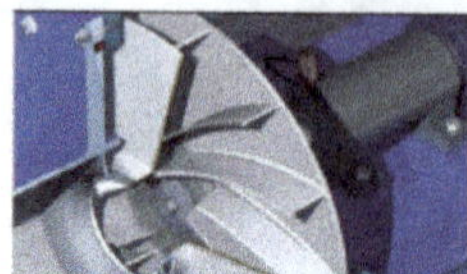

La conception en CAO | Modélisation pour débutants
Le guide pratique pour débutants pour créer des objets 3D avec un logiciel de CAO gratuit (pour l'impression 3D,...)
M.Eng. Johannes Wild
5.0 ★★★★★ (2)
1.5 total hours • 15 lectures • All Levels

Fusion 360 étape par étape | CAO, FEM et FAO pour débutants
Le guide pratique d'AUTODESK FUSION 360 ! Apprenez la conception, la simulation et la fabrication auprès d'un ingénieur
M.Eng. Johannes Wild
3.9 ★★★★☆ (7)
3.5 total hours • 24 lectures • Beginner

Fusion 360 | Projets de conception CAO - Partie 1
10 projets de conception CAO simples ou de difficulté moyenne expliqués pas à pas aux utilisateurs avancés
M.Eng. Johannes Wild
2 total hours • 12 lectures • Intermediate
New

...

Pour l'achat, vous pouvez vous décider sur la plateforme d'apprentissage "Udemy" :

Recherchez mon nom sur www.udemy.com :

M.Eng. Johannes Wild ou utilisez le lien suivant :

www.udemy.com/courses/search/?src=ukw&q=m.eng.+johannes+wild

Inscrivez-vous dès aujourd'hui et approfondissez vos connaissances !

Mentions légales de l'auteur / de l'éditeur

© 2022

Johannes Wild
c/o RA Matutis
Berliner Straße 57
14467 Potsdam
Germany

Courrier électronique : 3dtech@gmx.de

Cette œuvre est protégée par le droit d'auteur

L'œuvre, y compris ses parties, est protégée par le droit d'auteur. Toute utilisation en dehors des limites strictes de la loi sur les droits d'auteur est interdite sans l'accord de l'auteur. Ceci s'applique en particulier à la reproduction électronique ou autre, à la traduction, à la diffusion et à la mise à disposition du public. Aucune partie de l'œuvre ne peut être reproduite, traitée ou diffusée sans l'autorisation écrite de l'auteur !

Toutes les informations contenues dans ce livre ont été rassemblées en toute bonne foi et ont été soigneusement vérifiées. Toutefois, ce livre est uniquement destiné à des fins éducatives et ne constitue pas une recommandation d'action. En particulier, aucune garantie ni responsabilité n'est donnée par l'auteur et l'éditeur quant à l'utilisation ou la non-utilisation des informations contenues dans ce livre. Les marques et noms d'usage cités dans ce livre restent la propriété exclusive de leurs auteurs ou détenteurs respectifs.